安吉拉·古切斯
Angela Gutchess

美国布兰迪斯大学心理学教授。她使用行为学、神经影像学（fMRI）、电生理学（ERP）等方法研究年龄和文化对记忆和社会认知的影响，公开发表了60多篇相关研究论文。她的研究得到美国国家老化研究所、美国国家科学基金、美国老化研究联合会和阿尔茨海默症学会的资助。她还担任《记忆》《记忆与认知》《老年学杂志》等期刊副主编。

脑科学前沿译丛
主编 李红 周晓林 罗跃嘉

Cognitive and Social Neuroscience of Aging

老化认知与社会神经科学

［美］安吉拉·古切斯 著
Angela Gutchess

关青 陶伍海 译

浙江教育出版社·杭州

图书在版编目（ＣＩＰ）数据

老化认知与社会神经科学 /（美）安吉拉·古切斯（Angela Gutchess）著；关青，陶伍海译. -- 杭州：浙江教育出版社，2023.12
（脑科学前沿译丛）
ISBN 978-7-5722-7187-8

Ⅰ. ①老… Ⅱ. ①安… ②关… ③陶… Ⅲ. ①社会科学－神经科学 Ⅳ. ①C05

中国国家版本馆CIP数据核字(2023)第247955号

引进版图书合同登记号 浙江省版权局图字：11-2020-084

脑科学前沿译丛

老化认知与社会神经科学

LAOHUA RENZHI YU SHEHUI SHENJING KEXUE

[美] 安吉拉·古切斯（Angela Gutchess）著　关 青　陶伍海 译

责任编辑：林 鸿 严嘉玮　　　　　美术编辑：韩 波
责任校对：陈阿倩　　　　　　　　　责任印务：陆 江
装帧设计：融象工作室_顾页

出版发行：浙江教育出版社（杭州市天目山路40号）
图文制作：杭州林智广告有限公司　　　印刷装订：杭州佳园彩色印刷有限公司
开　　本：787 mm×1092 mm　1/16　　印　　张：15
插　　页：4　　　　　　　　　　　　字　　数：285 000
版　　次：2023 年 12 月第 1 版　　　　印　　次：2023 年 12 月第 1 次印刷
标准书号：ISBN 978-7-5722-7187-8　　　定　　价：79.00 元

如发现印装质量问题，影响阅读，请与我社市场营销部联系调换。联系电话：0571-88909719

"脑科学前沿译丛"总序

人类自古以来都强调要"认识你自己"（古希腊箴言），因为"知人者智，自知者明"（老子《道德经》第三十三章）。然而，要真正清楚地认识人类自身，尤其是清楚地认识人类大脑的奥秘，那还是极其困难的。迄今，人类为"认识世界、改造世界"已经付出了艰辛的努力，取得了令人瞩目的成就，但对于人类自身的大脑及其与人类意识、人类健康的关系的认识，还是相当有限的。20世纪90年代开始兴起、至今仍如初升太阳般光耀的国际脑科学研究热潮，为深层次探索人类的心理现象，揭示人类之所以为人类，尤其是揭示人类的意识与自我意识提供了全新的机会。始于2015年，前后论证了6年时间的中国脑计划在2021年正式启动，被命名为"脑科学与类脑科学研究"。

著名的《科学》（Science）杂志在其创立125周年之际，提出了125个全球尚未解决的科学难题，其中一个问题就是"意识的生物学基础是什么"。要回答这个问题，就必须弄清"意识的起源及本质"。心理是脑的机能，脑是心理的器官。然而，研究表明，人脑结构极其复杂，拥有近1000亿个神经元，神经元之间通过电突触和化学突触形成上万亿级的神经元连接，其内部复杂性不言而喻。人脑这样一块重1400克左右的物质，到底如何工作才产生了人的意识？能够回答这样的问题，就能够解决"意识的生物学基础是什么"这一重大科学问题，也能够解决人类的大脑如何影响以及如何保护人类身心健康这一重大应用问题，还能解决如何利用人类大脑的工作原理来研发新一代人工智能这一重大工程问题。事实上，包括中国科学家在内的众多科学家，已经在脑科学方面做了大量的探索，有着丰富的积累，让我们对脑科学拥有了较为初步的知识。

2017年，为了给中国脑计划的实施做一些资料的积累，浙江教育出版社邀请周晓林、罗跃嘉和我，组织国内青年才俊翻译了一套"认知神经科学前沿译丛",包括《人类发展的认知神经科学》《注意的认知神经科学》《社会行为中的认知神经科学》《神经经济学、判断与决策》《语言的认知神经科学》《大脑与音乐》《认知神经科学史》等,围绕心理/行为与脑的关系,汇集跨学科研究方法和成果——神经生理学、神经生物学、神经化学、基因组学、社会学、认知心理学、经济/管理学、语言学、音乐学等。据了解,这套译丛在读者群中产生了非常好的影响,为中国脑计划的正式实施起到了积极的作用。

正值中国脑计划启动之初,浙江教育出版社又邀请我们三人组成团队,并组织国内相关领域的专家,翻译出版"脑科学前沿译丛",助力推进脑科学研究。我们选取译介了国际脑科学领域具有代表性、权威性的学术前沿作品,这些作品不仅涉及人类情感(《剑桥人类情感神经科学手册》)、成瘾(《成瘾神经科学》)、认知老化(《老化认知与社会神经科学》)、睡眠与梦(《睡眠与梦的神经科学》)、创造力(《创造力神经科学》)、自杀行为(《自杀行为神经科学》)等具体研究领域的基础研究,还特别关注与心理学密切关联的认知神经科学研究方法(《计算神经科学和认知建模》《人类神经影像学》),充分反映出当今世界脑科学的研究新成果和先进技术,揭示脑科学的热点问题和未来发展方向。

今天,国际脑计划方兴未艾,中国也在 2021 年发布了脑计划首批支持领域并投入了 31 亿元作为首批支持经费。美国又在 2022 年发布了其脑计划 2.0 版本,希望能够在不同尺度上揭示大脑工作的奥秘。因此,脑科学的研究和推广,必然是国际科学界竞争激烈的前沿领域。我们推出这套译丛,旨在宣传脑科学,通过借鉴国际脑科学研究先进成果,吸引中国青年一代学者投入更多的时间和精力到脑科学研究的浪潮中来。如果这样的目的能够实现,我们的工作就算没有白费。

是为序。

李 红

2022 年 6 月于华南师范大学石牌校区

此书献给我的朋友和长期的"写作日"伙伴：尤塔·沃尔夫（Jutta Wolf）

前　言

　　本书旨在介绍大脑如何随着年龄的增长而变化，其目标读者是对心理学、老化或神经科学领域有一定认识，并希望能进一步了解这些主题的人。本书并不要求读者具有丰富的神经解剖学知识，因为书中的章节包含了一些与老化过程相关的大脑区域图表。本书的深度也适合那些对老化主题有相当了解的人，因为它回顾了有关受老化影响的各种功能的主要文献。

　　本书将向读者介绍老化对大脑的影响，以及涉及的多个心理功能领域的研究现状，包括记忆、认知和认知功能的训练、情感和社会化过程等。主题包括个体差异和疾病（例如心理健康水平或阿尔茨海默病）随年龄增长对大脑功能的影响。尽管通常认为个体行为模式会随着年龄的增长而衰退，特别是认知能力（如感知能力、记忆力），但认知神经科学研究表明，大脑的可塑性和适应性也是正常老化具有的功能。考虑到这一点，本书强调了神经科学方法丰富和改变了我们对老化的认识，以及对可能发生的各种变化的理解。

　　本书的优点包括以下几点：

　　•全面回顾了老化方面的文献，涵盖了丰富的主题。

　　•关注社会化和情感的老化过程，这一过程在以往一般没有与认知过程相结合。

　　•使用多个图表展示效应、介绍方法，使该领域的入门者能更清楚地理解研究结果。

　　•对不同主题文献的深入探讨，使本书也适合于该领域的高年级学生和学者。

　　本书是为高等大学水平的读者编写的，可以作为老化认知神经科学课程的主要教科书，供高年级本科生或研究生使用。它也可以作为老化课程的补充教材，与一本概述老化领域知识的教科书配套使用。因此，本书可作为补充教材，用于有关老化和终身发展的课程，适用于心理学、神经科学、老年学、护理学、人类服务学和医疗预科等多个学科。

致　谢

　　由于完成这本书经历了一个漫长的过程，我有很多人想要感谢。首先是布兰迪斯大学老化、文化和认知实验室的成员和学生们，他们阅读了早期的手稿并给我提出了建议。特别是约翰·克桑德（John Ksander），他使用克里斯·马丹（Chris Madan）开发的软件，制作了出现在许多章节中的丰富的彩色脑图。艾琳·拉斯穆森（Eileen Rasmussen）则为这些图片的着色提供了建议。劳拉·佩奇（Laura Paige）和伊莎贝尔·摩尔（Isabelle Moore）协助整理了参考文献，并将其格式化；劳拉还帮助申请了图片的版权。我非常感谢剑桥大学出版社的马修·贝内特（Matthew Bennett）给了我这个机会，让我得以实现"英语专业学生的梦想"——写一本书。我要感谢我的同事伊丽莎白·肯辛格（Elizabeth Kensinger），她鼓励我接受这份工作，并向我保证，在我职业生涯的这个阶段，这并不是一个坏主意；还有艾伦·莱特（Ellen Wright），她和我交换了几个学期的"导论"课。我也很感谢在学校里鼓励我写作的所有老师（即使这并不是我们设想中的写作类型！），特别是泰德·沃尔什（Ted Walsh），以及将我塑造成科学家的导师们——丹尼斯·帕克（Denise Park）和丹·沙赫特（Dan Schacter）。最后，我要感谢在整个过程中始终保持热情和支持我的朋友们，感谢在我最终完成初稿时给我送来鲜花的家人，感谢在我提交初稿后的第二天及时出现的戴夫·罗科（Dave Rocco）。

Contents

第 1 章

老化认知与社会神经科学导论

学习目标

- 哪些理论能够解释认知老化？
- 认知神经科学数据如何催生新的认知老化理论？
- 伴随着年龄的增长，大脑的整体活动模式会发生怎样的变化？
- 研究大脑老化的方法有哪些？
- 目前老化研究的趋势是什么？

1.1 引言

对脑的研究极大地改变了科学家们对老化的看法。最初，关于老化的研究呈现出一幅黯淡的景象，大多数行为研究都表明，认知能力随着年龄的增长而逐渐衰退，其中包括视力和听力的衰退，注意控制和抑制干扰能力的减退，以及记忆信息的准确性、数量及质量的下降。尽管也有一些值得注意的例外，例如部分研究结果所提示的，随着年龄的增长，智慧会提升（Baltes, 1993），脑可以获得某些功能并使其最优化（Baltes & Lindenberger, 1997），但大多数文献都在强调伴随年龄增长而呈现的功能减退和丧失。然而，认知神经科学方法强调了随着年龄增长可能出现的功能性重组和代偿性增益。早期的研究表明，与年轻人相比，老年人会调用更多的大脑区域来执行任务。这是一个令人惊讶的发现，表明老年人的大脑比年轻人的大脑更加活跃。许多人试图证明，大脑的这些额外激活表明**代偿**的存在，即老年人通过比年轻人更灵活地调用脑区来提高任务成绩或延缓任务成绩的进一步下降。本书将对支持和挑战这一论点的文献进行回顾。至少，神经科学方法为思考认知、社交以及情感能力如何随着年龄变化而变化的问题开辟了新的道路。

本章将简要回顾认知老化的理论。这些理论主要基于多年研究所积累的行为数据。本书的其余部分能够让读者探索将神经科学数据与这些理论进行融合的途径，或是激发出理解认知老化进程的新思路。本章还将介绍脑老化研究常用的认知神经科学方法，并讨论其最新进展。

1.2 认知老化理论

许多研究致力于找出能够解释认知老化的单一机制。本节将对此进行简要的回顾，我们也鼓励读者去参看这一主题的其他相关出版物（Craik & Salthouse, 2007; Lemaire, 2016; D. C. Park & Schwarz, 2000; Perfect & Maylor, 2000）。

加工速度理论认为，老化与由伴随年龄增长而出现的脱髓鞘或白质损伤所导致的神经传导速度减慢有关（Salthouse, 1996; Salthouse & Babcock, 1991）。加工速度不仅会影响我们解决问题或提取信息的速度，也会影响信息加工的质量。加工速度对没有时间压力的认知能力也有影响。例如，信息可能被降级到不再有用的程度，或者早期加工阶段的结果到了后期加工阶段完成时可能不再可用。

工作记忆研究考察用于完成挑战性任务的认知资源的数量（Craik & Byrd, 1982; D. C. Park et al., 2002; D. C. Park et al., 1996）。经典的工作记忆模型关注的是我们存储视空间信息或言语信息的方式、负责协调加工过程的中央执行系统，以及负责整合、组织信息的情景缓冲器（Baddeley, 2000; Baddeley & Hitch, 1974）。例如，信息必须从环境中获取，获得理解再传输到大脑相关区域或者其他能够制定目标或产生反应的加工环节，最后必须输出一个反应结果。工作记忆能力理论认为，不同的个体在一段时间内能够记住和协调的信息量存在差异，而这种记忆资源的差异能够解释个体之间在长时记忆和推理等不同能力方面的差异。由于工作记忆容量随着年龄的增长而下降，因而个体的各种认知能力变得更加有限。工作记忆的流动性不同于知识。知识是在一生中不断积累的，是保存完整的，甚至是随着年龄的增长而逐渐增长的。

抑制理论也强调了同时记住多项信息的能力的重要性，但突出了认知加工过程中的竞争或干扰（Hasher & Zacks, 1988; Zacks & Hasher, 1997）。随着年龄的增长，个体要做到专注于目标信息而忽略不相关的信息，变得越来越困难，这可能是伴随年龄增长而出现的一系列认知衰退的原因。早期的研究认为抑制理论与工作记忆理论之间并没有足够明显的区别，但近年来的神经测量指标强调了**认知控制**（个体控制信息使用方式的能力，可以表现为忽略一些信息而专注于其他信息）的重要性，尤其是在老年期。

另一种理论认为，**感觉功能**可以反映大脑和认知过程的完整性，这种理论并不聚焦特定的认知能力（如加工速度、工作记忆或抑制能力）。早期的数据揭示了个体视觉和听觉的敏锐度，与其多项认知能力（加工速度、记忆力、知识储备等）之间有显著的相关性（Lindenberger & Baltes, 1994）。这些关联性促使巴尔特斯（Baltes）和林登伯格（Lindenberger）（1997）提出了老化的**共同原因假说**。该理论认为，老化对大脑有着广泛而持续的影响，而这些影响可以通过测量感觉能力来检测。

尽管上述每种理论都强调了一种特定的能力，但许多能力其实是相互关联的（例如，加工速度最快的个体也可能具有最佳的工作记忆表现）。对不同任务表现之间联系的认识，催生了认知老化领域一般理论。该理论强调了功能减退是众多能力的一致表现，而非只影响个别能力（例如，Salthouse, 2017; Tucker-Drob, 2011; Tucker-Drob et al., 2014）。

1.3 老化认知神经科学理论

额叶老化假说是最早的基于大脑的认知老化理论，其提出时间远早于认知神经科学的兴起。它脱胎于一种神经心理学研究方法。该方法假设老年人在额叶介导的任务中的行为受损模式，与额叶结构的过度萎缩和该区域多巴胺的减少相关（West, 1996）。然而，后来的文献在很大程度上偏离了这一假设，因为认知神经科学方法揭示了额叶在任务状态下的活动模式随着年龄增长而变得复杂多样，这有时意味着额叶发生了重组和改变。此外，额叶不同区域的功能减退速度也存在很大的差异性。

1.3.1 随年龄增长而增强的功能活动和代偿

一些早期观察发现，随着年龄的增长，大脑活动模式的**双侧性**发生了变化（Cabeza et al., 1997; Grady et al., 1995; Reuter-Lorenz et al., 2000）。也就是说，年轻人在执行任务时主要激活左侧或右侧前额叶皮层，而老年人则倾向于激活两个大脑半球的前额叶皮层。罗伯托·卡贝扎（Roberto Cabeza）及其同事确定了两个理论框架来描述神经活动随年龄变化的一般模式。老年人脑功能非对称性减退模型，或称**HAROLD**模型（Cabeza, 2002），强调了大脑双侧性随年龄增长而增强的趋势。大脑活动模式随年龄增长的另一个变化，是伴随年龄增长而呈现的大脑皮层活动由后向前转移，这一模型称为**PASA**模型，它将随年龄增长的额叶激活增加和随年龄增长的枕叶激活减少联系了起来（S. W. Davis et al., 2008）。

最初，关于这些大脑激活模式的功能存在许多争议，一些研究人员认为它们具有代偿性。也就是说，通过调用另一个大脑半球，老年人能够利用额外的认知资源来优化其在任务中的表现，而不是只依靠年轻人那样的单侧激活模式。对成绩水平（如Cabeza et al., 2002）、反应时差异（如Madden et al., 1997）以及成功与失败的表现（如Gutchess et al., 2005）进行数据比较，其结果支持了"大脑激活随着年龄增长而增强这一现象体现了代偿性"这一观点（见图1.1）。代偿观点可通过破坏某一脑区的神经活动来进行验证。研究表明，在某侧大脑受损之后，当损伤另一侧大脑时，老年人的表现就会受损（Rossi et al., 2004）。

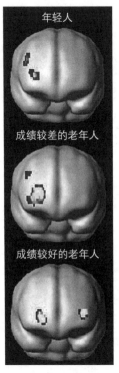

图1.1　在回忆任务中，成绩较好的老年人（下图）比成绩较差的老年人（中图）表现出更多的双侧前额叶活动。这被解释为支持"双侧性体现了代偿性"观点的证据，因为这种模式与老年人更好的行为表现有关，且与年轻人的单侧前额叶激活（上图）不同。
改编自Cabeza et al.（2002），*NeuroImage*, Figure 2.

对不同的群体［群体中包括患有老化相关疾病的人，如阿尔茨海默病（AD）患者］进行比较，可以发现，结果之间存在着较大的异质性，因此，大脑活动的增加是否真的在执行代偿功能就成为一个相当复杂的问题。由此，认知老化模型开始考虑不同个体和群体的任务需求和差异。这促使卡贝扎（Cabeza）和丹尼斯（Dennis）（2013）提出了区分成功代偿和单纯性代偿尝试的标准。具体而言，神经活动最初可能随着大脑萎缩而增加，反映出个体对认知功能下降所做出的代偿尝试。当大脑功能随着年龄的增长而不断退化，或者当任务需求超出了个体的实际能力时，就不可能通过增加神经活动来尝试代偿，因此神经活动就会下降。此外，如果要将神经活动视为成功代偿的证据，那么该神经活动必须与任务表现的改善相关，并且发生在已知的支持老年人任务成绩的神经区域。由于较难在因果关系层面考察大脑活动对行为结果的影响（例如，当某个脑区受损时，与该脑区完好时相比，个体行为会发生怎样的变化），因此很难证据确凿地证实代偿假说（相关的进一步讨论，请参见章节1.4.2）。

1.3.2 随任务负荷变化而变化的神经反应

最初的理论框架主要描述了随着年龄增长而发生变化的神经活动模式，而其他理论框架则强调了对认知资源的需求是如何随年龄变化的。例如，与代偿相关的神经回路利用假说（**CRUNCH**）认为，相较于年轻人，任务难度增加导致神经活动增强这一机制的启动水平对于老年人来说更低（Reuter-Lorenz & Cappell, 2008）。老化与认知的支架理论（STAC）也包含了类似的观点，即伴随老化而来的认知和神经挑战，需要调用额外的认知神经资源（D. C. Park & Reuter-Lorenz, 2009）。生活经验因素，如在整个生命周期内的适应能力、社交能力或智力，也会影响认知资源的可获得性和利用程度（Reuter-Lorenz & Park, 2014）。当这些资源可用时，老年人将通过调用额外的神经区域，或通过其他改善神经系统的过程（如认知训练和锻炼），来支持其认知表现。与其他理论框架相比，STAC理论纳入了个体差异和情境因素。例如，个体对老化或其他神经损伤（如头部损伤、AD）的反应方式可能不同。**认知储备**的概念概括了这一思想，即神经系统或认知能力方面的个体差异（受先天或后天因素的影响，后天因素如受教育程度、休闲活动等），可以对那些能力更强的个体起到保护作用（Stern, 2002, 2009）。另一个模型表明，不同的年龄组在调用认知资源完成任务时存在调用时间上的差异。这一差异可以让年轻人比老年人更成功地应对任务挑战。在面对挑战时，年轻人会提前规划，主动控制，而老年人则只是根据任务要求作出回应，被动地进行控制（Braver et al., 2009; Velanova et al., 2007）。

1.3.3 随年龄的增长而降低的神经反应特异性

本节最后提出的一组用于解释认知随年龄增长而变化的模型，所关注的是信息加工的清晰度随年龄增长而降低的方式。大量的证据表明，大脑神经系统会随年龄的增长而发生**去分化**，这意味着老年人的神经区域反应方式不如年轻人那样具有较高的特异性。这一理论在很大程度上是依据对感觉皮层的观测结果建立起来的。例如，在年轻人群中，加工视觉信息的区域对不同类别的刺激（如面部或房屋）具有较高的特异性；而在老年人群中，这些脑区的反应则更具一般性（D. C. Park et al., 2004）。类似地，运动皮层对身体单侧运动的反应具有偏侧性，左侧运动皮层对身体右侧的动作做出反应，反之亦然。然而，随着年龄的增长，身体单侧做运动，大脑两侧的运动皮层都会做出反应，反映出特异性随着年龄增长而消退（Carp, Park, Hebrank, Park, & Polk, 2011）。去分化随年龄增长而变得显著的研究结果也扩展到了记忆领域（如St-Laurent et al., 2014）。这些发现将在第 3 章和第 4 章中作进一步讨论。

其他的心理过程也表现出随着年龄的增长而失去特异性的特征。人脑中存在**默认网络**，这些神经区域在休息时比在执行认知任务（例如，解决电脑屏幕上所呈现的数学问题）时更为活跃。在需要投入外源性注意的任务中，老年人并不像年轻人那样抑制该网络（Grady et al., 2010; Persson et al., 2007）。这可能表明随着年龄的增长，认知状态之间的切换开始变得困难。此外，老年人的神经传递可能伴随着更多的噪声，导致信息加工的信噪比降低（Backman et al., 2006; S. C. Li et al., 2001）。这可能会导致很难区分各种信息的表征，比如很难将两个相似的目标区分开来。如果不能在任务中抑制默认网络，或者不能区分相关的神经信号和噪声，那么老年人就更容易因信息质量较差而出错。

1.4 认知神经科学方法

认知神经科学有两大类测量方法：一类是测量大脑的物理结构，另一类则是测量大脑随时间或任务要求变化而变化的动态功能活动。

1.4.1 大脑结构完整性的测量

8

研究大脑的一种方法是研究大脑解剖结构的完整性和变化。这包括对灰质（由神经元胞体组成）和白质（由神经元和胶质细胞的有髓轴突束组成）的测量。结合大脑结构测量，可以评估大脑的生理变化，并将其与个体在认知任务中的表现联系起来。这种研究主要采用比较个体差异的方法来确定特定脑区的体积减小是否与认知功能的减退有关。

磁共振成像（MRI）

磁共振成像技术利用磁场和无线电波对大脑的解剖结构进行成像。因为软组织的磁性使其能够与骨头、血液或头部的其他物质区分开来，因此磁共振技术可以通过产生高分辨率的图像来区分大脑中的灰质和白质。磁共振成像技术优于其他的三维成像技术，如CT（X射线电子计算机断层扫描），因为其具有更高的分辨率并且由于没有电离辐射而更具安全性。对大脑结构的测量在认知老化研究中有着最长的应用历史，并且揭示了老化对灰质和白质的影响。正如我们将在第2章中讨论的，大脑特定区域体积的个体差异与个体在任务中的表现有关（例如，脑区越大，记忆任务的表现就越好吗？）。但是，由于这种测量方法所传达的是关于个体解剖结构的静态信息，因此MRI不能直接与个体在任务中逐个试次上的表现联系起来。

弥散张量成像（DTI）

弥散张量成像是一种测量从一个点扩散出多少水量的方法，用于测量白质通路。当不受约束时，水可能从一个点向各个方向流动。白质纤维束约束了信息流动的通路，就像道路引导车流一样；白质纤维的存在是通过弥散测量推断出来的。弥散测量的一个指标是各向异性分数（FA），它描述了水分子在特定方向上的扩散强度。老化可以破坏组织的微观结构，从而降低FA（Alexander et al., 2007; Gunning-Dixon et al., 2009）。

尽管老化研究关注灰质指标的历史更长，但人们越来越认识到白质的变化可能也是影响深远的，并可能解释许多与年龄相关的认知能力下降（Gunning-Dixon et al., 2009）。

1.4.2 脑功能测量

脑功能测量提供了大脑的哪些脑区在一段时间内参与活动的信息。它通常用于考察大脑的哪些区域参与了特定的任务（例如，观看有吸引力的面孔对比观看没有吸引力的面孔），脑功能测量的一些方法也用于评估在执行任务或不执行任务的情况下，脑区之间的交流情况。本节中讨论的所有脑功能测量方法的局限之一，是观测数据在很大程度上只能体现相关性。这意味着不同研究的结果只是说明了年轻人和老年人的大脑如何反应，但目前的方法基本上无法确定因果关系（例如，这个脑区是否导致了与年龄有关的记忆障碍？）。为能确定因果关系，有必要独立地提升或降低神经活动水平，然后测量其对行为的影响。当我们阅读那些采用了功能性磁共振成像（fMRI）和事件相关电位（ERP）等方法的研究报告时，以及在认识基于神经数据检验某项理论所面临的困难时，需要牢记的一个重要提醒是，脑功能测量无法确定因果关系。

　　功能性磁共振成像（fMRI）依赖于与MRI相同的成像特性，但需要额外的硬件和软件，以使得扫描仪能够时刻追踪神经活动，这样就能够评估执行认知任务（比如注意一些信息而忽略其他信息，或者记住一系列数字）期间的大脑活动。因此，神经活动可以与任务以及由此产生的表现（例如，被试在某个试次上的反应正确与否；被试表现得比其他个体好还是差）联系在一起。这项技术并不直接测量大脑的活动（如神经元的放电），而是利用含氧血液和脱氧血液之间的磁性差异来测量。血氧水平依赖（BOLD）信号可以检测大脑的哪些区域是活动的，这是根据含氧血液流入激活脑区而脱氧血液流出激活脑区来推断的。尽管fMRI具有一定的时间敏感性，但无法精确到秒级，因为BOLD信号反应较为缓慢，信号在神经活动发生后约6秒才达到峰值。虽然其时间分辨率不够理想，但该方法具有良好的空间分辨率，可达毫米级（并且还可以通过高分辨率成像等方法得到进一步提升）。

10

　　fMRI是认知老化研究中最常用的方法，因为与其他方法相比，fMRI具有良好的空间分辨率、相对较低的价格以及易用性。即便如此，认识到这一方法的缺点还是很重要的，其缺点之一是被测信号可能存在与年龄相关的变化。例如，研究表明，BOLD信号响应可能会随着年龄的增长而逐渐滞后，老年人的BOLD响应峰值甚至会比年轻人更平缓（D'Esposito et al., 1999; Huettel et al., 2001）。考察老化对不同条件（例如，困难的任务对比容易的任务）的影响的研究在一定程度上规避了这一问题，因为老化会对这两种条件都产生影响。不同条件下的比较也强调了这样一个事实，即fMRI不能产生一个可以在不同条件下或不同个体之间进行比较的绝对值。相反，它依赖于相对的比较，需要将不同条件下的神经活动相减，例如评估对一个复杂算术问题的神经反应是否比对一个简单问题的神经反应更受老化的影响。

　　正电子发射断层扫描（PET）是一种与fMRI非常相似的功能成像技术，它依靠血流来定位参与认知任务的脑区。这种方法需要给被试注射放射性示踪剂。随着放射性同位素的释放，可以识别出用示踪剂标记的化合物（如氧、葡萄糖）的代谢区域。这些数据可以用来创建二维（2D）或三维（3D）图像，以显示示踪剂在大脑各区域的分布。fMRI在很大程度上取代了PET，是因为前者对人类被试伤害较小（不注射放射性物质），更经济实惠，同时也具备较高的空间分辨率，能够灵活适应不同实验设计在时间设置方面的要求。因为PET可以作用于特定的神经递质系统（如多巴胺），所以这种方法正在重新兴起，甚至可以与其他方法结合使用。

　　事件相关电位（ERP）利用放置于头皮上的电极测量脑电活动，通常反映了神经递质与受体结合时发出的突触后电位（Luck, 2014）。当这些脑电信号同时从许多朝向相同的神经元发出时，就可以在头皮上测得。ERP具有出色的时间分辨率，这种时间信息可以用来识别特定的成分。ERP成分与特定的心理过程（例如，知觉到突兀的音调，做出错误的反应）有关，并能通过其时间、极性（即波形是正向还是负向）和头皮上的分布来得到识别（Luck, 2014; Luck & Kappenman, 2012）。例如，N400是一个负向（"N"）电位，大约在刺激呈现后的400毫秒出现在中央和顶叶电极上，并且通常呈现在违反语义期望的时候（例如，一句话以一个出乎意料的词语结尾）。可以使用**振幅**（例如，年轻人或老年人的N400波形是否更高？）以及**潜伏期**（例如，N400成分是随着年龄的增长出现得更早还是更晚？）等指标比较不同年龄组的成分。该方法虽然具有良好的时间分辨率，但其空间分辨率有限。因为ERP是从头皮测量的，所以很难精确地确定信号在大脑中产生的位置。虽然可以用建模技术估计信号的来源，但这些方法是建立在许多假设的基础上的。一般来说，像fMRI这样的方法在空间分辨率上是最好的，而ERP在时间分辨率上更胜一筹。

目前已有许多关于老化的ERP研究，但这些研究与源自行为学研究的认知老化理论尚未很好地结合起来，部分原因是这些研究过度依赖于一些研究范式（Friedman, 2012）。只注重识别某些特定成分的年龄相关变化，而没有关注跨认知域及成分的年龄相关变化，可能限制了现有的ERP研究在完善老化认知神经科学理论方面的效用（Friedman, 2012）。

1.5 方法学的最新进展

该领域最新的进展包括新的数据分析技术和多模态方法的迭代更新（见图1.2）。我们将在第8章进一步讨论这些新的方法，它们代表着未来的发展方向。

1.5.1 结构-行为关系

尽管脑许多区域的体积都有所减小（如Fjell, Westlye, et al., 2014; Raz et al., 2010），但认知能力并不仅仅取决于脑体积。因此，脑并非越大越好，即便对于老年人来说也是如此。内嗅皮层可能是个例外，因为它的体积与正常老化时的记忆表现有关（Rodrigue & Raz, 2004）。AD患者的内嗅皮层大大萎缩，而在不具有临床意义的老化中，内嗅皮层也会萎缩（Fjell, Westlye, et al., 2014）。科学家感兴趣的是如何在神经退行性疾病的临床表现出现之前，通过识别生物标志物（如萎缩率）来预测其是否发生。然而，初步研究表明，随着年龄的增长，只有部分脑区（包括内嗅皮层）表现出更为严重的萎缩；这种萎缩既发生在认知正常的人群中，也发生在认知失常的临床样本中（Fjell, Westlye, et al., 2014）。缺乏结构-功能关系的确凿证据的一个可能解释是，许多变化是同时发生的，在大脑结构尺寸减小的同时，大脑的可塑性可能在增强，以允许个体随着年龄的增长更灵活地使用多个脑区（Greenwood, 2007）。

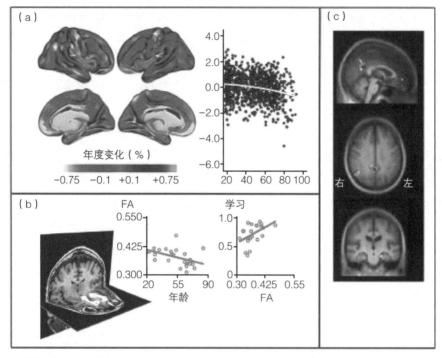

图1.2　这组图展示的数据得益于近来认知神经科学研究方法的改进。a组左图的彩色区域显示了随着年龄的增长，大脑皮层普遍变薄。红色和黄色表示体积减小的情况，黄色区域显示了年均损失最大的区域。a组右图展示了内嗅皮层的体积缩减情况，其缩减幅度在个体的晚年期更为显著（x轴表示年龄）（摘自Fjell, Westlye, et al., 2014, *Cerebral Cortex*, Figures 5 and 2f）。b组左图突出显示了皮层-纹状体束。b组右图显示了神经束的完整性（FA）随着年龄的增长而下降，而更高程度的完整性（FA, x轴）与更高水平的奖赏学习有关（摘自Samanez-Larkin et al., 2012, *Journal of Neuroscience*, Figure 1d）。c组显示，与没有β-淀粉样蛋白负荷的被试相比，β-淀粉样蛋白负荷高的被试的默认网络（橙色区域）被破坏（摘自Hedden et al., 2009, *Journal of Neuroscience*, Figure 4）。彩色版本请扫描附录二维码查看。

1.5.2　结构-功能关系

　　一些研究将大脑的结构测量（如灰质体积、厚度，或者白质完整性）与功能激活模式相结合。这种方法特别适用于前额叶的研究，因为前额叶显示了一些最大程度的结构和功能改变。然而，这些测量指标显示了不同的轨迹：皮层的功能活动增加但体积和厚度却有所减少（Greenwood, 2007）。通过不同个体间的比较，研究者发现体积较小的前额叶显示出更强的激活，更多的灰质与更强的激活有关（Maillet &

Rajah, 2013）。脑白质得到越来越多的关注，因为脑区之间的联系对于功能之间的沟通和协调至关重要。从DTI等指标来看，白质完整性似乎与功能性激活有关，这与fMRI的评估结果一致（见图1.3）。然而，这种联系会随着年龄的增长而变化：白质完整性与年轻人的神经活动增强有关，相反地，它也与老年人的神经活动减弱有关（I. J. Bennett & Rypma, 2013）。不同研究中采用的方法和测量指标组合（如将灰质体积与厚度相比）的多样性，对形成一致的结论带来了挑战，解决这一问题需要运用元分析（meta分析），因为元分析能有效地整合数据。

14

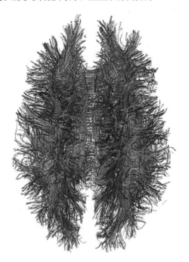

图1.3　DTI图像中，不同的颜色显示了大脑中不同的白质连接束。图来自Gigandet, X., Hagmann, P., Kurant, M., Cammoun, L., Meuli, R., et al.（2008），Estimating the confidence level of white matter connections obtained with MRI tractography, *PLoS One 3*（12）：e4006. doi:10.1371/journal.pone.0004006，由维基媒体共享。彩色版本请扫描附录二维码查看。

1.5.3　静息态功能性磁共振成像（rs-fMRI）

静息态功能性磁共振成像（rs-fMRI）是功能性磁共振成像的另一种应用形式，它并不依赖于对认知任务所诱发的神经活动进行测量——被试甚至可以在接受扫描时闭上眼睛。它通过评估大脑各区域的神经信号随着时间的推移而发生的变化来识别共同自发波动的脑区，从而可能提示一个共同活动的功能网络。rs-fMRI方法的提出是基于这样的发现：大脑活动中的自发波动是系统地组织起来的，同一网络中的脑区活动之间具有相关关系（Buckner et al., 2008）。需注意的是，rs-fMRI并不是研究大脑网络的唯一方法——人们也可以尝试考察在某项任务状态下协同工作的脑区——但是rs-fMRI被认为是一种极具潜力的研究方法，因为经一次短时间的扫描，就可以获得大量关于脑区之间信息流通的数据。这一特点使其特别适合研究那些难以长时间静躺在扫描仪中（但要注意，该方法极易产生运动伪影，Power et al., 2012）或者无法完成认知任务的人群。

rs-fMRI研究通常聚焦于默认网络（见章节1.3），其中包括休息时最为活跃的脑区以及在需要注意外部世界的任务中被抑制的脑区。与年轻人相比，老年人在需要注意的任务中"关闭"默认网络的效率下降（Grady et al., 2010），并且其脑区间的连通性相对较弱（Ferreira & Busatto, 2013），这表明即使是在个体不执行任务的情况下，老化也会破坏各脑区在脑功能网络中的协同活动能力（如Campbell et al., 2013）。

1.5.4 β-淀粉样蛋白（Aβ）

默认网络之所以具备研究价值，还因为Aβ往往在这些区域沉积得并不均衡。Aβ形成的斑块是AD的标志，以前仅在尸检时发现，现在可用PET成像进行活体研究。令人惊讶的是，20%—30%的人即使没有被诊断为AD，他们的大脑中也会有Aβ的沉积。这一发现激发了人们的浓厚兴趣，想要了解Aβ对认知的影响及其作为AD早期标志物的潜力（K. M. Kennedy et al., 2012）。淀粉样蛋白负荷与较差的认知能力和受阻的神经活动有关，特别是在默认网络中（Ferreira & Busatto, 2013）。这种模式适用于未患AD的老年人（Hedden et al., 2009）以及年轻人（K. M. Kennedy et al., 2012）。在认知正常的被试中，淀粉样蛋白负荷与3年内认知能力下降的概率升高有关（Donohue et al., 2017）。

1.5.5 神经递质

多巴胺会随着年龄的增长而发生变化，包括受体的密度和结合的可能性等。多巴胺这种神经递质与年龄相关的认知变化有关，它可能是年龄越大而信息加工噪声越大的原因（Backman et al., 2010）。分子成像能够在认知任务期间测量多巴胺受体的结合情况。挑战性任务条件的变化会改变年轻人多巴胺受体的结合量，但老年人的情况并非如此（Karlsson et al., 2009）。运用一种将fMRI和PET结合起来使用甚至同时使用的新方法（如Backman et al., 2011），能够精确地测量做任务时的神经生物学机制（PET），兼具研究大脑的时间灵活性（fMRI）。

1.5.6 未来研究方向

强大的计算方法正在探索研究复杂数据的新方向。与其孤立地研究大脑区域，不如更多地关注连接不同脑区的网络，无论是依赖于白质束的结构网络还是任务共同驱动多个脑区的功能网络。神经连接组学方法是一种探索大脑中数十亿个神经连

接的相互作用，以及这些连接如何影响功能（包括功能老化）的方法（Filippi et al.,
2013）。模式分类方法则通过使用高分辨率数据来发现人眼难以辨识的组织和结构，
识别不同的认知状态（例如，记忆与遗忘）（Norman et al., 2006）。即使是从一种测
量到另一种测量的变异性（Garrett et al., 2011; Garrett, Samanez-Larkin, et al., 2013），
也可能有助于研究老化的大脑，比如年轻的大脑比年长的大脑表现出更多的变异性，
可能反映出灵活地支持着认知活动的大脑状态是更丰富的（Garrett, Kovacevic, et al.,
2013）。正如章节 1.4.2 所讨论的，到目前为止，这些方法在很大程度上只能提供相
关性信息，能够说明大脑在不同的任务条件下是如何反应的，但并不能确定神经活
动导致行为改变的因果关系。非人类动物模型允许使用更具侵入性的方法，来确定
大脑不同部位的损伤是如何影响行为的，或是如何影响脑回路的开合的。出于对被
试安全性和舒适度的考虑，施于人类被试的研究方法自然是受限的，解决因果关系
的新方法将在第 8 章进行讨论。

1.6　本书其余部分简介

本书的其余章节将回顾老化是如何影响大脑的。这些章节将按照不同的心理过
程（例如记忆或情感）来组织，阐述迄今为止所发现的大脑在老化过程中是如何改
变的。从认知神经科学的角度来看，有些能力比其他能力受到了更多的关注。因此，
笔者将强调一些尚未得到解答的问题以及一些有待未来研究解决的争议，特别是在
第 8 章。这些章节将介绍基于本章所述方法的研究，重点是 fMRI 数据。对于那些不
习惯阅读有关大脑的内容的读者，专栏 1.1 介绍了脑区一些常见的方位术语，并提供
了大脑的主要皮层区域以及部分内部结构的图示。脑区可以按照不同的惯例来定位，
例如布罗德曼（Brodmann）区域（根据细胞结构或细胞间的结构区分脑区的数字）、
空间三维（3D）坐标（例如，20、–10、30）或方位性术语（如背外侧前额叶皮层，
DLPFC）。笔者将根据专栏 1.1 中的脑区名称来展开讨论。

16

专栏 1.1　大脑导航

方位术语：

前部与后部：大脑的前部与后部

喙部与尾部：头部与尾部

上部与下部：高与低

内侧与外侧：朝向中线（两半球之间的划分）与外侧边缘

背侧与腹侧：背部（脊柱）与腹部*

*如果你想象人类四肢着地行走，将更容易理解这些术语。

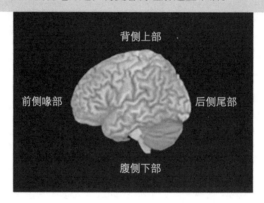

脑叶和脑结构

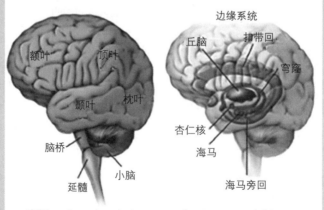

来源：artlessstacey/artlessstacey（artlessstacey）[Public domain]，由维基媒体共享。

本章总结

- 认知神经科学的发展改变了我们对老化的看法，研究应关注大脑的可塑性和重组，而不是简单的结构及功能损伤。
- 鉴于不同脑区以及不同研究方法所观测的神经活动有着丰富的模式，现有理论已经摆脱了传统上对年龄相关变化的单因素解释。
- 基于认知神经科学的理论强调由大脑退化或任务困难而带来的挑战，以及应对这些挑战的潜在神经反应（以及老化大脑的局限性）。
- 认知神经科学方法使研究老化影响神经反应和信息加工的方式成为可能。
- 尚需更多的工作来整合不同方法和系统的研究发现，以建立因果关系。

回顾思考

1. 认知老化的理论有哪些？认知神经科学的新方法是如何改变这些理论的？
2. 什么是代偿和去分化？它们之间有什么不同？
3. 哪种类型的问题最适合通过使用fMRI方法来回答？ERP方法呢？
4. 哪种方法最适合任务间活动差异的空间定位？哪种方法的时间分辨率最高？
5. 目前的方法有哪些局限性？
6. 未来研究需要在哪些方面做出突破？

拓展阅读

- Backman, L., Lindenberger, U., Li, S. C., & Nyberg, L. (2010). Linking cognitive aging to alterations in dopamine neurotransmitter functioning: recent data and future avenues. *Neuroscience and Biobehavioral Reviews, 34*(5), 670–677. doi: 10.1016/ j.neubiorev.2009.12.008

- Cabeza, R., & Dennis, N. A. (2013). Frontal lobes and aging: deterioration and compensation. In D. T. Stuss & R. T. Knight (Eds.), *Principles of Frontal Lobe Function* (2nd edn, pp. 628–652). New York: Oxford University Press.

- Friedman, D. (2012). Components of aging. In S. J. Luck & E. S. Kappenman (Eds.), *The Oxford Handbook of Event-Related Potential Components* (pp. 513–536). New York: Oxford University Press.

- Greenwood, P. M. (2007). Functional plasticity in cognitive aging: review and hypothesis. *Neuropsychology, 21*(6), 657–673. doi: 10.1037/ 0894–4105.21.6.657

- Park, D. C., & Reuter-Lorenz, P. A. (2009). The adaptive brain: aging and neurocognitive scaffolding. *Annual Review of Psychology, 60,* 173–196.

关键术语

amplitude（振幅）

beta-amyloid（Aβ）（β-淀粉样蛋白）

bilaterality（双侧性）

cognitive control（认知控制）

cognitive reserve（认知储备）

common cause hypothesis（共同原因假说）

compensation（代偿）

CRUNCH（与代偿相关的神经回路利用假说）

dedifferentiation（去分化）

default network（默认网络）

diffusion tensor imaging（DTI）（弥散张量成像）

event-related potentials（ERP）（事件相关电位）

frontal aging hypothesis（额叶老化假说）

functional magnetic resonance imaging（fMRI）（功能性磁共振成像）

HAROLD（老年人脑功能非对称性减退）

inhibition theory（抑制理论）

latency（潜伏期）

magnetic resonance imaging（MRI）（磁共振成像）

PASA（伴随年龄增长而呈现的大脑皮层活动由后向前转移）

positron emission tomography（PET）（正电子发射断层扫描）

processing speed theory（加工速度理论）

resting state fMRI（rs-fMRI）（静息态功能性磁共振成像）

sensory function（感觉功能）

STAC（老化与认知的支架理论）

working memory（工作记忆）

第2章

老化的大脑机制

学习目标

- 灰质和白质如何随年龄变化？它们的变化轨迹有什么不同？

- 灰质和白质的变化与行为表现有什么关联？

- 随着年龄的增长，大脑会发生哪些其他改变？这些改变涉及神经连接、默认网络、神经递质和去分化。

- 个体差异如何影响年龄增长所带来的神经变化？这些差异因素包括基因、智力、性别、人格、压力、双语能力和文化。

2.1 引言

大脑是如何随着年龄增长而变化的？本章将介绍大脑和行为随年龄增长而变化的许多机制，包括对老化如何影响大脑结构的思考。例如，灰质和白质的萎缩是发生在整个大脑，还是仅限于特定的脑区？这些结构性的变化与行为间的关联是怎样的？除了大脑结构随年龄改变之外，脑区之间相互协作的方式（经由特定的连接或作为一个网络）可能也随着年龄而改变。另外，本章也将解释脑功能随年龄变化的相关机制，比如默认网络（第 1 章中已作介绍），神经递质系统，以及神经响应的特异性丧失。本章的后半部分将试图回答如何延缓老化的问题。在后半章的小节中，我们将对通过结构和功能影响来改变老化进程的个体差异因素进行讨论。

2.2 大脑结构的改变：灰质

在最基础的层面上，大脑结构会随年龄而改变：大脑体积逐渐减小，皮层厚度逐渐变薄。大脑的整体重量会变轻，而大脑中的空隙则会增大，这些空隙包括**脑沟**

（大脑皮层不同部分之间的沟槽）和**脑室**（脑脊液流经的空间）。尽管有这些明显的变化，但大脑皮层各区域随着年龄增长的萎缩率并不一致。随着年龄的增长，有些脑区（例如前额叶皮层）的灰质特别容易发生萎缩，而另一些脑区（包括初级感觉皮层）在老化过程中则能够相对较好地得到保持（Raz, 2000）。前扣带回作为前额叶皮层中的一个区域，表现出了不同寻常的随年龄变化模式：一些数据表明前扣带回皮层会随着年龄的增长而变厚（Salat et al., 2004），而另一些数据则表明，前扣带回皮层和眶额叶皮层可能不会像其他脑区一样随年龄增长而萎缩得那么多（请参见下面关于方法的进一步讨论）（Fjell, Westlye, et al., 2014）。

即便在相对较短的时间内，大脑结构的变化也可能是惊人的。一项为期 5 年的研究发现，除了初级视觉皮层外，几乎每个被测量的脑区体积都出现了萎缩（Raz et al., 2005）。后续研究甚至在更短的时间内观测到了大脑结构的变化，例如在 2 次各为期 15 个月的随访期间（Raz et al., 2010）。尽管大多数研究都采取横向比较来研究老化的问题，即在某一时间点对比来自多个年龄组的不同个体（例如，将当前 20 岁的被试和当前 80 岁的被试相比），但也有一些研究采用纵向设计，即跨时间维度研究同一批被试的老化过程。专栏 2.1 讨论了这类纵向的研究设计。纵向研究的数据显示，随着年龄的增长，尾状核和小脑会严重萎缩（Raz et al., 2005），并且，这些脑区的萎缩率在中年和老年时期保持稳定（Raz et al., 2010；见图 2.1）。尽管与横向比较相比，纵向比较的结果显示随着年龄的增长，大脑皮层变薄的速度似乎更快，但总体来说，横向比较和纵向比较的结果通常趋于一致（Fjell, Westlye, et al., 2014）。然而，这两种研究设计得到的结果模式还是有所差异。例如，横向研究数据表明前扣带回的皮层厚度随年龄而增加（见图 2.2），而纵向数据却表明该区域厚度随年龄而降低（Fjell, Westlye, et al., 2014）。这种结果上的差异可能反映了横向研究中样本的

22

专栏 2.1　它是老化吗

研究老化的一个挑战是，我们是否真的在研究因年龄增长而产生的差异。这听起来是一个相当基本的问题，但想将年龄效应分离出来，出人意料地困难。

其中一个挑战是，实验设计是将被试随机分配到不同的组别，以评估特定变量的效果（例如，药物 1 还是药物 2 对治疗癌症更有效？）。实验是研究方法的参考标准，因为它们允许我们推断哪一个变量导致了行为的差异。这里的逻辑为：如果将足够多的被试随机分配到各个小组，那么各小组一开始应该是同质的。因此，在研究结束时，两组之间的任何差异都是所操纵变量（例如，使用了哪种药物）的效应。然而，将人随机划分为"年轻"或"年老"是不可能的，这使得老化研究具有准实验性。

　　将当下20—30岁的人群和60—80岁的人群进行比较，会带来另一个挑战——世代效应。因为老年人和年轻人生活在迥然不同的时代，很难确定组间的差异是年龄引起的，还是不同群体间的其他差异造成的。如果直接比较同一年龄段的被试，也可能会表现出巨大的差异，这意味着不同年龄组之间的差异并不能反映由年龄导致的差异。例如，在第二次世界大战和经济困难时期长大的被试，与今天被众多现代化产品所包围的被试相比，其个性、情感或认知的不同，可能会以不同的方式塑造大脑。

　　此外，人的一生中会发生多种变化，这些变化产生的影响会与老化的影响交织在一起——也就是说，这些过程不同于老化，却与老化有着内在的联系。例如，糖尿病、心脏病或痴呆等疾病的发病率会随年龄增加而增加，但其与年龄本身的影响是不一样的。

　　在比较年轻人和老年人的年龄极端组时，每个年龄组里都包含着不同的个体（**横向设计**），世代效应或与老化共同产生作用的其他因素，都不可能完全被排除。**纵向研究**即在长时间内对同一批个体开展的研究，或者甚至是长时间内研究多个群体的交叉序列设计，能更好地将老化的影响与其他因素的影响区别开来。对成人整个生命周期的发展进行比较研究，也有助于揭示与年龄相关的变化是何时以何种方式发生的。

　　基于近年来涌现的认知神经科学方法，本书中讨论的大多数研究都依赖于横向设计。尽管这些效应被归因为"老化"，但考虑到年龄以外的因素也可能导致这些效应，将这些模式称为"年龄相关的"可能是最合适的。对不同主题和结果进行讨论时，这一点应该牢记于心。更多采用纵向和生命周期设计的研究，将有助于更好地理解什么是老化。

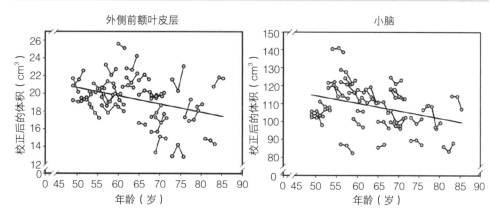

图2.1　随着年龄的增长，大脑大部分区域灰质的体积都会减小，包括外侧前额叶皮层（左图）和小脑（右图）。但是，请注意同一个人测量值的差异，用细面图进行了展示：用一条线连接的两个或三个点。图中显示了30个月期间个体内部的灰质变化。在小脑中，几乎所有的细面图都随着时间的推移而下降，而在外侧前额叶皮层中，变化的模式则要丰富得多。
改编自Raz et al.（2010），*NeuroImage*, Figures 3 and 5.

23 抽样偏差：老年组被试往往都是能够参与研究的健康个体。因此，横向研究样本可能会低估年龄相关的大脑变化，因为样本可能无法充分代表有较高大脑萎缩率的低健康水平老年人。

　　随着年龄的增加，**海马**（与记忆有关的一个脑区）也表现出较高的萎缩率（Raz et al., 2005），并且该区域的萎缩速度在老年后期有所增加（Raz et al., 2010）。与海马相邻的**内嗅皮层**也随着年龄的增长而萎缩（见图2.3），但直到70岁左右才开始呈现出明显的变化（Raz et al., 2010）。需要注意的是，应当谨慎解释内侧颞叶区域随年龄

24

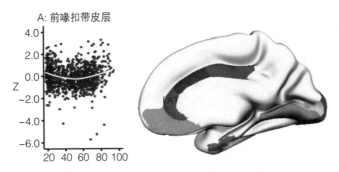

图2.2　前扣带回（前喙扣带皮层）是少数几个在生命周期中体积增加的脑区之一。左图描述了前扣带回皮层厚度的测量值（右图中的A脑区），左图中的每个点代表标准化的平均厚度（Z分数，y轴），整体呈u形，即从青年到中年厚度呈下降趋势，从中年到老年厚度呈上升趋势（年龄，20—100岁，x轴）。前扣带回皮层体积随着年龄而增长，还仅局限于横向研究中，尚未在纵向研究中发现。
改编自 Fjell, Westlye, et al.（2014），*Cerebral Cortex*, Figure 2.

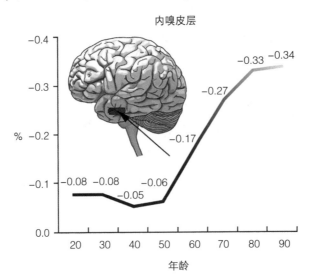

图2.3　内嗅皮层（箭头所指的脑区）在生命后期，变薄速度加快。折线图显示了从横向研究数据中估计的内嗅皮层体积年变化率。
改编自 Fjell, Westlye, et al.（2014），*Cerebral Cortex*, Figure 4.

发生的变化，因为它们可能反映的是功能紊乱，而不是典型的随年龄增长发生的改
变。虽然一些研究对被试进行了筛选，排除了阿尔茨海默病（AD）或其他痴呆症，
但是神经心理学筛查对疾病早期变化的敏感性可能仍然不够，因此样本中的某些被
试可能已经表现出疾病早期的神经变化（更多讨论请参见第7章）。AD病人的内嗅
皮层变薄的速度是惊人的，而那些患AD风险极低的老年人，也在仅仅一年的时间
里，内嗅皮层显著变薄（Fjell, Westlye, et al., 2014）。

　　值得注意的是，并不是所有个体大脑体积减小的速度都相同，揭示哪些因素会
随着个体年龄的增长而改善大脑的状况是研究者颇感兴趣的。在不同的个体中，脑
区随年龄增长变化的轨迹有很大的不同，小脑的改变在个体间表现出较高的特异性，
而下顶叶则表现出较低的变异性（Raz et al., 2005）。本章的后半部分将对具体的个体
差异因素进行讨论。关于这一主题，仍需进行更多的研究探索，特别在健康状况与
后果方面。

2.2.1 灰质和行为之间的联系

　　探究灰质体积与行为之间的关系是十分让人感兴趣的（例如，海马体积越大的
个体，或海马体积随着年龄的增长萎缩越少的个体，会在记忆测试中表现得越好
吗？）。可惜的是，这些相关性并不像人们想象的那样普遍。很难说这是否是由有限
的样本量、行为测量的不敏感、任务中多个神经区域的参与、代偿的可能性、策略
使用的变化或神经结构和功能之间复杂的相互作用而导致的。

　　尽管如此，对记忆的研究发现，灰质体积变化与行为之间存在一定的联系。一
项纵向研究表明，6年中程度更严重的海马体积萎缩，与20年里记忆力更大程度的
下降有关（Persson et al., 2011）。另一项纵向功能性磁共振成像（fMRI）研究表明，
与年龄相关的记忆力下降，也跟随年龄增长的海马激活度减弱有关。内嗅皮层体积
变化与记忆随年龄的变化有关。5年内，内嗅皮层的体积萎缩量越大，记忆表现越差
（Rodrigue & Raz, 2004）。海马萎缩与与年龄相关的情景记忆功能下降有关（Gorbach
et al., 2017），而更薄的内嗅皮层则与学习能力的更大变化有关（Fjell, Westlye, et al.,
2014）。内侧颞叶（包括内嗅皮层、海马和海马旁回）的体积也与日常事件（例如，在
餐馆吃饭）的记忆有关（H. R. Bailey et al., 2013）。日常记忆不同于其他记忆类型，因
为它通常依赖于已有的知识经验（例如，在我走进一家餐馆后会发生什么？）和**事件
分割**。事件分割指的是将复杂的信息分解成离散的场景（例如，与主人交谈，跟服务
员点单，支付支票）。用更典型的方式分割事件（与同龄人相比）与更好地记忆日常事
件场景有关。这种关联似乎部分取决于更大的内侧颞叶体积（H. R. Bailey et al., 2013）。

　　前额叶皮层的体积也与任务表现有关，包括被试如何自发地启动对记忆策略的使用。当尝试学习单词列表时，一个常见的策略是根据意义把单词归类（例如，把所有表示动物的词语归为一类）。这种策略的使用随着年龄的增长而减少，归类策略的使用是由双侧额中部和左侧额下区域灰质体积的大小来**调节**的（见图 2.4）（Kirchhoff et al., 2014）。这意味着，这些脑区体积较大的老年人预计将比体积较小的老年人更多地使用归类策略。相应地，使用这种策略应该可以优化对信息的记忆。归类策略可能利用到**执行功能**，即协调多个认知过程以协同工作的能力（章节 3.3 将更多地讨论这一内容）。一项元分析的结果表明，前额叶皮层的灰质体积与执行功能任务的表现有关，但这种关联在整个生命周期内并没有发生系统性的改变（Yuan & Raz, 2014）。

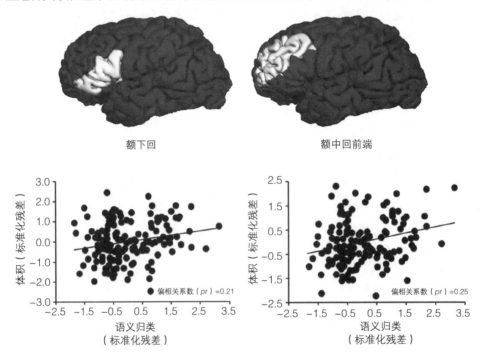

图 2.4　前额叶皮层（包括额下回和额中回）可用的灰质越多（图形上部），被试便会更频繁地利用语义归类策略提高记忆行为表现（图形下部）。图中每个点代表一个被试。数据是控制了性别、总体认知状态和语义加工能力的标准化残差。*pr*: 控制性别、总体认知状态和语义加工能力后的偏相关系数。
改编自 Kirchhoff et al.（2014），*NeuroImage*, Figures 1 and 2.

　　总结关于灰质的研究可知，许多脑区的体积都随着年龄的增长而减小。减小的速度因具体的脑区而异，还取决于结果是来源于纵向研究还是横向研究，也可能被包括神经退行性疾病在内的个体差异因素所影响。尽管海马和内嗅皮层的体积与记忆能力、记忆表现随年龄的变化有关，但灰质变化与行为的联系在实际研究中并没有想象中那样稳定。

2.3 大脑结构的改变：白质

虽然对于老化的研究最初主要集中在灰质上，但白质可能更需要被关注。因为研究表明，老化对白质的影响可能更为显著（Salat et al., 2005）。白质在人的整个生命周期中有不同的变化轨迹。灰质体积的萎缩似乎始于成年早期，而白质体积则一直持续增大，直到中年才开始减小（如 Coupe et al., 2017; Hedden & Gabrieli, 2004）。白质随着年龄增长的变化，包括脱**髓鞘**（包围神经元轴突的脂肪物质）和**白质高信号**[在磁共振成像（MRI）上表现为"亮点"，可能反映白质损伤]（Raz, 2000）。

虽然随着年龄的增长，白质的改变是普遍存在的，但大脑中不同白质纤维束的变化并不一致。早期研究表明，白质表现出从前到后的梯度退化模式（Head et al., 2004），**胼胝体**前部和额叶的变化（见图 2.5）比胼胝体后部、颞叶、顶叶和枕叶的变化更为明显。其他研究一致表明，额叶区域的白质损伤尤为明显，尤其是前额叶区域腹内侧和深部的白质（Salat et al., 2005）。一项为期 5 年的纵向研究也进一步证实了前额叶白质的体积随年龄的增长而萎缩得更多（Raz et al., 2005）。尽管在所有的研究中，从前到后的梯度退化模式并没有出现在整个大脑中（例如，K.M.Kennedy & Raz, 2009），但这种梯度变化确实在脑区内部有所体现。在额叶和顶叶的白质束中，随着年龄的增长，最严重的损伤都发生在这些白质束的前部（S. W. Davis et al., 2009）。然而，颞叶中并没有发现这种梯度退化模式。

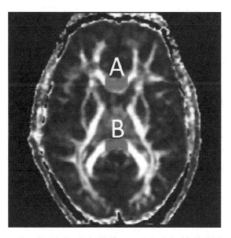

图 2.5　各向异性图像上呈现了相关白质束的位置。随着年龄的增长，胼胝体前部（A）比胼胝体后部（B）衰退得更厉害。
改编自 Head et al.（2004），*Cerebral Cortex*, Figure 2.

一种解释前后梯度变化现象的假说是"先入后出"原理。这一观点认为，在婴儿时期最先发育的脑区或进化较早的脑区，能够更好地抵抗老化的影响。相反，那些在童年时期发育较晚或进化较晚的脑区，将会较早地受到老化的影响（"后入先出"）（Raz, 2000）。白质发育的某些方面符合这一假说，但另一些方面则不符合（S.W. Davis et al., 2009）。可能是其他因素（比如那些与健康有关的因素）导致白质随着年龄的增长以不同的模式和速度减少。例如，高血压（血压升高）是伴随老化的一个危险因素。高血压，甚至是高血压前期，都被证实与胼胝体萎缩及其他白质微结构的异常有关（Raz et al., 2010; Suzuki et al., 2017）。

2.3.1 白质与行为之间的联系

在某种程度上，白质退化可能反映了髓鞘的丢失（S. W. Davis et al., 2009）。因为髓鞘有助于加速神经信号脉冲的传递，所以白质通常与行为表现上的加工速度有关也就不足为奇了。

第一个将白质完整性和行为表现联系起来的研究评估了视觉注意任务中的反应时间。这项研究使用弥散张量成像（DTI）技术（Madden, Whiting, Huettel, White, MacFall, & Provenzale, 2004），识别出一些脑区白质束的各向异性分数（FA，见第1章）与反应时间的关联具有年龄特异性。对于老年人而言，内囊前肢的FA越大（包括丘脑和纹状体在内的皮层下区域和前额叶建立了连接），则老年人的反应速度越快。该通路可能反映了随着年龄的增长，注意在执行反应中的作用。对于年轻人而言，胼胝体压部的FA越高，则反应速度越快。在年轻人进行目标检测任务时，其可能在视觉加工中扮演着重要的角色，特别是在大脑半球间信息传递时。这些发现说明了白质束在信息传递中的重要性，这有助于快速做出决定。正如fMRI文献描述的那样，这些发现表明随着年龄的增长，神经结构可能发生了改变，导致年轻人和老年人的加工模式依赖于不同的子过程。

另一项研究调查了与记忆检索速度有关的白质通路。记忆依赖于大脑中许多脑区的加工过程的相互作用。据此，布库尔（Bucur）及其同事（2008）推测，白质通过参与神经区域间信息的完整传输，在保持记忆的连贯性方面发挥着重要作用。DTI检测表明，位于胼胝体膝部（胼胝体的前部）和胼胝体周额束（位于侧脑室前角）的白质的完整性与情景记忆决策的反应时间有关。因此，白质完整性受损，特别是额叶区域的白质受损，可能导致失连接综合征，这种综合征缘于支持记忆子过程的各个区域不能有效地协调活动或共享信息。脑区之间的失连接最终会延长检索过程中的反应时间。

之前的研究也考察了不同白质束和任务域之间的各种联系。S. W. 戴维斯（S. W. Davis）及其同事（2009）发现前脑白质束的FA与执行功能相关，后脑白质束的FA与视觉记忆相关。另一项研究手动测量（而不是使用软件自动测量）了白质的完整性。研究结果表明，许多认知能力与白质有关，白质完整性对任务表现的影响和年龄对任务表现的影响并不相同（K. M. Kennedy & Raz, 2009）。前脑（主要是前额叶）区域与年龄相关的衰退与加工速度和执行功能的表现有关。相反，后脑区域与年龄相关的衰退与抑制性表现有关。而其他脑区，包括颞叶和中央区域（如内囊），则与情景记忆任务的表现有关。采用不同方法的各种研究得到的结果是比较一致的：如果某灰质脑区被证实与特定的功能有关，则涉及该特定功能的白质束也位于这一灰质脑区附近。

虽然白质的完整性在某种程度上与老化有关，但白质高信号似乎与健康状况有关，因为患有脑血管疾病（如高血压、中风）的个体的白质高信号是增加的。白质高信号与认知能力相关，个体的白质高信号越强，则其在执行功能、加工速度、流体智力和记忆力测试中表现越差。此外，白质高信号对任务表现的影响，可以独立于前额叶灰质体积（Gunning-Dixon et al., 2009）和白质完整性（Salat et al., 2005）的效应而存在。

综上所述，尽管与灰质变化相比，白质衰退的时间较晚（中年），但白质随年龄的变化是急剧的。前脑通路的白质退化可能多于后脑通路，这种前后梯度甚至也可能出现在脑区内部，例如额叶和顶叶。白质完整性与行为的反应时测量（包括注意力和记忆检索）有着最密切的关系。

2.4 连接

尽管前文分别讨论了灰质和白质的研究，但二者是有内在联系的。白质完整性受损可能会影响前额叶皮层与其他区域（如海马和纹状体）协同工作的能力（Hedden & Gabrieli, 2004）。最近越来越多的研究关注到大脑的网络属性，而非孤立地研究单个脑区。网络研究方法通过考虑**结构连接**（连接灰质区域间的白质通路）或**功能连接**（即共同激活的脑区，例如当左侧运动皮层激活时，右侧运动皮层通常也被激活），来考察大脑不同区域间如何协同合作。**振荡**反映了特定频率或时间范围内不同脑区间的协同活动。

S. W. 戴维斯等人（2012）研究了不同类型的连接是如何协同工作的。他们发现，老年人在执行任务时表现出双侧前额叶皮层区域的激活，并且，双侧前额叶皮层之间更强的功能连接模式与胼胝体白质的完整性有关。总的来说，这些结果表明，随着年龄的增长，更多的双侧脑区调用模式（如老年人脑功能非对称性减退，HAROLD；见第1章）能够反映双侧前额叶皮层功能连接随着年龄增长而增强，而功能连接依赖于双侧前额叶皮层完整的白质纤维束结构连接。

前额叶功能连接随年龄增长而增强的模式与其他研究发现的前脑功能连接随年龄增强的结果一致。然而，值得注意的是，有一些研究也发现了与年龄有关的连接减弱，如内侧颞叶和后部脑区之间的连接是减弱的（见Sala-Llonch et al., 2015综述）。大脑中更广泛区域的远程连接似乎更容易受到老化的影响，包括涉及记忆的额颞区和颞顶区（L. Wang et al., 2010）。其他年龄相关的变化，如最短路径长度的增加或网络中脑区中心性的变化，也可能表明老年人的网络效率降低（L. Wang et al., 2010）。网络随年龄变化的研究表明，大脑皮层下和小脑区域的角色转变，可能在个体对生活满意度的变化中有所作用（Voss, Wong, et al., 2013）。

一些研究采用更广泛的网络研究方法，来评估大脑中既有区别又互相协调的子系统是如何随年龄增长而改变其组织方式的。年轻人不同的大脑子系统有既紧密组织又独立运作的模块，其在一个系统内紧密地组织在一起，同时通过更稀疏的连接与其他系统进行协调。随着年龄的增长，大脑中各个系统的特异性逐渐消失，同一系统内的联系越来越弱，不同系统间的联系则越来越强（Chan et al., 2014）。尽管在人的生命周期内，感觉运动系统（如视觉）中的这些改变是逐渐发生的，但与初级感觉系统相连的系统（如控制系统；见图2.6）却是急剧退化的。这些连接模式的变化对记忆表现有所影响，联合系统更好的分离就与更优的记忆表现有关（Chan et al., 2014）。

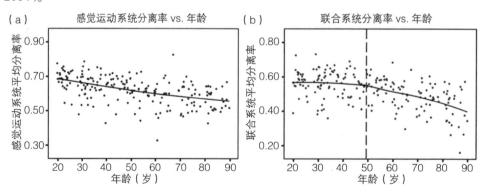

图2.6　尽管感觉运动系统（图a）和联合系统（图b）的分离率都随着年龄的增长而减小，但在50岁以后，联合系统的变化更大。图中每一个点代表一个被试。

改编自Chan et al.（2014），*Proceedings of the National Academy of Sciences of the United States of America*, Figure 3.

老化对连接的影响可能因人而异，这体现在更好或更差的认知表现上。例如，"超常老年人"有较高的认知能力，他们在认知测试中的表现就和年轻人或中年人一样，表明在这一群体中，大脑中跨多个脑区的振荡模式不受老化的影响（X. Wang et al., 2017）。这些发现表明，采用网络分析方法可能是研究个体差异的有效途径。

2.5 默认网络

大量关于网络随年龄变化的研究，重点关注的都是**默认网络**。这可能是因为它与各种各样的思维（从自我参照反思到自发的思维游离）有错综复杂的联系，而在需要外部注意力的任务中不被激活，在大部分有认知需求的过程中也一样停止活动。该网络广泛分布于大脑中，包括内侧前额叶皮层和顶叶区域，它与其他网络的关系可能也非常重要。

最早对默认网络在和年龄相关的认知变化中的作用的研究，使用了语义分类任务（即"这个词是否代表一种生物？"）。与年轻人相比，老年人在判断过程中未能抑制或减少默认网络相关脑区的活动（Lustig et al., 2003）。其他研究（如Grady et al., 2010; Persson et al., 2007）也发现老年人比年轻人更难抑制默认网络的活动。早期研究也开始探索默认网络的网络属性，发现跨大脑的远程连接（特别是前脑和后脑之间的连接），随着年龄的增长而损伤，如图2.7所示（Andrews-Hanna et al., 2007）。与年龄相关的默认网络损伤也出现在静息状态下（Damoiseaux et al., 2008）。

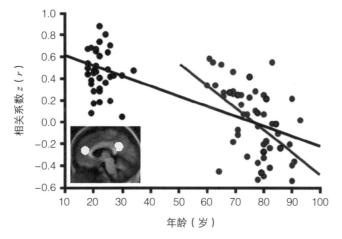

图 2.7 相比老年人，年轻人前脑和后脑（见图中大脑中的白色区域）的功能连接明显程度更高。x轴表示年龄，散点图中左边的点表示年轻人，右边的点表示老年人。甚至只在老年组内部，前脑和后脑的功能连接也会随着年龄的增长而减少。

改编自 Andrews-Hanna et al.（2007），*Neuron*, Figure 1.

随后的研究进一步探讨了默认网络的亚区，以及该网络与其他网络协同工作的方式。综观大脑网络，尽管感觉运动网络内的功能连接密度增加，但默认网络和背侧注意网络的远程连接随着年龄的增长而减少（Tomasi & Volkow, 2012）。其他的研究（Campbell et al., 2013）探索了默认网络的亚区，发现老化对默认网络不同区域有不同的影响。腹侧后扣带回皮层和背内侧前额叶皮层随年龄的增长表现出较弱的功能连接，表明该系统具有一定的易损性。相反，老年人的与认知控制有关的背侧后扣带系统有更强的功能连接性。

对默认网络的一种有前景的拓展性研究，是探究在不同的任务需求下该网络与其他网络耦合的方式。研究者在不同的任务中比较了默认网络、注意网络和控制网络的作用。对年轻人来说，在自传体规划任务中，控制网络与默认网络相耦合；而在视觉空间规划任务中，控制网络与注意网络相耦合（Spreng & Schacter, 2012）。相比之下，老年人的默认网络并没有在视觉空间规划任务中失活。在所有的任务状态下默认网络都没有功能失调，因而研究者推测老化影响的是网络之间的交互，而不是默认网络本身。这些观察结果被扩展到关于执行功能随年龄增长而产生障碍的研究中，从而孕育了老化的默认-执行假说（Turner & Spreng, 2015）。这一假说表明，当任务难度增加时，老年人很难通过对网络活动的调节来应对，从而同时影响了默认网络和执行控制网络。此外，为了满足认知控制的需求，默认网络会随着年龄的增长而与外侧前额叶区域耦合。

2.6 知觉和感觉

总的来说，年轻人比老年人更频繁地使用知觉区域，如枕叶皮层（见 2010 年 Spreng 等人的元分析）。去分化理论是认知老化研究中一种主要的理论，该理论认为随着年龄的增长，知觉领域的加工过程和神经区域的特异化程度会越来越低，反应更为普遍化。行为学研究表明，随年龄增长，许多不同的认知能力之间高度相关，如根据某人的感觉功能可以预测其完成较复杂认知任务的能力（Lindenberger & Baltes, 1994）。D. C. 帕克（D. C. Park）及其同事（2004）预测老年人的神经特征更难以分辨。在他们的研究中，年轻人和老年人观看了不同类别的刺激（如面孔、房子），这些刺激在年轻人的腹侧视觉皮层中有专门的神经区域负责。在之前的研究中，年轻人表现出一种特异化的模式，某一神经区域对特定类型刺激的反应，强于对其他刺激的反应；这种模式在负责类别选择的脑区（例如，负责面孔识别的梭状回，负责位置识别的海马旁回）中表现明显。从图 2.8 中可以看出，老年人的模式特异化不明显，这是神经随年龄去分化的证据。去分化的神经表现也显示在对同一类物体的识别中，与变形的面孔相比，老年人的梭状回面孔识别区对个体面孔的反应特异化程度要小于对这些面孔的变形图像的反应（Goh et al., 2010）。D. C. 帕克等人（2004）使用**多体素模式分析（MVPA）**的方法对数据进行了进一步的分析，这种方法比较的是在空间上分散的激活模式，而不是局限于比较焦点激活和连续激活，因而对神经表现更为敏感。结果表明，老年人的神经激活模式区别不明显，这不仅发生在腹侧视觉皮层，而且也发生在早期视觉皮层和视觉系统之外的区域，如顶叶和额叶皮层（Carp, Park, Polk, & Park, 2011）。

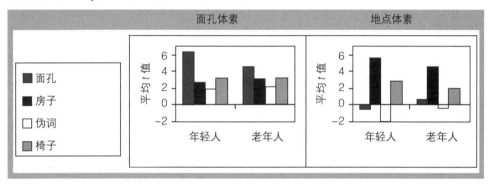

图2.8 梭状回面孔区（左）和海马旁区（右）的体素反应，在图中用平均 t 值（y 轴）表示，证明年轻人的特异化响应随着年龄的增长而减少。也就是说，与其他的刺激类型相比，梭状回对面孔和海马旁回对地点的响应，会随着年龄的增长而减弱。
改编自 D. C. Park et al.（2004），*Proceedings of the National Academy of Sciences of the United States of America*, Figure 3.

从去分化相关文献中衍生出的问题有：神经表征的特异化是如何随着年龄的增长而减弱的？神经元的反应是否更为泛化？比如年轻人中对特定刺激属性（例如面孔）响应的神经元，在面对其他类型刺激时是否也会产生泛化响应（如这些神经元是否也对房子做出响应）？或者是否发生了神经钝化，以致神经反应不那么强烈（例如面部选择神经元对面孔的响应较弱）？一项覆盖成年人整个生命周期的研究发现，随着年龄的增长，这两种机制都会发生变化（J. Park et al., 2012）。面孔网络的核心区域，如梭状回面孔区域，随着年龄的增长对房屋的反应会逐渐增强，这是神经元响应变得泛化的证据。在扩展的面孔网络中还出现了一种衰减模式，在人的生命周期中，某些神经区域对面孔的响应活动逐渐减弱。最近一项研究表明，去分化可能反映了网络连通的属性。系统（例如视觉系统、语义系统）内部的节点与跨系统连接的节点之间的区别，随着年龄的增长而变得不那么明显，这可能会影响静息态和任务态下的连接模式（Chan et al., 2017）。

36 与老化的去分化有关的研究成果可谓丰富，相比之下，与知觉和感觉神经元相关的文献则相当贫乏。尽管行为学研究的文献显示，知觉和感觉随年龄的变化是相对稳定的（Lindenberger & Baltes, 1994），但很难通过神经测量的方法来研究这些差异。这可能是因为很难从高级认知过程（如注意和记忆，见第 3 章）中将低水平的加工过程分离出来进行研究，因为 fMRI 研究需要对不同条件进行比较，而个体在扫描仪中往往处于感觉匮乏的状态（例如受限的观看条件，扫描中产生的噪声）。

一些研究证实了这类困难。例如，一项探究与年龄有关的视敏度差异的神经标记的研究表明，P1 和 N1 [早期注意加工的事件相关电位（ERP）标记，见章节 1.4.2 关于 ERP 成分命名的讨论] 的差异，可能只是反映了视敏度的差异而不是注意本身的差异（Daffner et al., 2013）。一旦在分析中考虑到视敏度因素，则老年人 P1 和 N1 成分的延迟，也就是潜伏期的年龄差异就消失了。经过校正，P1 成分波幅上的年龄差异表明，与年轻人相比，老年人有更强的与 P1 波幅有关的效应；在未经视敏度校正的初步分析中，则没有出现年龄差异。因此，基本的感觉加工效应随年龄的变化，表明了在不考虑感觉差异的情况下，去研究更为复杂的认知任务的成分是具有挑战性的。

在 fMRI 研究中，扫描环境所带来的干扰可能会以多种方式影响被试的行为和结果，尤其是在年龄增长的情况下。相比于年轻人和在实验室中执行长时记忆任务的老年人，在扫描仪中执行长时记忆任务的老年人的表现会受到不同程度的干扰，尽管这种干扰并没有扩展到工作记忆任务（Gutchess & Park, 2006）。听觉皮层的响应也可以作为扫描环境会分散注意力的潜在标记，在老年人记忆编码失败的试次中，他们该脑区的活动比年轻人更频繁（Stevens et al., 2008）。该脑区在功能上与默认网络相连，这被解释为该脑区的活动反映了个体对环境的监控。

2.7 神经递质

随着年龄的增长，神经递质系统会发生广泛的变化。文献表明，调节多巴胺、血清素和乙酰胆碱的系统会随着年龄的增长而功能下降，在受体或其他标志物方面 37 每 10 年损失可达 10%（综述见 S. C. Li et al., 2013）。多巴胺系统随年龄增长的变化得到了最多的研究，并且已被揭示与认知、运动能力和奖励反应等许多过程有关。老化已经被证明影响神经递质系统的许多方面，包括多巴胺受体和多巴胺转运体的某些亚型的数量，同时，有证据表明多巴胺代谢也发生了变化（见 Volkow et al., 1998）。

正电子发射断层扫描（PET）通常用于研究活体内特定的神经递质。其中一项研究评估了老化对 D_2 受体的影响，并将其与运动和认知任务的表现联系起来，这些任务主要评估额叶功能（Volkow et al., 1998）。这项研究发现，纹状体中D_2受体的数量随着年龄的增长而减少，并且多巴胺受体的可用性与个体在运动和认知功能的神经心理测试中的表现相关。另一项PET研究显示，尾状核和背外侧前额叶皮层（DLPFC）中D_1受体的结合能力随着年龄的增长而降低（Backman et al., 2011）。这种降低似乎与老年人额叶和顶叶区域对不同工作记忆负荷的调节较差有关。另一项研究表明，与年轻人相比，健康老年人多巴胺合成的能力增强，这种能力与认知灵活性有关（例如，适应不断变化的任务规则），而认知灵活性随着年龄的增长会有所降低（Berry et al., 2016）。第8章将讨论多巴胺对包括奖励学习在内的动机行为的影响。

　　将神经递质与老化对大脑结构和功能的影响联系起来的研究很少，但这是一个值得关注的方向。巴克曼（Backman）及其同事（2006）认为，多巴胺可能为理解与年龄有关的认知衰退提供了关键联系。尽管许多有关神经递质的研究都是横向设计，但纵向设计研究也正在开展，以测试神经递质的影响，并评估生活方式和基因等个体差异因素的重要性（如Nevalainen et al., 2015）。

　　另一种评估神经递质在认知老化中的作用的方法是药物干预。非人灵长类动物的研究结果表明，多巴胺可以经由海马增强记忆（Lisman et al., 2011）。乔杜里（Chowdhury）及其同事（2012）通过让老年人摄入**左旋多巴**（**L-DOPA**，一种多巴胺前体）来增加多巴胺，比较接受左旋多巴的被试和接受安慰剂的被试的行为表现和神经激活区域。在中等剂量左旋多巴的作用下，老年人对中性场景的记忆有所改善，但这并没有反映在海马活动中。研究者认为，未能涉及海马可能反映了记忆痕迹在大脑中形成需要较长时间。另一项研究使用了类似的方法来探究多巴胺对老年人奖励学习的作用（Chowdhury et al., 2013）。使用左旋多巴确实能提高学习能力，以至于一些老年人的学习能力与年轻人相当。伏隔核的神经信号反映了奖赏预期误差，而在接受了左旋多巴的老年人大脑中，该信号得以修复。此外，用DTI评估黑质纹状体白质纤维束的强度，可以预测伏隔核对期望值反应的个体差异。这些研究强调了增加可用多巴胺对认知存在潜在的好处。此外，这些研究结果强调了考虑多巴胺基线水平的重要性，因为系统功能的个体差异和最佳剂量的确定可以极大地改变反应结果（见Berry et al., 2016）。

2.8 个体差异

　　在本章的其余部分，我们将探讨影响大脑和行为老化的个体差异因素。尽管我只会从这些领域中选取一些研究结果作为样本，但重要的是要记住，这些研究的大部分都还处于初始阶段。这意味着许多发现都是基于初步的联系，可能只采用了较小的样本量和有限的测量方式。

2.8.1 基因

基因对神经递质系统有很大的影响，对上一节中讨论过的不同过程类型都有影响。除了多巴胺转运体和受体（DRD2）基因外，还有几个基因会影响神经递质水平，包括影响前额叶皮层多巴胺信号传导的 COMT 基因（综述见 S. C. Li et al., 2013）。

在学习和记忆方面，脑源性神经营养因子（BDNF）已被证实为重要的因素。具有 Met 等位基因的个体，与具有 Val 等位基因的纯合子（有两个相同的等位基因）的个体相比，其 BDNF 更少，而这又和某些与年龄相关的记忆任务（包括项目性记忆和前瞻性记忆）表现变差有关（K. M. Kennedy, Reese, et al., 2015）。另一个影响记忆功能的基因——APOE，与发生 AD 的风险有关。APOE 的相关发现将在第 7 章中进一步讨论。

一个影响血清素转运体的基因参与了情绪反应。携带该基因的短等位基因个体，更容易抑郁和焦虑，这可能是由于这些人调节情绪的能力更差。一项研究（Waring et al., 2013）发现，老年人的任务表现不受该等位基因长短的影响。但是，对于携带短等位基因的老年人来说，调节情绪冲突的大脑区域（前扣带回皮层背侧和前膝部）间的功能连接减弱了。

表观遗传学考虑到生活经历能改变基因转录，从而认可环境塑造基因表达这一观点。海马的可塑性使其特别容易被表观遗传过程改变。因此，经历能够塑造记忆功能，一些关于啮齿动物的研究支持了这种可能性（见 Penner et al., 2010; Spiegel et al., 2014）。这是未来一个令人兴奋的研究领域，它不仅能帮我们了解老化过程，甚至还可以揭示在较为年轻的大脑中可能出现的表观遗传学变化。

2.8.2 智力

一次偶然的发现激发了人们去研究人生早期智力对认知老化的影响。在苏格兰发现的大量 1932 年和 1947 年的标准化儿童测试数据档案，允许我们将童年智力与后期生活表现联系起来（Underwood, 2014）。在爱丁堡附近的洛锡安地区，那些完成了这些标准化测试的老年人参与了广泛的研究，结果显示童年智力对老年认知表现有巨大的影响（如 Gow et al., 2011），这种影响甚至可以持续到 90 岁高龄（Deary et al., 2013）。儿童时期的高智力似乎并不会减缓老年认知变化的速率，但是会影响晚年的认知能力水平（Gow et al., 2011）。

有研究已开始纳入生物学指标，以评估儿童智力在认知老化中的作用，得到的一些结果表明，遗传因素对智力有很大的影响（Deary et al., 2012）。一种方法使用多种测量手段将人生早期（3至11岁）智力与中年生理年龄联系起来，这些测量手段包括主观面部年龄、心脏年龄和端粒酶长度（在染色体末端重复的DNA序列），以及一种将多个生物标志物结合起来以预测死亡率的算法（Schaefer et al., 2016）。这些指标均显示，生理年龄越大，智力水平越低，而根据端粒酶长度指标，两者的联系较弱。在中年、童年晚期或童年早期进行的智力测试（与生理老化指标同时测量）都显示，智力与生理年龄之间存在相关关系，这表明了生命早期认知的广泛影响。

40

利用童年智力数据，还可以更好地理解皮层厚度随年龄增加而变化的意义，以及可以更好地对样本进行匹配。许多研究表明，皮层厚度的保持，与通过更高的认知成绩表现出来的较好老化结果相关，同时皮层厚度指标也与童年期的智力高度相关（Karama et al., 2014）。该研究结果表明，老年人皮层厚度的差异可能反映的是年轻时期皮层厚度的差异，而不是与年龄相关的认知功能下降速度的差异。另一项研究基于童年智力和社会经济背景，对73岁和92岁的被试群体进行了匹配。结果显示，是白质高信号和总的皮层表面积，而不是皮层厚度或体积，与两个年龄组间的认知能力下降相关（Ritchie et al., 2017）。重要的是，本节所讨论的研究揭示出对同一被试的不同年龄阶段进行反复测量，在区分老化与其他因素的影响上起了关键性作用（见专栏2.1），并提示随着年龄的增长，皮层厚度的变化可能不是导致认知能力下降的主要因素。

2.8.3 性别差异

年轻人在认知上存在性别差异，女性在语言任务中表现更好，而男性在空间任务中表现更好。然而，尚不清楚这些性别差异模式是否会延续到成年晚期（有关综述，请参见Gur et al., 2002）。此外，关于性别差异的神经测量研究还很少。使用一些数据库的研究结果显示，随年龄增长而下降的皮层脑血流量和脑组织容量似乎在不同性别之间是类似的（综述见Gur et al., 2002）。而其他研究表明，老年男性的脑体积损失略大于女性（如Carne et al., 2006）。就特定的脑叶而言，男性的顶叶体积随年龄增长而显著减少，女性则没有，但女性的颞叶体积随年龄下降的趋势则比男性更显著（Carne et al., 2006）。

雌激素流失对绝经女性的影响是认知老化研究中一个需要特别考虑的因素。在更年期，**雌二醇**的生成量下降，伴随着对记忆和执行功能的潜在损害。雌二醇与**糖皮质激素**的作用相互拮抗，糖皮质激素是在压力下释放的，会损害记忆力和执行功

41

能。而对认知有益的雌二醇，会随着绝经期的到来而下降，使得糖皮质激素发挥更强的作用，其净效应对认知是有害的（有关综述请参见 Herrera & Mather, 2015）。在受雌激素水平影响的神经区域方面，与雌二醇的保护作用相对，前额叶皮层和海马容易受到糖皮质激素的损伤。这些结论主要基于对动物的研究，但糖皮质激素和雌二醇也导致了人类神经激活模式的改变（综述见 Herrera & Mather, 2015）。此外，与安慰剂或较低剂量的雌二醇相比，施用雌二醇超过 3 个月，可使绝经后妇女的海马灰质体积增大（K. Albert et al., 2017）。有趣的是，一些研究表明，长期使用雌激素（> 10 年）可能是有害的（Erickson, Colcombe, Elavsky, et al., 2007）。虽然老年人使用雌激素在初期似乎起到了保护作用，即与未服用雌激素的女性相比，服用雌激素的女性的灰质和白质体积更大，但随着时间的推移，这种作用可能会发生逆转。健康水平是要考虑的另一个重要因素。如第 3 章所述，高健康水平与较好的晚年状态呈正相关，包括拥有更大的脑组织体积。高健康水平可以放大短期使用雌激素的作用，并减轻长期使用雌激素带来的危害（Erickson, Colcombe, Elavsky, et al., 2007）。

2.8.4 人格

一小部分研究探讨了人格如何随着年龄的增长而影响大脑。一些研究认为**大五人格特质**（即外向性、神经质、宜人性、尽责性和开放性五种特质）可以解释大部分个体间的人格差异（Costa & McCrae, 1987）。例如，杰克逊（Jackson）及其同事（2011）在一组 44—88 岁的样本中研究了神经质、尽责性、外向性是如何与灰质和白质体积相关的。他们同时观察人格对脑体积的整体影响，以及人格对脑体积随年龄变化的影响。神经质似乎具有最大的负面影响。高神经质个体的脑灰质总体积更小，并且这种状态不会随年龄而变化。这种模式在前额叶皮层（即腹外侧前额叶皮层 VLPFC、背外侧前额叶皮层 DLPFC 和眶额叶皮层）中表现明显。随着年龄的增长，高神经质个体脑白质总体积缩减得比低神经质个体更厉害，如图 2.9 所示。另一项研究（Wright, Feczko, Dickerson, & Williams, 2007）发现了相同的结果，即高神经质个体的皮层（如额上回和额下回）厚度较薄（尽管前颞叶皮层厚度增加了）。

就尽责性人格特质而言，随着年龄的增长，高度尽责的人白质体积值的下降较小。包括 VLPFC / DLPFC 和眶额皮层在内的易受责任心影响的特定灰质区域，在责任心更高的个体中有更大的体积（Jackson et al., 2011）。此外，尽责性水平较高的个体，其杏仁核和海马旁回的体积随年龄减小的程度更小。

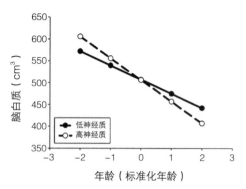

图 2.9 较高的神经质水平与年轻人和老年人的灰质体积减小有关，而神经质对白质体积的影响在整个生命过程中会发生变化。与较低水平的神经质（实线的黑点）相比，随着年龄的增长，较高神经质（虚线的白点）白质的损伤更大。
改编自 Jackson et al.（2011），*Neurobiology of Aging*, Figure 2.

　　尽管杰克逊（Jackson）等人（2011）的研究显示外向性对灰质和白质的体积没有明显影响，但至少有一项别的研究发现两者间存在相关性。更高外倾性的老年人有更厚的额叶皮层（即额上回和额中回皮层）。此外，他们还报告了开放性的负面影响，高开放性的老年人的皮层厚度会减小（Wright, Feczko, et al., 2007）。

　　尽管有研究（Wright, Feczko, Dickerson, & Williams, 2007）结果似乎表明开放性对皮层厚度有负面的影响，但在研究大脑功能态数据时，情况却有所不同。用PET评估个体的静息态脑活动，结果显示，55 岁以上且开放性高的成年人，眶额叶的神经活动更强（Sutin et al., 2009）。有趣的是，显示出这种关联的特定脑区在男女间有所不同。在男性和女性中，开放性都与眶额叶皮层的神经活动相关，但女性的开放性还与DLPFC的神经活动有关，而男性的开放性还与前扣带回的神经活动有关。这些结果表明，某个因素（例如开放性的人格特质）可以在不同性别的人的大脑中，以不同的方式表现出来。这些发现被认为反映了女性和男性受开放性影响的不同过程（例如，工作记忆、注意力和奖励）。

　　不同的自我思考方式也能影响大脑的老化。自尊水平和内控水平（人们感受到的对生活状况的控制程度），在年轻人与老年人中均表现出与大脑相关。在自尊和内控水平较高的年轻人和老年人中，海马的体积更大（J. C. Pruessner et al., 2005）。在中年男性样本中，海马体积与自尊之间也存在着中等程度的相关（Kubarych et al., 2012）。关于自尊与海马体积的关系，一些研究在相关性大小、普遍性、甚至是否存在相关等方面都存在着差异（如 Engert et al., 2010；Kubarych et al., 2012；M. Pruessner et al., 2007），但人们仍然对自尊和海马体积的关系非常感兴趣。这是因为一个人的

43

自尊水平可能会影响其压力感知，而较强的压力感知对海马体积有损害作用。

综上所述，神经影像学以及其他行为研究的结果表明，随着年龄的增长，高神经质水平对大脑有潜在的有害影响，而高尽责性、自尊、内在控制和外向性对大脑的影响则是有益的，其中外向性的影响是潜在的。

2.8.5 压力

暴露于长期压力下会导致糖皮质激素释放，而常年暴露在压力下会影响糖皮质激素受体的功能和**下丘脑-垂体-肾上腺（HPA）轴**，从而提高糖皮质激素水平（综述参见 Prenderville et al., 2015）。压力也会造成海马萎缩，继而会造成记忆障碍（综述参见 McEwen, 2006）。一些研究表明急性应激源会对老年人而非年轻人的记忆产生影响（如 Hidalgo et al., 2014），尽管这一发现并不普遍（如 Pulopulos et al., 2013）。这些记忆损伤可能与压力系统失调有关，可通过**皮质醇**等标记物进行评估（Hidalgo et al., 2014）。皮质醇反应的强度可能与记忆表现的年龄变化相关，即使在没有考虑压力对记忆的影响时也是如此（Almela et al., 2014）。高水平的皮质醇响应度可能表明 HPA 轴的功能良好，这可能有助于随年龄增长而维持记忆。但是，HPA 轴的长期激活，如在长期压力下，可能与神经退行性疾病（例如 AD）的失调和发展有关（Prenderville et al., 2015）。老化还与炎症增加、代谢变化和氧化应激增加有关，所有这些都可能导致认知功能障碍。许多导致认知功能老化的因素也与抑郁和焦虑有关，抑郁和焦虑可能加剧老年大脑的功能障碍（Prenderville et al., 2015）。

最近有研究调查了压力对决策随年龄变化的影响。冒险的意愿是决策的一个方面，它可能会随着年龄的增长而变化。实验中，年轻人和老年人都处于应激状态（如将手放在冰水中）或对照状态，他们需要完成一项驾驶任务，即通过在黄灯下继续行驶直到出现红灯来积累得分，如果红灯出现后被试仍在驾驶，则将丢失积分（Mather et al., 2009）。尽管年轻人和老年人对压力表现出相似的皮质醇反应，然而压力条件损害了老年人在随后的驾驶任务中的表现。压力改变了老年人在有风险条件下的决策，使他们在执行任务时变得更加保守（例如，更多地停车而不是开车）。

个体对压力源的长期反应有所不同，**特质焦虑**可能是这种反应的决定性因素。

杏仁核和腹侧前额叶皮层之间的结构连接，可能对调节包括焦虑在内的情绪反应起着重要的作用，使得前额叶脑区可以帮助下调杏仁核的反应。一项调查老化和焦虑影响的研究就使用 DTI 在年轻人、中年人和老年人中检查了这些通路的完整性和体积大小（Clewett et al., 2014）。多种白质测量结果表明，老年人的白质有所损伤。出乎意料的是，杏仁核和腹侧前额叶皮层之间的连接性与高焦虑水平相关，这与该通路调节焦虑的观点不一致。因此，结果表明，随着年龄的增长，这条白质通路的损伤可能与老年人的低焦虑水平有关。

一个与年龄有关的特别重要的压力源是孤独感。孤独感与许多风险因素有关，包括血压、HPA活动以及许多心理、生理状况和行为（有关综述请参见Cacioppo et al., 2010; Wilson & Bennett, 2017）。几项研究探究了晚年生活中的孤独感与抑郁症的联系（Cacioppo et al., 2006），认为孤独感可以预测抑郁症，而反之则不行（Cacioppo et al., 2010）。有趣的是，影响健康结果的关键因素似乎是孤独的自我感受，而并非客观上的社会隔离或缺乏社会支持（Cacioppo et al., 2010; Cacioppo et al., 2006）。一项研究调查了在静息态扫描时，老年男性的孤独感对长、短距离功能连接的影响（Lan et al., 2015）。较高的孤独感影响了舌回的短程功能连接强度，而舌回可能有助于社会认知。研究者进一步指出，孤独和抑郁可能会对老年男性的大脑产生不同的影响。鉴于有关该主题的文献匮乏，对孤独感影响神经通路随年龄变化进行研究，以及对潜在的神经变化如何导致晚年抑郁进行研究都很有必要。

2.8.6 双语能力

多种语言的使用可以保护认知功能，防止某些与年龄有关的认知衰退的发生。不断切换语言，以及抑制使用某种语言的需求，可以改善执行控制。行为研究支持包括老年人在内的双语人士在完成有执行功能需求的任务（例如抑制、转换和监控冲突）时具有优势的观点（相关综述请参见Bialystok et al., 2012; Grant et al., 2014）。

双语会如何改变老年人的大脑？就结构上的改变而言，相较于单语老年人，双语老年人的左侧前颞极（Abutalebi et al., 2014）和双侧顶下小叶的灰质体积更大（Abutalebi et al., 2015）。单语老年人的左颞极在老年期变薄，而双语老年人随着年龄的增长，该脑区保存得更好（Olsen et al., 2015）。此外，语言的熟练度会影响研究结果的模式，双语者更好地运用第二语言进行命名的能力，与其左前颞极（Abutalebi et al., 2014）和左下顶叶的体积更大有关（Abutalebi et al., 2015）。

考虑到语言系统的分布性质，双语对白质的影响非常重要。双语老年人的额叶白质体积要大于单语者，额叶白质越多，其执行功能和抗干扰能力的表现就越好（Olsen et al., 2015）。双语老年人连接语言区域的胼胝体具有更好的白质完整性（Luk et al., 2011）。双语老年人还显示出大脑前一后网络功能连接的增加，这意味着网络能更有效地紧密连接。相反，单语者则表现为额叶区域之间的功能连接增强。这些发现表明，双语者的长距离连接，即跨越不同脑区（例如额叶、顶叶和枕叶）的连接可能会比单语者更好。但是，必须注意的是，双语者白质完整性更高的模式在文献中并不一致，一些研究甚至发现双语者的白质完整性比单语者更低（Gold, Johnson, & Powell, 2013）。

最后，fMRI的文献揭示了双语的一些影响。双语老年人可能比单语老年人激活的额叶区域更少，这可能反映了他们拥有更高的加工效率（Gold, Kim, Johnson, Kryscio, & Smith, 2013）。也就是说，与单语者相比，双语者只需要较少的大脑激活就可以取得相同水平的任务转换表现，甚至能更快地完成任务。另一项研究探讨了双语对静息状态下老年人大脑的影响。格雷迪（Grady）及其同事（2015）比较了涉及执行控制的两个网络——涉及网络之间切换的额顶控制网络和将感官体验和内部状态统一起来的突显网络，以及在外部聚焦任务中处于不活动状态的默认网络。结果显示，与单语者相比，双语者在额顶控制网络和默认网络中的功能连接水平更高。研究者解释说，其结果与之前发现的双语者相关白质通路具有更好的完整性以及在执行控制任务中的行为优势结果相符。

综观以往文献，一些模型试图解释双语现象是如何改变大脑系统的。一种模型认为，双语会加强脑区之间的联系。如图 2.10 所示，格雷迪（Grady）及其同事（2015）认为，更强的连接可以更好地调节在不同任务中大脑区域之间的关系，从而有利于执行控制。另一个模型则侧重于探究与连接有关的特定神经区域的保持原状和激活。格兰特（Grant）及其同事（2014）提出，保持原状的后部区域（例如顶叶和颞叶）神经活动，增强的前额叶功能，以及增强的大脑前—后的功能连接，可以随着年龄的增长增强双语大脑的功能（如图 2.11 所述）。第三种模型建立在对大脑后部区域激活和保持原状的观察基础上，认为双语者比单语者更依赖皮层下部和后部区域（Grundy et al., 2017）。尽管这种模型与伴随年龄增长而呈现的大脑皮层活动由后向前转移（PASA）模型（请参阅章节 1.3）相反，但该模型表明，与单语者相比，双语者对自上而下加工的需求减少，这可以帮助减轻老化的有害影响。

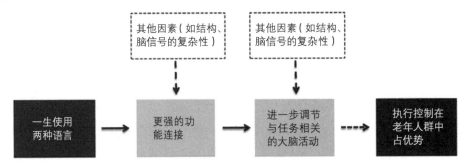

图 2.10 该模型描述了随着年龄的增长，多个过程是如何帮助双语者增强执行控制（EC）能力的。

摘自 Grady et al.（2015），*Neuropsychologia*, Figure 8.

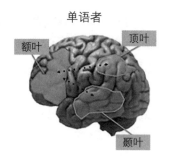
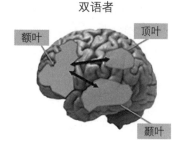

单语者　　　　　　　　　　　双语者

额叶　顶叶　　　　　　　　　额叶　顶叶

颞叶　　　　　　　　　　　　颞叶

图 2.11　双语的第二种模型强调了随着年龄的增长，更好地保持原状的额叶、顶叶和颞叶区域的潜力（与单语脑相比，这些区域的阴影较不透明），以及增强了的后部区域连接性（与单语大脑中的虚线箭头相比，用实心箭头表示）。
摘自 Grant et al.（2014），*Frontiers in Psychology*, Figure 2.

2.8.7 文化

只有很少一部分研究调查了语言以外的跨文化差异。迄今为止，研究主要探索了脑结构随年龄变化的模式。老化在很大程度上影响着大脑，各种文化中的这一现象是相似的，因此，在新加坡被测试的东亚人样本和在美国被测试的以白种人为主的样本，大脑的总体积随年龄减小的趋势是类似的（Chee et al., 2009）。文化背景不同的人，随着年龄的增加，海马的体积都会减小（Chee et al., 2009），同样地，当物体与场景绑定时，不同文化背景的人，海马的激活程度都会随年龄下降（Goh et al., 2007）。

尽管具有不同文化背景的老年人的大脑老化轨迹具有相似性，但直接比较皮层厚度仍显示出一些脑区随年龄的变化是不同的。与新加坡人相比，美国青年人多模态关联皮层的许多区域（包括额叶、顶叶和内侧颞叶）有较厚的皮层（Chee et al., 2011）。一般来说，文化差异不会表现在老年人身上，但相比于美国人，新加坡年轻人和老年人的左侧颞下回的体积均较大（Chee et al., 2011）。尽管多种文化背景下的变化随着年龄的增长而趋于一致，但是只根据一项研究，得出随着年龄的增长，文化带来的差异减少这一结论还为时过早。老年人的大脑容量具有很大的差异，这可能使研究文化的影响变得困难。值得注意的是，仅将美国和新加坡有高能力的老年人子样本进行比较，得出的文化差异模式与年轻人中得出的文化差异模式相似。这一发现表明，在完全用文化差异的影响解释群体差异时应当谨慎，因为群体可能会因其他一些无意的原因产生差异（例如，样本在认知能力上的匹配性较差）。如果脑结构差异确实反映了文化的影响，它们可能是多种因素共同作用的结果，包括遗传因素和环境因素，例如双语或策略上的跨文化差异（Chee et al., 2011）。

就功能激活模式随年龄发生的差异而言，年龄较大的东亚区被试对重复事物的反应减弱，而各个年龄段的美国人对此的神经反应都很强烈（Goh et al., 2007）。该发现表明，文化差异在整个生命周期中可能会进一步扩大，由于认知策略的长期差异，或随年龄增长对认知资源的限制，这些文化差异可能出现在晚年。这是唯一直接比较不同文化中的年轻人和老年人的研究。在未来，一个有趣的研究方向可能是，比较文化差异在整个生命周期中对静息态功能活动的影响，因为在该网络中体现的文化差异可能会对许多过程产生普遍影响。先前一项关于年轻人的研究（Goh, Hebrank, et al., 2013）报告了默认网络的文化差异，即美国人在网络活动上的抑制性比东亚人更强。与东亚人相比，这种抑制可能是与美国人在执行更具挑战性的任务时，更强烈地激活了与任务正相关的区域。未来我们可以研究在不同文化中，静息状态和任务状态下的不同网络模式。

2.8.8 总结

要了解个体差异，就需要数量庞大且多样化的样本，并随着时间的推移可持续地研究这些个体。认知神经科学方法的研究刚刚开始实现这一目标，尤其是在多站点研究、纵向研究和生命周期研究纳入大脑结构和功能的测量指标之后。对儿童智力影响的研究很好地证明了这些方法的作用（章节 2.8.2）。因此，我们对个体差异的理解会在未来几年迅速深入。

本章总结

- 灰质的体积随着年龄的增长而减小，尽管损伤的速度因脑区而异。内嗅皮层是一个与记忆有关的脑区，即使在健康老化中也会发生巨大变化。无论是对同一个体的纵向变化进行测量（揭示出较高的损伤率），还是在不同群体中进行测量，都能发现这些变化。

50

- 白质的完整性会随着年龄的增加而损伤。损伤模式开始于中年，相比于灰质的变化，白质的变化在生命周期中发生得较晚。

- 为了解老化如何影响大脑，研究老化如何影响脑区和网络的协同工作，可能比研究单一脑区活动的变化更重要。

- 难以抑制默认网络，会降低对不同类型刺激的神经反应特异性。多巴胺的减少，可能是与年龄有关的行为发生多种变化的原因。

- 童年时期测量的早期智力是预测晚年认知水平的强有力因素。

- 探讨个体差异的研究还处于早期阶段，需要更多的调查研究来了解哪些能力可能导致老化带来的特别好或不好的结果。

回顾思考

1. 灰质和白质与年龄有关的变化模式有什么区别？

2. 脑的结构变化在多大程度上可以导致行为随着年龄的增长而变化？

3. 默认网络是什么？为什么在解释与年龄有关的认知变化时很重要？

4. 什么是去分化？为什么在解释与年龄有关的认知变化时很重要？

5. 随着年龄的增长，哪种个体差异显得尤为重要？根据目前的文献状况，你认为在了解脑如何老化方面最重要的影响因素是什么？

6. 尽管纵向研究对于研究老化的影响是理想的，但是使用这些设计有哪些挑战？在研究与年龄相关的变化时，哪些过程最能受益于纵向设计？对于纵向设计，哪些过程的研究最具挑战性？

拓展阅读

- Davis, S. W., Dennis, N. A., Buchler, N. G., White, L. E., Madden, D. J., & Cabeza, R. (2009). Assessing the effects of age on long white matter tracts using diffusion tensor tractography. *NeuroImage, 46*(2), 530–541.

- Fjell, A. M., Westlye, L. T., Grydeland, H., Amlien, I., Espeseth, T., Reinvang, I., ... Alzheimer Disease Neuroimaging Initiative. (2014). Accelerating cortical thinning: unique to dementia or universal in aging? *Cerebral Cortex*, *24*(4), 919–934. doi:10.1093/cercor/bhs379

- Park, D. C., Polk, T. A., Park, R., Minear, M., Savage, A., & Smith, M. R. (2004). Aging reduces neural specialization in ventral visual cortex. *Proceedings of the National Academy of Sciences of the United States of America*, *101*(35), 13091–13095.

- Raz, N., Lindenberger, U., Rodrigue, K. M., Kennedy, K. M., Head, D., Williamson, A., ... Acker, J. D. (2005). Regional brain changes in aging healthy adults: general trends, individual differences and modifiers. *Cerebral Cortex*, *15*(11), 1676–1689.

51

关键术语

Big 5 personality traits（大五人格特质）

corpus callosum（胼胝体）

cortisol（皮质醇）

cross-sectional designs（横向设计）

default mode network（默认网络）

entorhinal cortex（内嗅皮层）

epigenetics（表观遗传学）

estradiol（雌二醇）

estrogen（雌激素）

event segmentation（事件分割）

executive function（执行功能）

functional connectivity（功能连接）

glucocorticoids（糖皮质激素）

hippocampus（海马）

hypothalamic-pituitary-adrenal（HPA）axis [下丘脑-垂体-肾上腺（HPA）轴]

levodopa（L-DOPA）（左旋多巴）

longitudinal studies（纵向研究）

mediated（调节）

multivoxel pattern analysis（MVPA）（多体素模式分析）

myelin（髓鞘）

oscillations（振荡）

structural connectivity（结构连接）

sulci（脑沟）

trait anxiety（特质焦虑）

ventricles（脑室）

white matter hyperintensities（白质高信号）

第 **3** 章

认知与老化

学习目标

- 使用功能和结构磁共振成像（MRI）、静息态功能性磁共振成像（rs-fMRI）、事件相关电位（ERP）和弥散张量成像（DTI）等方法，探究老化对执行功能、运动控制和语言等认知过程的影响。
- 了解老年人的哪些认知需求可能比年轻人更大，在低难度任务中，这些需求如何调动额外的神经活动。而在高难度任务中，可能不会增加额外的神经活动。
- 掌握执行功能和认知控制可能与其他认知过程相互作用的多种方式。
- 掌握老年人训练项目的潜在认知和神经效果，以及为达到有效干预所面临的挑战。

3.1 引言

很多人可能已经意识到认知能力会随着年龄的增长而下降，但是具体哪些能力会受到影响？我们又能做些什么去最小化老化的影响？年龄的增长会带来认知能力的普遍下降，但不同能力受影响的程度是不同的。例如注意力的某些成分，包括搜索某一特定刺激或在一大堆刺激中找到某一"新奇（oddball）"刺激的能力，会随着年龄的增长而受损。包含工作记忆和抑制在内的执行功能也会受到老化的影响。这些能力与许多其他能力相互作用，因而年龄的影响具有广泛性。随着年龄的增长，这些变化也会影响认知控制过程何时进行，认知控制过程启动得晚，其效果可能比早启动要差。为了理解认知的广度，本章将简要回顾关于运动控制和语言的文献。即使在相对基本的运动过程中，年龄差异也会影响许多其他认知过程。相比之下，

53

尽管潜在的神经系统仍然可能发生变化，语言却会随着年龄的增长而得到较好保留。尽管人们对认知训练项目非常感兴趣，但迄今为止，认知训练项目有效的证据还很有限。本章将回顾心脑血管锻炼项目以及一些认知训练方案有效性的相关证据，其中心脑血管锻炼项目是迄今为止最有效的方法。

3.2 注意

注意使人能够关注外界的刺激和信息。这种外部聚焦与第 2 章讨论过的默认网络的内部聚焦或第 4 章将讨论的内部信息刷新的内部聚焦是相反的。额顶网络是外部注意的神经基础。用来评估注意不同方面的任务多种多样，其中一些将在本节中得到讨论。因为注意在关注特定信息和忽略无关信息的干扰时起作用，它与包括干扰与抑制（综述见章节 3.3）以及记忆（综述见第 4 章）在内的其他认知过程有着很强的联系。

注意的功能之一是在类似于视觉搜索的任务中，尽可能快地搜索信息。在这些任务中，搜索选择可以基于单个特性进行，例如在一大群字母 O 中查找一个字母 X，这被称为**特征搜索**。而**联合搜索**则要求被试搜索选择同时具备两个特性的物品，例如在一大堆红色或绿色的字母 X 和 O 中搜索一个绿色的 X。任务示例参见专栏 3.1。

54

专栏 3.1　用来测量注意和干扰的任务

视觉搜索任务

在任务中，被试需要找到一个特定的刺激（这里是一个绿色的×）并尽快做出反应。搜索联合特征（如绿色和×）的时间要比搜索单一特征（单个×或绿色刺激）的时间长得多。

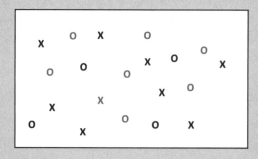

斯特鲁普（Stroop）任务

在Stroop任务中，被试要尽快说出字本身的颜色。阅读字义与字本身的颜色不一致的颜色词（不一致列）的速度，要慢于对照试验或阅读字义与字本身颜色一致的颜色词（红色的"红"字）。

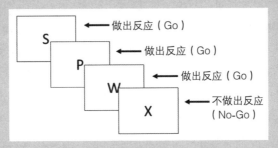

Go/No-Go 任务

在Go/No-Go任务中，被试需要对一些刺激（这里是一些字母）做出快速反应，但他们被要求对一个特定字母（这里是X）不做出反应。

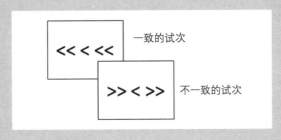

侧抑制（Flanker）任务

在Flanker任务中，被试需要按相应的键对中心刺激（这里是符号<）做出快速反应。中心刺激与两侧刺激要么是一致的，要么是不一致的；不一致条件下两侧的干扰会引起反应变慢。

彩色版本请扫描附录二维码查看。

联合搜索比特征搜索需要花费更长的时间。老化会不成比例地减慢联合搜索，这可能是因为年龄的增长让忽略无关干扰变得更为困难（Madden et al., 2014）。在视觉搜索任务中，老年人比年轻人更多地使用与注意力相关的额顶区域。但与预期相反，老年人脑区激活的增强发生在所有情景中，而不仅仅是在最需要注意力的情景中（Madden et al., 2014; Madden et al., 2007）。然而，无论年轻人还是老年人，较高水平的激活都与较长的反应时有关（Madden et al., 2014）。另一项视觉搜索研究表明，搜索单个独特的物品时激活的区域存在年龄差异，其中老年人额叶视区和顶上小叶的激活与较长的反应时有关（Madden et al., 2007）。综上所述，这些结果表明了额顶网络在注意力任务中的重要性，并反映了神经和行为测量之间的趋同性：老年人的额顶叶区域激活增加伴随着反应速度变慢。

55

随着年龄的增长，白质的变化也会影响个体在注意任务中的表现。DTI测量发现，老年人的白质完整性通常随着年龄的增长而降低（Madden, Whiting, Cabeza, & Huettel, 2004）（见第 2 章关于白质随年龄变化的详细讨论）。随着年龄增长，DTI评估的白质完整性遭到破坏，这也许可以解释视觉搜索任务中与年龄有关的额顶叶区域激活的增强（Madden et al., 2007）。而且，白质束的差异可能也与不同年龄组的表现有关。在**oddball任务**中，与标准刺激相比，新奇刺激需要做出不同的按钮反应，胼胝体压部完整性的降低意味着年轻人的反应变慢（Madden, Whiting, Cabeza, et al., 2004）。这条通路被认为参与了两个大脑半球的视觉信息传递。与之相反，大脑纹状体内囊完整性的降低意味着老年人的反应变慢（Madden, Whiting, Cabeza, et al., 2004）。这条通路被认为连接着前额叶皮层和皮层下结构。因此，跨大脑半球快速的信息传递可能对年轻人表现良好最为重要，而额叶控制过程则对老年人最为重要。

56

格兹曼（Getzmann）及其同事（Getzmann et al., 2013）采用了听觉分心任务，用ERP技术去测量注意力分散，在该任务中被试需要对标准音调做出反应，而忽略非标准音调。这项研究将年轻人与表现优异和表现不佳的老年人进行了比较。三个加工阶段被不同的ERP成分所反映。当检测到非标准音调时，**失匹配负波（MMN）**就会出现在额叶中央区域，而这被认为是在非注意的情况下发生的（例如，即使某人在全神贯注地阅读一本书而不是听音调时，也能检测到非标准音调）。这一成分随着年龄的增长而减少，与年轻人相比，这种减少在表现不佳的老年人中最为明显。另一个成分是P3a，它反映了自动化的注意切换。与年轻人相比，表现优异老年组在该成分上的波幅降低，而表现欠佳老年组的潜伏期更长（波幅和潜伏期的解释见第 1 章）。最后，当被试分散注意力后返回到最初的任务时，会出现重新定向的负性成分，并反映在额叶中央区域。与年轻人相比，随着年龄的增长，老年人这一效应的幅度降低，延迟更久。ERP 成分与行为表现密切相关：容易分心的个体表现出较弱的 MMN 和较强的 P3a 反应。这些结果表明，注意力分散、定向和重新聚焦都受到年龄的影响。即使是表现优异的老年人也受到了影响，这凸显出随着年龄增长，注意力更容易分散。

注意选择可以影响复杂信息的哪些方面被注意到以进行下一步加工，并与其他系统和过程相互作用。在一项关于选择性注意的研究中，将面孔和场所的透明图片相互叠加，给被试看（Schmitz et al., 2010）。被试需要对面孔做出判断，此时场所属于无关信息。与任务选择要求一致的是，在重复试验中，年轻成年人对面孔的神经反应（发生在梭状回面孔区域）表现出**适应性**或反应减弱，但这种适应或反应减弱未发生在无需注意的场所上。然而，老年人对两者的神经反应都表现出了适应性，包括对无需注意的场所（发生在旁海马区域）。老年人对这两种信息的反应，反映了老年人难以抑制或忽视无关信息。此外，也有一些证据表明，老年人的注意选择过程较为迟缓。老年人并没有成功地抑制视觉区域的初始活动，而是激活了额中回皮层，这可能是因为他们试图控制那些竞争性的视觉场所信息，他们继续加工这些信息而不是将其忽略。这些结果与早期注意选择过程支持更有效地忽略信息（即场所）的想法一致。随着年龄的增长，早期选择受到了损害，导致老年人容易分心。有关记忆过程的研究发现的讨论见章节 4.2.1。

预期可以让人们对加工有关信息有所准备。对于运动而言，当年轻人和老年人对运动方向有预期时，他们可以更快地检测到运动的开始。在使用 ERP 方法的研究中，N1 成分是一种早期（刺激后约 100 毫秒）的感觉和注意成分，已被定位于视觉皮层的运动选择区域，在违背预期的试验中波幅更大。而且，N1 成分反映了期望违反的程度（Zanto et al., 2013）。随着年龄的增长，当水平运动被预期时，N1 波幅就会降低，这可能反映了跨两个大脑半球交流的需要。脑半球之间的白质束随着年龄的增长而退化，退化程度比单个脑半球内的白质束退化程度更严重。总的来说，研究结果表明，预期影响早期注意过程，以 N1 为指标，水平运动的预期随着年龄的增长而不成比例地受损，这可能源于大脑半球之间的连接损伤。

总而言之，有证据表明，随着年龄的增长，各种注意过程都被破坏。额顶网络对视觉搜索很重要，包括搜索速度。不同白质通路的作用表明，不同的过程（例如，信息在脑半球之间的传递；额叶控制机制）可能与年轻人和老年人的行为表现有很强的联系。ERP 数据显示在注意力分散、定向、重新聚焦和预期方面都有与年龄相关的损伤。早期选择也可能因年龄增长而受到损伤，这妨碍了老年人忽视无关信息。如果不能及早抑制信息，就必须在后期更多地调用额叶区域参与控制过程。

3.3 执行功能

执行功能通常负责信息的控制加工过程，这对许多任务来说都很重要。几个子过程有助于执行功能的运行：更新和监控大脑中的信息，抑制无关信息，在任务或心理状态之间转换（Hedden & Yoon, 2006; Miyake et al., 2000）。总之，这些子过程使某个信息被关注和被加工，而其他信息则处于等待加工的状态，不是关注焦点。执行功能就像一个厨师，在锅和盘之间切换，去关注那个随时需要留意的锅、盘，而其他的锅和盘在炉子上慢火炖着，暂时搁置。由此，你能看出上面讲过的注意过程是执行功能的一部分；在本章中，这些过程的区别并不那么明显。而且，执行功能可以与其他任何能力相互作用，如记忆（例如，一个人如何控制从记忆中提取相关信息？在心算过程中，如何在头脑中同时处理不同的数字？），或语言（例如，在双语者的大脑中，不同的语言是如何保持其差异性的？）。

一项大型的元分析（Turner & Spreng, 2012）比较了老化对与执行功能相关的两个不同过程的影响：工作记忆和抑制。工作记忆在第 1 章和第 2 章中已作介绍，它包括记住信息并在特定的一段时间内保持信息活跃。虽然第 4 章会对工作记忆进行更详细的讨论，但为了与老化对其他执行功能的影响作比较，我们也在这里对其进行讨论。在 19 项关于老化对工作记忆影响的研究中，老年人前额叶前侧和背侧区域有更强的激活，而年轻人则更多地激活了前额叶后侧区域、额叶视区和后侧视觉区（Turner & Spreng, 2012；见图 3.1）。**抑制**是一种对强烈的反应或自动、占优势的想法施加控制的能力，这些想法可能是之前学习和经验的结果（例如，一个以英语为母语的人在试图检索西班牙语单词"libro"时抑制了英语单词中的"book"）。额顶网络，包括前额叶腹侧皮层、运动皮层和顶叶皮层，与需要注意的任务或执行功能有关（综述见 Turner & Spreng, 2012；见专栏 3.2）。在 13 项年龄差异的比较研究中，年轻人比老年人更多地调用视觉联想区域，而老年人比年轻人更多地调用额叶区域，包括右侧额下回、左内侧额上回和前辅助运动区域（Turner & Spreng, 2012；见图 3.2）。直接比较抑制脑区和工作记忆脑区发现，年轻人和老年人的潜在网络是不同的，这表明随着年龄的增长，功能会越来越专门化和差异化。激活模式随着年龄的增长也有所不同。随着年龄的增长，抑制对同一网络的激活程度更高，而工作记忆则激活了额外的区域，尤其是双侧区域。

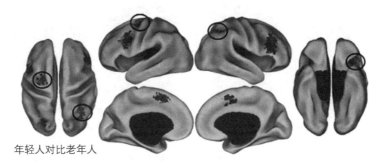

年轻人对比老年人

图3.1 图中显示了基于元分析，在工作记忆中表现出年龄差异的脑区。圈起来的区域为年轻人比老年人更容易激活的脑区，而其他区域则是老年人比年轻人更容易激活的脑区。关于各脑区的讨论见正文（章节3.3）。

改编自 Turner & Spreng（2012），*Neurobiology of Aging*, Figure 1.

专栏 3.2　与执行功能有关的神经区域

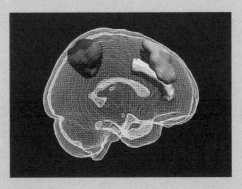

彩色版本请扫描附录二维码查看。
涉及执行功能的额顶网络包括顶叶皮层（暗橙色）、背外侧前额叶皮层（浅橙色）和前扣带回（黄色）。
图片用软件制作，摘自Madan（2015），Creating 3D visualizations of MRI data: a brief guide, *F1000Research*, 4, 466.

　　在评估抑制的任务中，尽管神经数据显示出不同的模式，但行为数据表明，随着年龄的增长，反应时变长，错误率增加。在Stroop任务中，要求被试辨认字的颜色而不是字义所表示的颜色时（例如，"蓝"字用绿色印刷，人们应该用绿色回应），人们会被字义干扰。在专栏3.1中可以找到本节所讨论的全部任务（Stroop、Go/No-Go和Flanker）的例子。在Stroop任务中，老年人激活了与年轻人相同的许多脑区，有一项研究发现，老年人的左侧额下回皮层激活增强（Langenecker et al., 2004）。

60

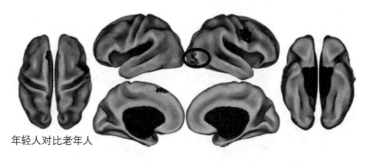

年轻人对比老年人

图3.2 图中显示了基于元分析，在抑制中表现出年龄差异的脑区。圈起来的区域为年轻人比老年人更容易激活的脑区，而其他区域则是老年人比年轻人更容易激活的脑区。关于各脑区的讨论见正文（章节3.3）。
改编自 Turner & Spreng（2012），*Neurobiology of Aging*, Figure 2.

另一项关于Stroop任务的研究报告表明，与年轻人相比，老年人的背外侧前额叶皮层（DLPFC）和一些顶叶区域出现更少的激活，其他区域则出现更多的激活，如额下回和前扣带回（Milham et al., 2002）。在Go/No-Go任务中（Nielson et al., 2002），也发现了随年龄增长激活程度有所增加，特别是在前额叶区域（Nielson et al., 2002）以及壳核/苍白球区域（Langenecker et al., 2007）。这个任务要求被试只对某些刺激做出反应，或对特定的刺激组合做出反应（如交替字母，而不是重复的字母），但对其他刺激不做出反应。Flanker任务是另一种抑制范式，在这种范式中，被试对一个中心目标（如，符号<）做出反应，这个中心目标刺激与两侧刺激要么是一致的（如，<<<<<），要么是不一致的（如，>><>>），这将导致相反的反应。在不一致试次中，老年人比年轻人更多地激活双侧前额叶中回，年轻人只激活右半球的区域（Colcombe et al., 2005）。表现较差的老年人比表现较好的老年人激活更多的双侧前额叶皮层，因此，这种随着年龄的增长激活增强的模式被解释为功能失调而不是代偿（见图3.3）。不同年龄组任务相关脑区的白质密度不同，且与行为表现有关，这使得研究者提出白质完整性可能对功能激活的模式有影响。

尽管有一些不一致的结果，但这些研究总体上表明，在抑制任务中，老年人比年轻人更依赖前额叶皮层区域。这种更强的反应模式，可能反映了随着年龄增长抑制干扰的难度更大。

执行控制的另一个组成部分是**任务转换**，即在不同任务需求之间切换的能力（例如，在包含空间位置和颜色两种信息的复杂刺激中对空间位置做出反应或对颜色做出反应）。任务转换激活额顶注意网络，且比只执行一种任务时激活更多的额顶注意网络。老化对这个网络的影响是复杂的。一项关于老化的研究发现，老年人的前

61

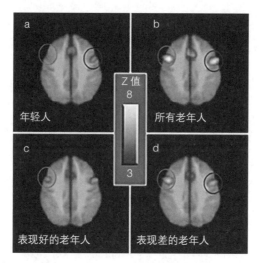

图3.3 老年人相对年轻人展现出更多的双侧内侧前额叶皮层激活，而年轻人则只激活右侧前额叶皮层。表现较差的老年人比表现较好的老年人展现出更多的双侧激活（注意图中加亮的激活区域，表示激活Z分数的峰值）。

摘自 Colcombe et al.（2005），*Psychology and Aging*, Figure 1.

额叶皮层既参与单一任务组块，也参与任务转换组块（DiGirolamo et al., 2001）。另一项研究报告了一种不同的模式，与老年人相比，年轻人激活的额顶注意网络在空间上更加受限（Gold et al., 2010）。与迪吉洛拉莫（DiGirolamo）等人（2001）的研究一致，转换条件并没有在神经活动方面产生较大的年龄差异。然而，白质通路的完整性与行为表现的关系更为紧密。这是通过DTI进行测量的，使用各向异性分数（FA）评估左上纵束（额叶和顶叶之间的白质通路）的完整性。该纤维束中较高的FA预示着较低的转换成本。这一模式表明，白质通路更完整的年轻人和老年人在转换时受到的干扰更少。由于完整性的测量解释了大部分的年龄效应，研究者认为，也许这一部分完整性的缺失减损了额叶和顶叶区域之间的信息传递，从而减慢了老年人的任务执行速度。

另一项研究（Madden et al., 2010）探索了背靠背测试中的转换成本，这种测试与在连续两个试次中执行相同的判断不同。尽管与重复试次相比，转换试次中激活的神经区域在年龄上没有显著差异，但其他测量结果在年龄组间存在差异。在对持续活动的比较中，对整个试次区块进行评估，而不是单独对每个试次进行评估，结果显示，年轻人比老年人左侧额下回的激活更强。此外，对用于评估网络中各脑区相互依赖程度的功能连接进行测量，结果表明，连接程度越高，表现越好。功能连接的测量结果可以解释老化对任务中决策反应时间的大部分影响。这些数据表明，功能连接可能是对个体表现差异的一种特别敏感的分析指标。这种测试结果可能比将特定神经区域的激活水平进行比较更有用，因为在所有文献中，老化对特定神经区域的影响并不一致。

　　总结关于任务转换的fMRI文献，令人惊讶的是，在转换试次中老化的影响并不大于其在非转换试次中的影响。使用其他的测量方式和方法可能有助于解释这一发现，原因是状态效应（例如，在几个试次中的持续活动）或脑区之间的功能连接、结构连接（例如，白质完整性），与逐次测量的各试次中的皮层激活相比，其与任务表现的联系更紧密。近来使用网络分析方法的研究，聚焦于组成背侧注意网络的一些脑区。在老年人中，这个网络更容易被激活，有时也会与其他脑区一起被激活（Eich et al., 2016）。背侧注意网络与默认网络之间的区别随着年龄的增长而减小，但背侧注意网络往往与默认网络存在负相关（Spreng et al., 2016）。

　　在ERP中，任务转换需求反映在提升的P3成分中，P3成分可以在顶叶皮层上测得（West & Moore, 2005）。比较转换试次和非转换试次，可见老化降低了顶叶的P3成分的强度（见图3.4）。这种年龄差异可以反映测试开始时对转换线索的学习较差，或者表明当前任务要求的工作记忆更新较为困难。一项后续研究（West & Travers, 2008）利用ERP在时间分辨率上的优势，来区分不同的任务转换子过程。数个加工过程受到了老化的影响，表明总体上老年人在应用正确的任务预先设定上有困难，这可能跟老年人的控制策略有关，与年轻人相比，老年人较晚采用控制策略且所用

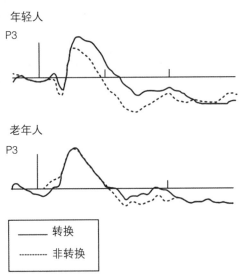

图3.4　在任务转换中，年轻人后正中线通道的P3（用两条线的差异表示，转换>非转换）大于控制组。

改编自 West and Moore（2005），*Cortex*, Figure 3.

的控制策略效率较低。

　　fMRI研究支持了年轻人比老年人更早、更有效地实施了控制的观点。年轻人调用了外侧前额叶和后顶叶皮层对线索做出反应，这让他们可以提前为任务做准备（Jimura & Braver, 2010）。而老年人则较晚调用这些脑区，或许这是为了解决他们所遇到的冲突。这项研究还提供了一个新的方法，即研究时间动态性，而不是简单的激活强度的年龄差异。吉莫拉（Jimura）和布劳韦尔（Braver）在fMRI研究中（Jimura & Braver, 2010），将组块设计与事件相关设计混合，以区分跨试次的持续神经活动和各试次中暂时的神经活动。前侧前额叶皮层的反应显示了这些测量方法所提供的复杂和补充性的信息。年轻人的这一脑区表现出持续的神经活动，这种持续的神经活动在混合组块（多重不同判断）任务中比单个组块任务中更强，而老年人在任何一种情况下都没有表现出持续的神经活动。这一发现反映了老年人在任务转换中认知控制能力的下降，并且这种现象在老化大脑中是普遍存在的。然而，在比较短暂的神经活动中，老年人的前侧前额叶皮层更为敏感：老年人的前侧前额叶皮层比年轻人更活跃，在老年人的试验中，与非转换试次相比，转换试次中老年人的前额叶皮层激活程度更高，而年轻人并非如此。持续活动的模式与不同年龄组的表现存在不同的关系，在年轻人中，持续活动越多，转换成本就越低，而老年人则不然。相反，对于老年人来说，短暂的活动与更高的转换成本有关。在这些不同层次的分析中，年轻人似乎表现出更积极的或主动的控制风格，这反映在脑区的持续激活中。在处理认知冲突时，主动控制比老年人的被动控制最终效果更好，老年人的被动控制则反映在这些脑区随后的短暂激活中。

　　随年龄增长而出现的认知控制衰退可能会让人难以维持目标状态，对个体保留相关信息和抑制无关信息的能力是一个挑战。外侧前额叶皮层被认为支持这种能力。这些想法在一项研究中得到了验证，该研究探讨了老化对牢记目标的不同要素的影响（Paxton et al., 2008）。当任务要求被试保持一个目标以做出正确的反应时，老年人比年轻人犯的错误更多。相反，当保持目标可能导致错误时，老年人比年轻人表现得更好。在神经活动方面，老年人的前额叶区域激活比年轻人更多，但经过长时间的延迟后，他们未能像年轻人一样激活额叶的关键区域（背外侧前额叶皮层和下额叶皮层），尽管他们比年轻人更多地激活额叶其他区域。因此，随着时间的推移，老年人维持目标的难度极大，而DLPFC可能对这种能力十分重要（见图3.5）。

　　一项对同一个体为期约3年的纵向研究证实，即使在如此短的时间内，任务转换的神经反应也会随着年龄增长而发生变化（Hakun et al., 2015）。老年人运动前区（峰值出现在额中回）和腹外侧前额叶皮层（VLPFC）的激活程度在后期比早期要更

64

强。与fMRI激活增强的模式相反，对白质束FA的DTI测量显示，白质束FA如所预期的，随年龄而变小。在后期，额神经索的FA明显减小，包括胼胝体膝部和前部。随着年龄的增长，白质的损伤可能导致fMRI活动的增加，因为胼胝体中FA减少得越多，则腹外侧前额叶区域的神经活动增加得越多。此外，左半球的腹外侧前额叶皮层后部区域的活动增加也与较长的反应时间有关。该结果与其他文献一致表明，随着年龄的增长，前额叶活动的增加可能反映了老年人在高要求任务中经历了更高水平的冲突，以及他们试图利用额外资源来支持其行为表现。

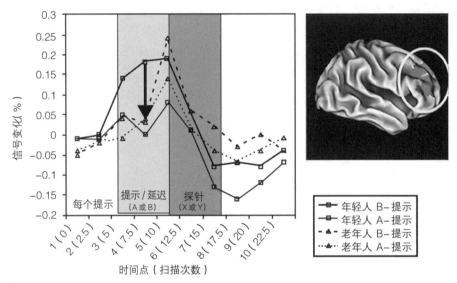

图 3.5　　年轻的成年人更早地开始认知控制过程（x轴显示时间，以扫描次数和秒为单位），用箭头表示在任务提示/延迟期间线条之间的差异，这一差异不是等到探针出现才出现的。右边的 DLPFC（右图中圈出的区域）支持控制过程。
改编自 Paxton et al.（2008），*Cerebral Cortex*, Figure 4.

最近的研究重点是年龄对解决干扰的影响，这需要对正确和错误的反应进行比较（基于K. Murphy & Garavan, 2004）。总的来说，在Flanker试次中做出正确的反应时，不一致试次中的额顶网络比一致试次中的额顶网络更活跃（D. C. Zhu et al., 2010）。额叶的激活区域随着年龄的增长而略有变化，老年人比年轻人表现出更少的激活。与之前的研究相比，这些结果表明，错误试次的加入可能有助于发现年龄差异。

另一项研究（Salami et al., 2014）通过使用多变量偏最小二乘法同时考虑了所有条件（而不是减去一个条件子集），探讨了干扰抵御。相较于单个局部脑区的激活，这种方法对网络内脑区激活的分布模式更为敏感，除了本节讨论的背外侧前额叶和顶叶区域，冲突的解决也依赖背侧前扣带回。在多种类型的干扰中，老年人大脑中包括左半球DLPFC和前扣带回的网络，反应比年轻人强烈。研究结果再次强调了行为表现的重要性，因为行为表现优异的老年人往往激活与年轻人同样的网络，这意味着，在干扰性任务中，年轻人的大脑活动模式可能随着年龄的增长而达到最佳状态。

反应抑制，即克制做出反应的强烈冲动，会随着年龄的增长而下降，与其他抑制过程的衰退一致。一项研究发现，老化对抑制的神经性标记的影响，根据任务的要求而变化（Sebastian et al., 2013）。在最基本的抑制任务中（Go/No-Go），与年轻人相比，老年人负责抑制的核心区域（包括额叶中下部、前辅助运动区和顶叶皮层）的激活更多。随着要求的增加（即需要抑制某个任务中的空间成分），老年人调用了额外的抑制控制脑区。然而，在任务难度最高，即要求取消准备执行的行动的情况下，老年人比年轻人表现出更低的激活水平，这可能反映目前的任务超出了他们的能力（见图3.6）。这一数据似乎和与代偿相关的神经回路利用假说（CRUNCH）、老化与认知的支架理论（STAC）的模型一致（见章节1.3），即老年人会继续调用神经资源直到没有能力调用为止。

对执行功能进行研究的总体结论是，年龄的影响以多种形式出现，包括脑区活动的增加或减少，激活更少或更多的网络和脑区。年龄差异的本质取决于许多因素，例如任务指向执行功能的哪些方面，以及测量是否可以识别努力/干扰或成功。额叶皮层随年龄变化的异质性在一项研究中得到了很好的说明（Goh, Beason-Held, An, Kraut, & Resnick, 2013），这项研究比较了不同任务（包括执行功能的组成部分）中年龄对额叶活动的影响。额叶多个脑区的激活程度越高，在某些任务中表现越好，但在另一些任务中，额叶其他一些区域的激活程度越高，在任务中的表现越差。任务所引发的过程对调用哪些脑区、老化是否与激活量的增加或减少有关起决定作用。最近的研究也提出了一个额顶控制网络作为"转换器"的假设，认为该网络根据任务目标，与默认网络或背侧注意网络耦合。而随着年龄的增长，这些网络的分离性降低（Grady et al., 2016; Ng et al., 2016）。

67

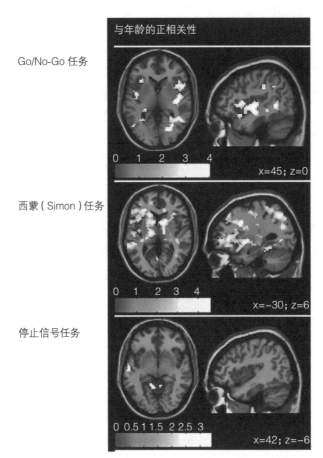

图 3.6 在 Go/No-Go 任务和西蒙任务中，老年人抑制区域的激活比年轻人更多（上面的两张图）。图片显示随着年龄的增长，脑区［左侧为轴向视图，右侧为矢状面视图；x坐标和z坐标为蒙特利尔神经学研究所（MNI）空间坐标］更为活跃。当一个任务超出了抑制能力，如在停止信号任务中（最下面的那张图），老年人抑制区域的激活不比年轻人多。
改编自 Sebastian et al.（2013），*Neurobiology of Aging*, Figure 3.

3.4 运动控制

尽管大量的研究已经探讨了许多不同的能力会随着年龄的增长而出现认知损伤，但关于老化影响运动表现的研究却较少。运动能力会随着年龄的增长而下降，包括难以协调动作、动作变慢以及难以整合多种线索等，这导致老年人可能需要更多的认知资源来支持运动任务（Seidler et al., 2010）。由于支持运动的神经区域（如运动皮层和小脑）的衰退，伴随着认知脑区的衰退，这些更高的需求更难得到满足。例如，运动学习与尾状核（基底神经节的一个区域）和外侧前额叶皮层的体积有关。这些脑区体积较大的人比体积较小的人在镜像绘画学习中的表现更好（K. M. Kennedy & Raz, 2005）。同样，由运动区域的体积可以推测，哪些老年人能更好地学习如何玩战略性电子游戏。老年人包括前扣带回、辅助运动区、中央后回和小脑在内的额叶区域的体积越大，学会玩游戏的时间就越短（Basak et al., 2011）。这些脑区的参与反映了有益于完成运动学习任务的要素的涉入，如复杂技能的习得（例如，学习使用鼠标），感觉反馈和运动反馈，以及认知控制。

白质随年龄的变化可能影响人在运动任务中的表现。像**双手协调**这样的能力的实现依赖于在两个大脑半球之间的信息传递。由于胼胝体包含两个半球之间的大部分连接，这一白质束在运动能力中起着重要作用。随着年龄的增长，神经递质系统的损坏也会导致运动的变化。去甲肾上腺素的变化与蓝斑神经元的丢失有关，这会影响小脑介导的运动学习。多巴胺的变化与运动任务的许多方面有关，包括平衡、步态和精细的运动控制。然而，很少有人研究与认知直接相关的运动任务（综述见 Seidler et al., 2010）。

就神经系统的激活而言，即使看似基本的运动过程也会随着年龄的增长而发生变化。年轻人的运动过程反映在脑区中主要是单侧化的，与**对侧的**组织对应（例如，身体左侧的运动由右半球皮层区控制），而老年人的运动过程反映在脑区中更多是双侧化的。在一项按键任务中，老年人在对侧的运动区域表现出与年轻人一样的更强激活，同时也激活了年轻人所没有调用的**同侧的**（与按键的手在身体的同侧）运动区域（Mattay et al., 2002），在感觉运动皮层、壳核、小脑以及对侧前运动区和辅助运动区均有双侧激活。因为更强的激活与更短的反应时间有关，与年龄相关的这些变化被解释为代偿效应。然而，老化的影响在文献中并不一致，另一项研究报告称，老年人对侧核心运动区域的激活弱于年轻人，随着年龄的增长，激活的增加主要发生在同侧的区域（感觉运动皮层和前运动皮层）（Riecker et al., 2006；见图 3.7）。尽管这只是一个简单的手指敲击任务，但研究结果认为不同年龄组的策略存在差异。类似的发现也出现在一项运用多体素模式分析（MVPA）手指敲击的研究中。结果表明，与年轻人相比，老年人在运动系统中表现出更多的去分化，因此神经的特异性（即左、右手指敲击模式的不同）随着年龄的增长在许多区域都有所减弱（Carp, Park, Hebrank, et al., 2011）。对于去分化，另一项研究直接提出了代偿的解释，他们发现老年人在完成一项需要四肢协调的任务时，需要使用基本的运动控制区域，以及高级感觉运动区域和额叶区域（Heuninckx et al., 2008）。高级感觉运动区域和额叶区域的更强激活与更好的表现有关，这支持代偿解释。随着年龄的增长，运动皮层的激活增强是一个普遍的现象，即使任务表现是自动的（即记住的手指动作序列）（Wu & Hallett, 2005b）。

69

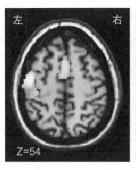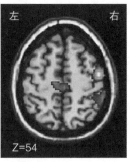

图 3.7 年轻人比老年人左侧运动区域的激活更强（左图），而老年人比年轻人右侧运动区域的激活更强（右图）。尽管对于年龄差异主要发生在运动手的同侧还是对侧，文献结论尚不一致，但总体而言，随着年龄的增长，运动激活的偏侧化有所不同。
摘自 Riecker et al.（2006），*NeuroImage*, Figure 5.

70 综上所述，这些研究表明，老年人在运动任务中比年轻人调用更多的神经活动。这与许多其他领域相反，在那些领域，老年人往往表现出激活不足的情况。这种随着年龄增长而增加的激活尤其引人注目，因为它发生在最基本的运动任务中（例如，按按钮、敲手指），这意味着与年龄相关的运动系统损伤可能会影响许多不同的过程，特别是像情绪的、情感的或社会化的研究，因为它们往往依赖于运动反应。正如塞德勒（Seidler）及其同事在 2010 年的综述中指出的那样，任务中典型的运动需求可能会进一步消耗认知资源，放大老化的影响。

3.5 语言

一般来说，随着年龄的增长，语言会得到很好的保存，老年人的理解能力比年轻人好，词汇量也比年轻人大（Shafto & Tyler, 2014; Wingfield & Grossman, 2006）。随着年龄的增长，语言保存得如此完好有点令人惊讶，因为听者需要识别快速的语流。人们可能会认为随着年龄的增长，认知能力下降，这会导致加工速度减慢和工作记忆容量下降，而听力损失的发生率增加，以及努力倾听对认知资源的需求增加，都会引起老年人的语言理解能力受到损害（Shafto & Tyler, 2014; Wingfield & Grossman, 2006）。

温菲尔德（Wingfield）和格罗斯曼（Grossman）在他们的综述（2006）中讨论了涉及语言理解的两个网络。第一个是核心的语句加工网络，包括左腹侧额下皮层（包含**布洛卡区，Broca's area**）和左后外侧颞叶区（包含威尔尼克区，Wernicke's area）。第二个是扩展网络，跨越两个大脑半球和一些皮层下结构。这个网络支持诸如工作记忆和执行功能等在必要条件下理解语言所必需的过程（Wingfield & Grossman, 2006）。一项采用难句子结构任务的研究证实了这个模型。数据显示，年轻人依赖于核心网络，而行为表现较好的老年人，则通过激活相应的右半球后部颞叶区域来对核心网络进行补充（Grossman et al., 2002a）。相比之下，表现不佳的老年人则激活了扩展网络中的前额叶。二者激活模式的不同反映了任务具有工作记忆的需求，且通过一般执行功能而不是特定语言系统进行代偿（Grossman et al., 2002b）。一项关于功能连接的研究也得出了相关结果（Antonenko et al., 2013）。年轻人与布洛卡区的功能连接，主要发生在左半球句法网络中，该网络的连通性与更好的任务表现相关。而老年人该网络的连通性降低，这与他们的任务表现无关。作为替代，老年人在更广泛区域（包括右半球）的连通性增加了，而这种模式与较差的表现有关。

温菲尔德（Wingfield）和格罗斯曼（Grossman）（2006）还讨论了老年人在较晚的时间点，调用额外过程来完成具有挑战性的语言任务的可能性。这一想法与老年人较晚而非较早地调用控制过程的倾向（如Jimura & Braver, 2010）类似。

为了探讨老化如何影响整个生命周期的神经网络，一项研究调查了年龄在20岁至65岁之间的四组不同人群（Manan et al., 2015）。对于语言感知而言，一般在整个生命周期中调用的是相同的网络，包括颞上回和颞中回、中央前回和中央后回、**颞横回**（初级听觉皮层）和小脑。有趣的是，激活在20多岁到30多岁之间增加，但在40岁以上年龄组中下降。偏侧化的计算表明，在年龄最大的一组被试（50岁至65岁）中，激活变得更右偏侧化。这些结果表明，随着年龄的增长，神经反应的重组是在多个阶段展开的，最初的激活增加发生在成年早期，在成年晚期则发生偏侧化的转变。

功能连接已被证明对研究语言区域随年龄而发生的变化很有效。其中一项研究使用了**词语流畅性任务**，在任务过程中，被试需要给出属于某一指定类别（语义）或第一个字母为指定字母（正字法）的词语例子。这项任务涉及的网络与先前研究中的语言生成网络一致，包括年轻人和老年人的额下回、额中回、辅助运动区、中央前回、颞下回、顶下回、脑岛和小脑（Marsolais et al., 2014）。尽管各年龄组的行为表现相似，但在子网络中出现了年龄差异。老年人中，与语义流畅性和正字法流畅性有关的部分网络连接性降低。结果表明，即使部分脑区的激活在年龄上没有差异［如温菲尔德（Wingfield）和格罗斯曼（Grossman）（2006）描述的核心语言网络］，脑区间的连通性也可能受到年龄的影响。

沙夫托（Shafto）和泰勒（Tyler）（2014）在综述中，对比了与年龄相关的语法加工保留和字词生成障碍现象。这些障碍的其中一个例子出现在"**舌尖效应**

（TOTs ）"中，也就是大家熟悉的话在嘴边却想不起来的情况，这可能是因为必须回忆它的一些特征（比如第一个字母）。舌尖效应随着年龄的增长而增强，潜在的原因是语音通路减弱。年轻人在舌尖状态期间会调用认知控制区域，而老年人通常不会；相比于表现较差的老年人，表现更好的老年人与年轻人的激活模式更为相似。研究者认为，在较低难度下对其他神经区域的控制，可能限制了老年人在舌尖状态时调用这些区域的能力。

　　由于语言加工应该与执行许多其他认知任务的能力紧密相关，一些研究已经考察了语言和认知能力的交集。在一项ERP研究中，青年与中年被试要在周围充斥着干扰性话语噪声的情况下，判断两个单词是否属于同一类别（T. M. Davis & Jerger, 2014; T. M. Davis et al., 2013 ）。研究人员首先比较了不同年龄组听觉ERP中的**N400**成分，以评估老化的影响（T. M. Davis et al., 2013 ）。对于语义上不相关的信息，N400的振幅倾向于更大，这可能反映了对不相关信息的加工所需要的额外语言加工程度。在词语呈现时，年轻人的N400振幅比中年人更大（也就是更为负性）。然而，在语义无关的困难情况下，中年人对出现在右侧的分散注意力的话语比出现在左侧的更敏感。这一发现反映了**右耳优势**，即与左耳相比，人们往往对呈现于右耳的话语理解得更好。当右耳与左耳竞争时，中年人的N400负性更大，表明听力相对正常的中年人受到了右耳优势的影响。因此，随着年龄的增长，个体可能会在较低难度的情况下，更容易受到语言竞争的影响，消耗着更困难任务所需的认知资源。另一项研究以**晚期正成分（LPC）**为研究对象，该研究认为LPC是语境更新、附加评估、语义加工的标记，研究者在刺激呈现后700—800毫秒评估了LPC（T. M. Davis & Jerger, 2014 ）。尽管在同一类别（如马—鼠）的试次中，被试的LPC在不同的年龄组中是相似的，但在不同类别（如马—灯）的试次中，被试的LPC呈现出年龄差异，中年人的LPC峰值振幅大于年轻人。电极模式也随着年龄的不同而不同。年轻人的LPC振幅在后部最大，振幅减小的位置更靠前，而中年人所有中线电极的LPC振幅更一致，这可能是因为中年被试额叶反应的增加代表了其试图代偿。未来需要比较被试在有干扰（如本研究中的情况）和无干扰的情况下的行为表现和电生理信号，以对这一猜测进行更深入的评估。

　　为了评估个体差异，人们进一步探讨了老化对噪声环境下言语理解的影响。在这个任务中，有多个发言者，模拟的是鸡尾酒会的场景（Getzmann et al., 2015 ）。听者必须监听股票价格，而这些价格是由不同的演讲者在不同的空间位置呈现的。在年轻组、老年表现优异组和老年表现欠佳组之间，许多成分是不同的。尽管一些年轻人与表现优异的老年人的行为表现一致，但成分上的年龄差异仍然存在。与年轻人相比，老年人的**P2潜伏期**延迟，反映其注意控制较差，而N400缺失，反映其语义加工受损。将老年表现优异组与老年表现欠佳组进行比较，表现优异组P2-N2复合体的振幅大于低水平组，这表明表现优异的被试增强了注意和抑制控制的分配，试图弥补认知系统中的损伤。

3.5.1 语言和听力损失

一些研究已经开始研究听力敏锐度的变化对大脑的影响，听力敏锐度通常随着年龄的增长而下降。在听一个句子并判断谁做了这个动作的任务中，听力良好的老年人比听力较差的老年人左右半球的初级听觉皮层的激活更多（Peelle et al., 2011）。听力敏感性差与听觉皮层（主要的感觉加工区域）的损伤有关，还与**丘脑**（将信息传递到其他皮层区域的关键脑区）的影响有关。这表明听力损伤的影响具有普遍性，因为它影响了感觉和信息的传递。这些过程的损害揭示了听力损伤如何广泛地影响认知过程。

另一项关于听力损伤的纵向研究表明，听力在认知中起着核心作用。林（Lin）及其同事早期的行为研究表明，听力损伤和糟糕的认知表现之间存在联系，他们在此基础上评估了这些影响的神经基础（Lin et al., 2014）。他们将巴尔的摩（Baltimore）老化纵向研究中被试的基线脑容量与大约 6 年后这些被试的脑容量进行了比较，以评估听力正常者与听力障碍者的变化速率。尽管两组在基线上没有区别，但在接下来的 6 年里，那些听力受损的老年人整个大脑表现出更多的萎缩，特别是颞叶灰质（Lin et al., 2014）。萎缩区域主要为右侧颞上回、颞中回和颞下回。结合神经功能的研究结果（Peelle et al., 2011），这些结果进一步说明了即使是轻度听力损伤也会造成潜在的认知缺陷和挑战。

总之，尽管随着年龄的增长，语言过程相对完好地保存了下来，但年龄差异仍然存在于潜在的神经活动中。这些年龄差异的模式和程度反映了听力损伤、认知能力和任务困难度等与语言过程高度相关的因素的影响。表现不佳的老年人调用神经区域的范围更广，但选择性更少，有时包括那些反映更高工作记忆需求的认知区域。表现优异的老年人更多地调用双侧的语言区域，而要注意的一点是，功能连接数据表明随着年龄的增长，大脑半球间的整合度在降低。此外，与年轻人相比，老年人倾向于在较低难度的任务中调用额外的区域，这可能会影响他们在难度更高的任务中的反应能力。虽然关于语言的fMRI研究似乎不能确定，那些年轻人调用的脑区在老年人中有更强的激活模式，但有研究发现，随着年龄增长，ERP某些成分的波幅增大，潜伏期变长。这些模式，以及更多的网络被调用，可能表明了任务需求随着年龄增长而增加。这些需求可能会在难度更高的任务中放大老化的影响，这符合CRUNCH和STAC模型。

3.6 训练认知能力

近年来，人们对于通过训练项目提高认知能力，以及延缓老化对认知的有害影响的兴趣迅速增长。这在一定程度上是因为在"婴儿潮"时期出生的人已经进入成年晚期，导致老年人数量增加，但这也与在一定程度上激进的营销和夸大宣传视频或电脑游戏能改善"大脑健康"有关。尽管人们对这种训练越来越感兴趣，但迄今为止，严格的研究只支持相对来说很少的认知训练项目。在某种程度上，这反映了广泛开发认知能力训练项目的必要性。例如，在几个月内做数百个单词搜索迷宫题可能会使一个人在单词搜索方面非常熟练，但是这种训练效果会**迁移**到其他领域吗，比如记忆？至今有限的迁移证据抑制了许多研究者开发训练项目的热情。虽然本节将介绍认知训练对老化带来的神经变化的影响，但读者应该牢记，对具体能力的研究很少，而且很少有训练方案可以证明训练后的能力可以迁移到更广泛的认知能力上（Hertzog et al., 2008）。

3.6.1 体育活动

体育锻炼是目前研究中最稳健的训练项目，会对认知老化产生潜在的有益影响。迄今为止，有氧运动对神经回路的改变是最为可靠的。最初的研究主要采用调查和自我报告的方法，这些方法有助于比较更大样本数量的个体，且个体的自然行为类型更丰富。例如，研究表明，体育锻炼活动水平较高的老年人在一些认知任务上表现更好，并且灰质和白质体积更大（Benedict et al., 2013）。近年来，采用实际**干预**方法的研究数量激增，在这些研究中，被试被随机分配到实验组（例如有氧运动）或对照组。令人印象深刻的是，一篇早期论文（Colcombe et al., 2004）兼有采用自我报告法和干预法得出的数据，证实了人类心血管健康水平的提高与认知功能改善有关。在第一个实验中，高健康水平的老年人与低健康水平的老年人相比，前者额顶注意网络的激活增强（见图3.8）。在为期6个月的第二个实验中，与进行伸展和拉伸活动的对照组相比，被随机分配到有氧训练活动的被试也出现了这种激活增强。在这两项研究中，Flanker干扰任务中的表现——对嵌在一致或不一致刺激中的线索的反应——受益于更高水平的锻炼或健康。这项初步研究既展示了与健康相关的神经变化，也表明了短短6个月的训练干预就可以塑造大脑并改善认知表现。

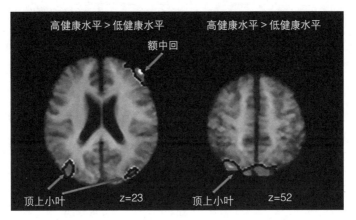

图3.8 与健康水平较低的老年人相比，健康水平较高的老年人的额顶网络（包括这里显示的额中回和顶上小叶）的激活程度更高。这些图像反映了两组之间的激活差异（高健康水平>低健康水平）。

摘自 Colcombe et al.（2004），*Proceedings of the National Academy of Sciences of the United States of America*, Figure 2.

另一个实验采取了同样的干预措施，将久坐的老年人分配到有氧训练组和伸展拉伸控制组，研究结果同样表明训练会影响大脑的体积（Colcombe et al., 2006）。大脑体积的增加不仅影响着老年人的皮层灰质，还影响白质，尤其是额叶皮层。灰质增加出现在前扣带回皮层的一个区域，且延伸到注意和记忆过程中要调用的辅助运动皮层、右额下回和左颞上回这些区域。白质增加出现在胼胝体前束。这些增加现象仅出现在老年人中，年轻人没有受到相应的影响。后来的一项研究使用DTI来探讨运动如何改变白质微结构的完整性。与对照组相比，一年的步行训练增加了老年人额叶和颞叶白质束的FA，尽管这种增加与工作记忆任务得分的提高没有直接关系（Voss, Heo, et al., 2013）。虽然目前仍不清楚大脑体积和微观结构的变化是如何影响行为的，但考虑到灰质体积和白质完整性随年龄增长而降低的趋势，可以说这种增加是显著的（见章节 2.2 和 2.3）。相关研究证据表明，脑白质微结构可能是将较高水平的心肺功能与空间工作记忆任务中较好的表现联系起来的机制（Oberli et al., 2016），这表明与锻炼相关的大脑结构变化可能会使认知得到改善。

另一项运动干预研究让久坐的老年人进行为期 1 年的有氧运动或伸展拉伸训练，比较两组老年人的海马变化（Erickson et al., 2011）。在为期 1 年的训练项目结束时，有氧运动组的海马前部体积比基线增大了 2%。与对照组相比，这一点尤其明显，因为对照组的海马前部体积在 1 年中缩小了 1.4%（见图 3.9）。因此，有氧运动促生的海马体积增大有可能与因为老化而流失的 1—2 年的海马体积相抵。基于对啮齿类动

76

77

物的研究，**脑源性神经营养因子（BDNF）**被认为可能是运动影响大脑的分子途径（Erickson et al., 2013）。在埃里克森（Erickson）等人（2011）的研究中，双侧海马前部体积的增大与血清BDNF水平的提高成正相关，这可能反映了细胞增殖或树突扩张促进了海马前部体积的增大。这种解释与对小鼠和人类模型的研究结论一致，这些研究表明运动增加了海马齿状回区域的脑血流量，与**神经形成**（即新神经元的生长）的表现一致（Pereira et al., 2007）。

个体差异也可能影响每个人在训练干预中的受益程度。影响BDNF水平的基因多态性，会影响运动在工作记忆表现上的效应（Erickson, Banducci, et al., 2013）。与具有缬氨酸（Val）特异性等位基因的个体相比，具有甲硫氨酸（Met）特异性等位基因的个体BDNF的分泌和分布较少。1000多名中年人（年龄为30—54岁）提供了他们每周体育活动水平的信息，研究者对他们进行了基因分型。对于较低体育活动水平的个体而言，携带Met的个体（至少有一个Met等位基因者）在工作记忆方面的表现比携带Val的个体差。而体育活动水平较高的个体，其表现是类似的，基因差异的影响可以忽略不计。这些数据与BDNF是运动改善记忆和延缓大脑老化的一个重要因素的观点相一致。

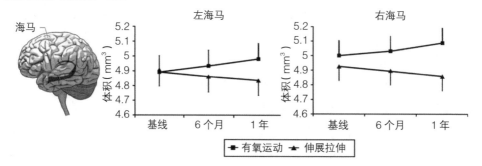

图3.9 在1年的时间里，与伸展拉伸对照组（下面带三角形的线）相比，有氧运动干预组（上面带正方形的线）老年人双侧海马的体积增大。海马在左侧图像上以深灰色标出。
改编自 Erickson et al.（2011），*Proceedings of the National Academy of Sciences of the United States of America*, Figure 1.

为了将心肺健康水平与体育活动水平这两个因素分开，一项研究使用加速度计来测量一周内的体育活动，并在运动测试期间测量被试的耗氧量（Burzynska et al., 2015）。将这些测量结果与静息状态扫描时大脑活动的变化关联起来。结果显示，高体育活动水平的老年人，无论是轻度、中度或剧烈活动，在包括前额叶、前扣带回、海马和颞区在内的皮层区域，均表现出更高水平的变异性。更高的变异性被认为是健康大脑功能的标志（见章节 1.5.6 "未来研究方向"），其往往随着年龄的增长而有所下降（Grady & Garrett, 2017）。令人惊讶的是，在这项研究中，心肺功能与大脑变异性没有直接的关系（Burzynska et al., 2015），这可能意味着培养一种积极参与体育锻炼的生活方式是最重要的，而不是只参与和心肺功能相关的运动。如果这是真的，那将能够支持久坐不动的老年人参与更容易进行的运动项目（例如增加散步或园艺劳动等活动）。由于大脑状态的变异性增强可能导致许多不同的认知功能的改变，所以这些研究结果可以揭示体育活动的潜在影响，即能够对大脑健康和认知能力产生广泛的影响。然而，其他研究表明，随着年龄的增长，高水平的心血管功能（而非体育活动）对网络更高水平的功能完整性至关重要（Voss et al., 2016）。这些结果间的差异，呈现了早期研究的状态，也意味着未来的研究需要理清许多因素之间的复杂关系。

尽管数据表明有氧运动是对老化最有益的干预措施之一，但仍存在几个问题。迄今为止，许多研究都对久坐的老年人进行了长达 1 年的干预研究。毫无疑问，为那些身体健康但目前久坐不动的人，推荐一个锻炼项目没有什么坏处。但是，已进行中等强度锻炼的老年人，如果继续目前的锻炼强度或增加锻炼强度，能从中获益多少呢？虽然从研究的角度来看，为期 1 年的干预结果令人印象深刻，但这些结果如何在几年内继续显示出来呢？一些研究为训练带来的好处具有持久性提供了希望。在为期 1 年的运动干预结束后的 2 年随访中，与对照组的久坐被试相比，体育锻炼干预后仍保持积极锻炼的老年人，在处理任务的速度上和需要调用额顶注意网络（包括 DLPFC）的任务中表现更好（Rosano et al., 2010）。这可能是因为到目前为止，这些研究已经描述了从锻炼中能获得的最大的好处，因为它们的目标人群是那些身体状况不佳的老年人，他们从不锻炼到锻炼的过程中获益最多。除了运动量（锻炼多少？）和个体差异（对谁？）的问题之外，还必须进行研究，以确定哪种类型的锻炼项目对认知和大脑健康最有益（Erickson, Gildengers, et al., 2013）。此外，值得注意的是，到目前为止，神经变化似乎主要发生在与高级认知功能相关的额叶和海马区域。神经变化出现在这些区域，到底是因为它们比其他区域更具可塑性和灵活性，还是因为它们更容易发生与年龄相关的退行性变化，目前尚不清楚（Erickson, Gildengers, et al., 2013）。尽管到目前为止的研究中，大脑体积的增加和任务表现的改善之间的直接联系很少，但可以确定的是，受影响的正是那些在认知中起重要作用的区域。目前可靠结论的缺乏，可能反映了研究方法的局限性，今后可能需要更大的样本，来检测长时间内产生的微小影响。

3.6.2 冥想

关于冥想和正念潜在益处的研究一直在蓬勃发展。大部分这类研究最初的研究对象是已经练习冥想或其他正念项目的人，所以样本自然包括中年人和老年人。由于皮层体积损伤可能在 20 多岁时就开始了，萎缩可以在一生中不断被检测到，而不仅仅是在老年时期。两项早期研究的样本平均年龄在 37 岁左右，这使得对年龄效应的测试成为可能。冥想被认为可以减缓正常老化过程中大脑退化的进程（Luders & Cherbuin, 2016）。第一项研究比较了有经验的冥想者和对照组被试的大脑皮层厚度，发现冥想者的右侧额中回和额上回更厚。而且，有经验的冥想者并没有出现随着年龄增长皮层变薄这一情况，而对照组被试出现了这一情况（Lazar et al., 2005）。一项研究比较了练习禅定的成年人的大脑和对照组成年人的大脑，发现对照组的灰质总体积随着年龄的增长而减小，但禅修组的情况并非如此（Pagnoni & Cekic, 2007）。此外，不同组被试的壳核体积也随年龄变化而不同；冥想者壳核区域的保存完好可能反映了冥想对认知灵活性的有利作用。一项研究对有睡眠障碍的老年人进行了正念干预，结果发现灰质体积增大了（Kurth et al., 2014）。这项研究中的一个小样本老年群体，在经历了 6 周的干预后，楔前叶体积增大了。尽管令人惊讶的是，在这样一个短期的干预后，也有一些脑区的体积有所减小。研究者推测这种情况可能反映了该群体睡眠障碍的修复。

除了皮层体积的变化，冥想还会影响静息态下的网络连接和认知。随着年龄的增长，瑜伽或冥想练习者的流体智力——依赖于逻辑加工和联合加工的认知能力——比对照组衰退得更少（Gard et al., 2014）。静息状态的测量结果表明，与对照组相比，练习瑜伽或冥想的人功能网络整合得更好，恢复能力更强。同样，根据一份评估一个人注意力和觉察当下的能力的问卷，正念水平较高的老年人比正念水平较低的老年人，显示出更强的默认网络连接性（Prakash et al., 2014）。增强的连接性可能反映了神经网络的完好功能，以及集中注意力所带来的潜在好处。具体而言，变化出现在后扣带回皮层和楔前叶，而这些区域可能涉及协调默认网络的不同节点，并将该网络与其他网络（包括认知控制网络）接合起来。基于这一区域网络之间的这些潜在联系，有人提出，长期的正念训练有可能改善随年龄增长而出现的认知控制损伤，让个体表现得更好并减少反刍思维（Prakash et al., 2014）。

尽管冥想和瑜伽等正念干预的研究结果很诱人，但我们仍需要谨慎对待。因为许多这方面的研究都依赖于非常小的样本或自我选择的小组，而不是随机分配干预措施的（例如，将练习冥想多年的人分为实验组，而不是作为研究方案的一部分，被分配到控制组中）。练习冥想或瑜伽的人可能在很多方面与不练习冥想或瑜伽的人不同；他们的大脑可能在干预前就有所不同，这些不同不是正念训练产生的结果。而且，对变量之间现有关系的相关研究也不能确定因果关系。例如，在上述功能连接的研究中（Prakash et al., 2014），无法确定更高程度的正念训练会使默认网络产生更强的连接。这可能是因为一个更完好的默认网络，会导致被试报告更高水平的正念，或者是第三个未经测试的因素，导致了更强的连接和更高的训练分数。在建议人们练习冥想来改善他们的"大脑健康状况"之前，需要获得真实的实验数据支持。最后，本节回顾的研究中关于老化的说法通常是基于中年人样本的，进行的是个体间的比较，而不是对相同个体的神经和认知进行随时间变化的纵向研究。在这一点上，库尔斯（Kurth）等人（2014）的研究值得关注，因为它包括训练前和训练后的大脑测量，但只有 6 名被试参与了该研究。

3.6.3 认知干预

在训练认知控制能力方面，一个成功的方法是使用视频游戏，该游戏将多任务处理能力作为赛车游戏的一部分进行训练（Anguera et al., 2013）。该游戏具有适应性，它能根据用户的技能水平不断地进行调整，并随着用户水平的提高而变得更具挑战性。老年被试被要求每天在家玩 1 小时游戏，每周 3 次，共持续 4 周。多任务处理通常会降低任务表现，尤其是对老年人来说，但与对照组相比，训练会降低多任务处理的成本。训练的成效能在训练后的 6 个月内保持。立刻停止训练后，会有一些能力迁移到未经训练的工作记忆任务上。通过脑电图（EEG）评估训练引起的神经变化，发现多任务训练提升了老年人的中线 θ（theta）波强度和功能连接（经由远程 θ 波连接）等与认知控制相关的指标。训练后，不同于训练前或对照组的模式，老年人的大脑活动模式更类似于年轻人。在另一项研究中，一项老年人忽略听觉干扰的训练任务也涉及了额叶 θ 波和 θ 波连接。这些结果被认为反映了老年人对干扰信息的注意减少（Mishra et al., 2014）。

另一项研究采用双重任务训练，试图改善注意和执行控制（Erickson, Colcombe, Wadhwa, et al., 2007）。训练组在 2—3 周的时间里共进行了 5 个小时的双重任务练习，这些练习具有适应性，会不断地对个体的表现进行反馈。训练结果表明，老年人的反应时间变得更短，反应正确率变得更高，而且训练效果也迁移到了没有经过训练的双重任务上。训练前和训练后的 fMRI 扫描显示了训练带来的变化。DLPFC 和 VLPFC 激活模式的改变，反映了大脑激活随着年龄而增加或减少，这些变化可以看作神经可塑性受年龄影响的证据。在双重任务条件下，DLPFC 和 VLPFC 中某些区域的激活程度与任务表现改善的程度相关。这项研究总体上揭示了训练对行为和神经活动的益处，在相当短暂的干预后，年轻人和老年人的前额叶激活更趋一致。

随着年龄的增长，早期注意成分可能会受到训练的影响。一项研究对老年人进

82

行了为期3—5周共10个小时的视觉辨别训练，实验发现，训练增强了N1和N2成分，以适应更具挑战性的情景（Mishra et al., 2015）。这些成分在早期感觉的过程中进行测量，与注意控制或早期决策过程相关，并可能有益于选择性注意。此外，从训练前到训练后，N1成分振幅增加最大的被试在未经训练的工作记忆任务中表现出最大的改善，这说明训练效果在不同的任务中发生了迁移。另一项研究采用了为期4个月的广泛训练方法。被试练习加快速度、加强注意和记忆的任务，并且在视觉搜索任务中评估训练效果（即在一大堆箭头中，找到特定颜色、特定角度的箭头）（Wild-Wall et al., 2012）。就ERP测量的结果而言，训练后的实验组被试比对照组被试具有更显著的N1和P2成分，这表明训练后的实验组被试可能增强了对刺激的注意（N1），以及对刺激相关特征（如角度、颜色）的加工（P2）。

训练不仅在任务中影响神经活动，在静息状态下也会影响神经活动。研究者让被试进行了为期12周的项目训练，该项目基于策略，强调使用注意力、推理能力和创造性解决问题的能力，旨在提高认知控制。训练完成后，研究者收集了被试静息态的大脑活动测量值（Chapman et al., 2015）。与对照组相比，经过训练的被试表现出更多的脑血流量和更强的网络功能连接，这些是默认网络和执行功能的基础。DTI测量的FA表明，钩束（连接左颞中回和左内侧额上回的白质束）在训练后有所增加。这一白质束的变化可能会影响信息的传递，从而对认知产生广泛的影响。

因此，一些认知训练项目似乎产生了实实在在的效果，一些证据表明训练效果还迁移到了其他任务上。成功的实验项目多以一种适应性的、富有挑战性的方式广泛地训练了许多认知能力（例如，双重任务或多重任务表现）。神经测量的结果反映了网络内部连接的改善，更"年轻化"的神经活动模式，以及早期注意的增强。然而，研究者们仍需要做很多工作来评估认知训练计划是否能对影响现实世界中的表现的能力产生长期的好处。

3.6.4　记忆训练

尽管有大量的研究考察工作记忆训练，但很少有研究评估其对老化的神经效应。一项为期5周的训练项目，在训练组中采用了将视空间工作记忆任务和言语工作记忆任务相结合的自适应程序，而对照组中的老年人只进行最低难度的练习（Brehmer et al., 2011）。训练后的fMRI扫描结果显示，与对照组相比，训练后的老年人额叶（包括DLPFC）、颞叶和枕叶皮层的神经激活减少。在一些与记忆和注意有关的脑区，激活的减少与表现的提升有关。此外，有证据表明，训练带来的好处可以迁移到未经训练的任务中。这些结果表明，与设计精密的控制训练相比，工作记忆训练对老年人有潜在的好处。这项研究还值得注意的是，训练支持了老年人更精简、更有效的神经系统调用，这可能反映了当工作记忆能力得到良好训练时，注意网络的负荷会减少。

　　另一项关于工作记忆的fMRI研究，则聚焦于训练效果的迁移效应，预测当两项任务都依赖于相同的神经回路时，迁移就会发生（Dahlin et al., 2008）。研究者对年轻人进行了为期 5 周的强化更新训练，更新是一个保持工作记忆焦点实时化的执行过程，在经过训练的字母记忆任务和未经训练的n-back任务中（即哪个数字出现在"n"次试次之前？见专栏 4.1），年轻人的纹状体都会被激活。而老年人则表现出更有限的迁移，在 3-back任务中没有表现出行为上的改善。研究结果表明，纹状体可能在年轻人的迁移中起重要作用。老化可能会损害纹状体的功能（老年人在任务训练中没有调用纹状体），这可能是老年人迁移受限的原因。

　　除了工作记忆训练，还有一些训练健康老年人长时记忆的项目。尽管记忆是第 4 章的重点，但在这里我们将简要介绍与记忆训练相关的文献的研究结果。最早的一项干预措施表明，老年人在增强神经活动以应对训练任务时可能会遇到困难。尼伯格（Nyberg）及其同事（2003）对年轻人和老年人进行了轨迹记忆法的训练。这种记忆方法需要把要学习的新信息（例如，购物清单）附加到现有的、熟知的思维导图（例如，某人住所的布局）上。当我们在心理上沿着已知的路线"行走"时，我们将需要记住的物品"存放"在沿途的地标上。之后，可以通过心理上重新行走这条路线来找回存放的物品。训练后记忆表现的总体年龄差异放大了，而老年人的表现差异很大，有些个体的表现没有出现改善。正电子发射断层扫描（PET）被用于评估训练后的神经变化。与训练前相比，训练后，被试的左侧DLPFC和左侧枕顶叶皮层产生了激活。老年人被激活的是枕顶叶区域，但这种激活只会出现在训练后表现有所改善的被试身上。相反，老年人的任何亚组都没有出现额叶激活（见图 3.10）。

| 年轻人 | 训练后行为改善的老年人 | 训练后行为未改善的老年人 |

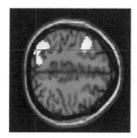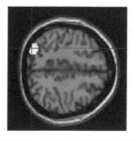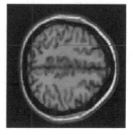

图 3.10　经过轨迹记忆法的记忆训练后，年轻人和训练后表现出行为改善的老年人（old ＋），枕顶叶的激活增强，但在训练后没有表现出行为改善的老年人（old －）中未发现这一激活。改编自 Nyberg et al.（2003），*Proceedings of the National Academy of Sciences of the United States of America*, Figure 3.

这些结果表明，随着年龄的增长，参与需要付出努力、运用策略的高级过程的前额叶皮层，以及处理视觉图像的后部脑区都出现了衰退。这两种模式表明，有限的认知储备，或随年龄增长而受限的大脑可塑性，会影响到老年人在训练中获得好处的可能性。

后来的研究发现，训练引起了更强健的神经活动，这说明老年人的大脑在记忆领域具有足够的可塑性。训练老年人使用着重思考所呈现单词的意义这种记忆策略（例如，考虑单词带来的愉悦感或与个人的相关性，用单词造句），可以消除记忆表现上的年龄差异（Kirchhoff, Anderson, Smith, Barch, & Jacoby, 2012）。重要的是，训练课程增加了自主使用策略的意愿；据被试报告，老年人在训练前使用策略要少于年轻人，但是他们在训练后更多地使用了策略，并且自我评估的水平与年轻人相近。就神经变化而言，老年人在训练后更多地激活了内侧上回、右侧中央前回以及左侧尾状核。值得注意的是，这些增强是有选择性的，这种情况发生在被试有意将信息编码到记忆中的时候。训练后记忆表现的改善与前额叶和外侧颞叶皮层的神经活动变化密切相关，这些区域与年轻人学习信息的策略有关。此外，**回忆**（记忆中以前遇到的信息的生动再现）的改善（在章节4.3.3中讨论）反映在训练后海马活动的增加上（Kirchhoff, Anderson, Smith, Barch, & Jacoby, 2012）。在另一项研究中发现，提取过程中右侧海马的激活与前额叶和外侧颞区在学习时的激活有关，前额叶和外侧颞区的激活似乎是训练后能力得到改善的基础（Kirchhoff, Anderson, Barch, et al., 2012）。尽管对长时记忆训练的神经反应的研究还处于起步阶段，但是，这些研究展示了使用记忆训练来改善特别容易老化的记忆脑区的作用。

本章总结

- fMRI评估发现，随着年龄的增长，注意往往与额叶区域更多的激活有关，但在ERP研究中，额叶成分出现了一些下降。

- 与年轻人相比，执行功能的需求经常让老年人更多地调用额叶区域。在加工时间上也存在年龄差异，年轻人更早地调用执行功能，而老年人更晚。

- 随着年龄的增长，基本运动能力的下降会对许多其他能力产生深远的影响。为了支持运动功能，可能会消耗更多的认知资源。

- 尽管随着年龄的增长，脑区之间的功能连接降低，但语言功能得到了很大程度的保留。年轻人和老年人的核心语言理解网络是相似的。相反，与认知相互作用的字词生成和语言过程更容易受到老化的影响，同时听力损伤也会加剧认知和神经的变化。

- 目前虽然缺乏数据来支持许多训练项目的有效性，但一些研究已经集中在证明心血管锻炼以及某些认知干预的效果上，认知干预具体包括视频游戏、注意训练和记忆训练等。
- 未来需要更多的研究来了解训练项目引起变化的机制，并证实其他干预措施（如冥想）的有效性。这对于解决谁受益以及在什么条件下受益的问题尤为重要。

回顾思考

1. 注意的基础神经网络是什么？什么类型的任务已被用来研究年龄对注意的影响？

2. 哪些类型的认知过程属于"执行功能"？老化如何影响这些过程以及支持性的神经区域？为什么较晚调用控制过程被认为不如较早调用控制过程有效？

3. 语言的哪些方面受老化的影响比较大？哪些神经网络支持语言？在什么条件下这些神经网络会显示出年龄差异？

4. 有具体研究结果支持的不同类型的训练项目有多广泛？影响训练有效性的最大阻碍是什么？为什么研究人员会在对向公众推荐干预措施这一点上持谨慎态度？

5. 运动干预会影响哪些类型的认知过程和大脑区域？认知训练会影响哪些类型的认知过程和大脑区域？你认为什么类型的训练项目将会被证明是最有效的？

拓展阅读

- Erickson, K. I., Voss, M. W., Prakash, R. S., Basak, C., Szabo, A., Chaddock, L., ... White, S. M. (2011). Exercise training increases size of hippocampus and improves memory. *Proceedings of the National Academy of Sciences of the United States of America, 108*(7), 3017–3022.

- Hertzog, C., Kramer, A. F., Wilson, R. S., & Lindenberger, U. (2008). Enrichment effects on adult cognitive development: can the functional capacity of older adults be preserved and enhanced? *Psychological Science in the Public Interest*, *9*(1), 1–65.

- Jimura, K., & Braver, T. S. (2010). Age-related shifts in brain activity dynamics during task switching. *Cerebral Cortex, 20*(6), 1420–1431.

- Turner, G. R., & Spreng, R. N. (2012). Executive functions and neurocognitive aging: dissociable patterns of brain activity. *Neurobiology of Aging, 33*(4), 826. e821–826.e813.

关键术语

adaptation（适应性）

bimanual coordination（双手协调）

brain-derived neurotrophic factor（BDNF）（脑源性神经营养因子）

Broca's area（布洛卡区）

conjunction searches（联合搜索）

contralateral（对侧的）

feature searches（特征搜索）

Heschl's gyrus（颞横回）

inhibition（抑制）

interventions（干预）

ipsilateral（同侧的）

late positive component（LPC）（晚期正成分）

mismatch negativity（MMN）（失匹配负波）

N400

neurogenesis（神经形成）

oddball task（oddball任务）

P2

recollection（回忆）

right ear advantage（右耳优势）

task switching（任务转换）

thalamus（丘脑）

tip of the tongue states（TOTs）（舌尖效应）

transfer（迁移）

verbal fluency task（词语流畅性任务）

第4章

记忆与老化

学习目标

- 探索记忆的不同亚型。这些不同类型的记忆是如何受到老化影响的？
- 比较老化对支持不同类型记忆的神经区域的影响。
- 了解长时记忆中的哪些加工过程更易或更难受到老化的影响。

4.1 引言

认知的哪个部分受到老化的影响最大？许多人可能会回答"记忆"。的确，这一领域的研究支持了一个观点：记忆功能的许多方面会随着年龄的增长而衰退。本章将回顾有关老化如何改变记忆所基于的神经区域的大量文献，并探讨用神经数据构建的模型来解释老化带来的变化。然而，并非所有类型的记忆都会受到相似的老化影响。因此，本章将对记忆的不同领域，以及长时记忆的子过程予以关注。本章不包含关于社会化与情感信息的记忆，相关的内容将会在第 5 章和第 6 章进行讨论。

4.2 工作记忆

如前几章所述，工作记忆是一种在短时间内将信息牢记在大脑中并使之保持活跃状态的记忆类型，例如人们在拨号前先复述电话号码。就像在脑海中添加数字时一样，这种类型的记忆依赖于言语信息（例如单词）或视空间信息（例如地图）的被动存储、一个把信息组合成片段的缓冲器，以及对具有不同要求的认知过程进行协调的执行控制系统（Baddeley, 2003）。相对于对信息的简单被动复述，老化似乎尤为影响工作记忆中信息操控的能力（Craik & Jennings, 1992; Craik & Rabinowitz,

1984）。这意味着，老年人再现信息的能力或许可以和年轻人不相上下，但老年人在重新排序或在脑海中执行计算方面可能更为困难。

工作记忆的神经组织随年龄而变化。年轻人表现出左侧背外侧前额叶皮层（DLPFC）对言语工作记忆的特异性激活，而右侧DLPFC则呈现出对视空间工作记忆的特异性激活（E. E. Smith & Jonides, 1998），但这种偏侧化会随着年龄的增长而减弱。在一项早期的正电子发射断层扫描（PET）研究中，老年人在视空间工作记忆和言语工作记忆任务中都表现出更多的双侧前额叶激活，尤其是在那些被认为用来支持信息复述的区域（Reuter-Lorenz et al., 2000）。这种激活模式被认为反映了对年龄相关的认知能力下降的代偿，因为在工作记忆任务中表现较好的老年人，比那些表现较差的老年人更多地激活了另一大脑半球（Reuter-Lorenz et al., 2001; Rypma & D'Esposito, 2001）。

后来的研究通过测试被试在不同难度任务中的工作记忆表现和相应的神经活动，详尽阐述了关于代偿的思想。这是通过改变工作记忆的负荷，或在给定的时间内必须记住多少信息（例如，记住4个项目而不是2个项目；工作记忆任务的示例参见专栏4.1）来操纵的。在示例任务中，负荷可以通过添加更多的记忆项目来增加（例如，调整集合的大小，或者使用3-back而不是2-back任务）。卡佩尔（Cappell）及其同事（2010）运用功能性磁共振成像（fMRI）发现，老年人在完成低难度任务时，比年轻人调用了DLPFC的更多区域（见图4.1）。在任务难度增加时，年轻人会通过继续提升主要区域的激活水平，以维持任务表现。相对而言，老年人的激活水平在较低负荷时就达到峰值，并且不会随着负荷的增大而增强太多。这些发现和与代偿相关的神经回路利用假说（CRUNCH）模型相一致，该模型认为老年人需要比年轻人调用更多的神经资源来完成任务（Reuter-Lorenz & Cappell, 2008）。使用其他方法[例如脑电图（EEG）]的研究也报告了类似的结果，即儿童、年轻人和老年人的神经信号随着记忆负荷的增加而增强。但是，只有年轻人才持续提升激活水平以完成最高负荷的记忆任务（Sander et al., 2012）。容量限制是要考虑的重要因素，因为最高的负荷可能超过了老年人能够在大脑中维持的信息量的上限；当各年龄组的容量相当时，年龄造成的差异可能会减少。施耐德–加塞斯（Schneider-Garces）及其同事（2010）的一项fMRI研究评估了每个被试的工作记忆广度。尽管老年人相对于年轻人，在较低的负荷下表现出符合预期的较高激活水平，但根据记忆广度对数据进行调整后，两个年龄组表现得较为相似。这一发现强调了考虑个人能力差异的重要性，尤其是在比较不同年龄组的神经活动时。

专栏 4.1　工作记忆任务

工作记忆任务

n-back 任务:

探测字母和前面第"n"个呈现的字母匹配吗? 图中显示了一个 2-back 任务,因此将每个字母与存储在记忆中的两个试次前的字母进行比较。

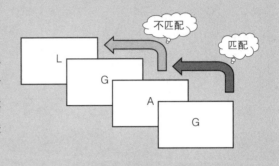

项目再认任务:

这些字母必须在记忆中保留一段时间。然后会给出一个探测字母,将其与记忆中保存的字母集合进行比较。

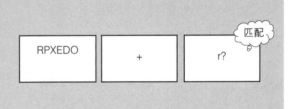

评估 CRUNCH 模型的一种有趣方法是将工作记忆负荷与去分化评估结合起来 (Carp et al., 2010)。其逻辑是,人们依赖专门的神经资源来完成有难度的任务,直到任务难度超过神经资源容量为止。当任务难度接近容量阈限时,神经活动应该是高度特异性的,但当人们在较高的负荷下无法准确地完成任务时,神经活动的特异性就不那么明显了。本研究采用多体素模式分析(MVPA)的方法,比较工作记忆信息保留期间大脑内激活的分布模式。事实上,在任务难度较低的情况下,老年人的前额叶和顶叶皮层表现出比年轻人更显著的激活模式,这与该难度水平接近他们的能力极限相一致。但是对于更高的任务负荷,年轻人比老年人表现出更显著的激活模式,因为这时的任务已经超出了老年人的能力范围。研究者总结认为,在解释老化对认知能力的影响时,尤其是在涉及任务难度时,去分化和代偿都应该被作为考虑因素。

91

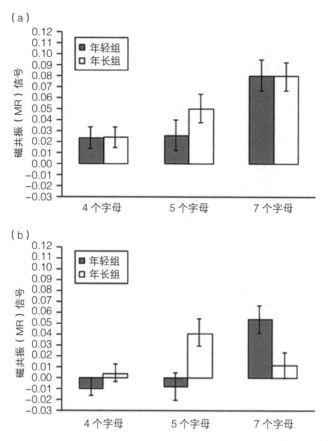

图4.1　上图显示了工作记忆负荷的增加如何影响DLPFC的调用。测量的是任意单位的磁共振（MR）信号平均值（y轴）。左侧DLPFC（a图）的激活会随着任务难度的增加（一直到在工作记忆中保留7个字母）而增加，但不随着年龄的增长而变化。而右侧的DLPFC（b图），老年人（白色条）会在较低任务难度时（5个字母）调用此区域，但在最高难度的任务（7个字母）中，与年轻人（灰色条）相比，老年人此区域的调用度不足。
改编自Cappell et al.（2010），*Cortex*, Figures 3 and 4.

　　玛西雅·约翰逊（Marcia Johnson）及其同事指出，另一个甚至比工作记忆更为基本的过程可能会受到老化的破坏，即**刷新**，一种在看到外部刺激不久后，在脑海中重新激活此刺激的能力。例如，被试先默读一些单词，然后在某些试次中获得提示去回想他们在半秒钟前看到的一个单词（刷新），而不是阅读同一个单词或一个新单词（M. K. Johnson et al., 2004）。在年轻人中，左侧DLPFC的一个区域支持了刷新功能，老年人中则不存在这一现象。这种支持刷新功能的神经活动的受损，被认为是造成老年人包括工作记忆和长时记忆等更复杂的认知加工过程衰退的原因。此外，老年人在刷新过程中会更多地受到无关刺激的干扰（Raye et al., 2008）。该发现表明

92

即使是在最基本的阅读或信息刷新任务中，老年人也极易受到干扰。

4.2.1 工作记忆中的抑制

尽管第3章内容涵盖了抑制的年龄差异，但这里仍将讨论它在工作记忆中的独特作用。一些研究强调了认知控制在防止工作记忆受到干扰中所起的重要作用，这与抑制能力随着年龄增长而下降的观点一致（Hasher & Zacks, 1988; Zacks & Hasher, 1997）。格萨里（Gazzaley）及其同事（2005）开发了一项fMRI任务，该任务依赖于注意过程来增强相关信息的神经活动或抑制无关信息的神经活动。被试观看了一系列的面孔和场景，并被指示记住面孔（忽略场景）或记住场景（忽略面孔）。这种操控使得一些信息与任务要求相关，而另一些则不相关。然后出现一个面孔或场景的探测刺激，被试需要判定它是否在先前的集合中出现过。与被动观看刺激相比，年轻人在尝试记住场景时，与场景相关脑区（左海马旁回/舌回）的激活增强，这一表现符合预期，而在试图忽略场景时，这些区域的激活减弱（见图4.2）。老年人在试图记住场景时，与场景相关的脑区的激活也增强了。但是，当他们试图忽略场景时，该脑区的响应与被动观看时没有什么差异。因此，格萨里（Gazzaley）和同事得出结论，老年人的抑制能力受到了选择性的损伤。此外，抑制能力的神经标记可以预测工作记忆任务中的表现，因此抑制能力的降低与较差的工作记忆任务表现有关。

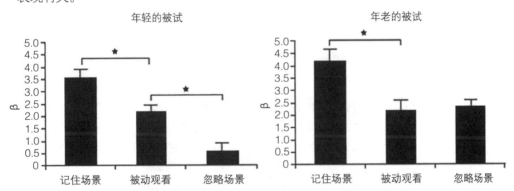

图4.2 图表描述了对场景选择区域神经活动的估计。年轻人和老年人都表现出激活增强（与被动观看相比，记住场景条件下神经活动有所增加），而只有年轻人才有抑制作用（与被动观看相比，忽略场景条件下神经活动有所减弱）。
改编自Gazzaley et al.（2005），*Nature Neuroscience*, Figure 2.

随后的研究采用了具有优良时间分辨率的EEG和事件相关电位（ERP）测量方法。一项研究揭示了在P1振幅和N1潜伏期上的年龄差异（Gazzaley et al., 2008）。

这些结果表明老化可能会通过刺激出现后100毫秒内的早期知觉加工过程影响抑制。与在任务早期表现出抑制的年轻人不同，老年人只在最后的时间窗口（500—600毫秒）内表现出抑制。但后期的抑制不足以克服早期的抑制缺乏，从而导致老年人的工作记忆表现受损。即使提前告知被试应注意和忽略哪些信息，也无法帮助老年人抑制无关信息（Bollinger et al., 2011）。

4.3 外显长时记忆

外显记忆聚焦于一个人有意识地回忆所学的信息。这包括回忆在实验室里从单词表上学过哪些单词，回想从新闻中学了哪些新的词语或事实，以及回忆个体生活中的片段（例如，你在游乐园里度过的生日）。长时记忆涵盖了很宽的时间范围，包含了从过去几分钟到过去几十年的记忆。

第一项关于老化和记忆的神经影像学研究，使用PET识别了前额叶和内侧颞叶的激活随年龄变化的模式（Grady et al., 1995）。当形成面部记忆时，年轻人比老年人在左侧前额叶和内侧颞叶区域有更强的激活（见专栏4.2）。而且，年轻人的这些脑区间有很强的连接（即如果被试激活了海马，他们也会激活前额叶皮层），但是在老年人中却没有发现这一现象。多个文献提及了前额叶和内侧颞叶的激活变化，包括单词学习的文献（例如Cabeza et al., 1997），表明这些脑区对于理解长时记忆的年龄差异非常重要。

专栏4.2　　与长时记忆相关的神经区域

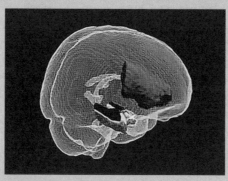

彩色版本请扫描附录二维码查看。
双侧前额叶下皮层（中等绿色）和双侧内侧颞叶区域，包括海马（深绿色）和海马旁回（浅绿色），有助于外显长时记忆，特别是将信息编码嵌入记忆。
图片用软件制作，摘自Madan（2015），Creating 3D visualizations of MRI data: a brief guide, *F1000Research, 4,* 466.

4.3.1 加工水平和意向性

任务的指导语对记忆任务的年龄差异的大小有影响。当人们最初接触到信息时（例如，学习一个单词表或第一次进入朋友的新房子）会对信息进行**编码**，使得记忆的痕迹随着信息的学习而开始形成。在编码过程中，老年人可以从明确的指令和策略中获益，但是当策略或任务没有呈现时，年龄造成的差异就可能扩大。相对于基于知觉的判断（例如，这个单词是否为斜体？），那些鼓励人们思考信息含义的任务（例如，这个词表示的是有生命还是没有生命的事物？），支持将信息更深层次地编码到记忆中。这种效应被称为**加工水平**，通过这种方式，以更深层次或更有意义的方式编码的信息，比以更浅层次编码的信息更容易被记住（Craik & Lockhart, 1972）。

一项早期的fMRI研究（Logan et al., 2002）检验了在不同编码条件下，前额叶调用度的年龄差异。**有意编码**发生在个体知道他们应该尝试记住信息的情况中；相反，**无意编码**则发生在个体并不知道后续有记忆测试的情况中。对于无意记忆任务，被试更多的是做出判断，而不是被动地观看刺激。当在有意编码过程中没有提供任何策略时，被试必须自己想出策略来记忆信息。在这种情况下，与年轻人相比，老年人不能充分调用前额叶区域。而当在无意的深度编码条件下提供了一种有意义的策略时，老年人前额叶区域的激活程度与年轻人相当（见图4.3）。这些数据对于建立灵活的、随年龄而变化的神经活动模式来说非常重要。脑区调用不足的模式并非随年龄保持恒定，而是取决于编码条件在多大程度上支持了记忆的形成。除了脑区调用不足的模式，与年轻人相比，老年人前额叶的其他区域激活增强。这种模式出现在各种条件下。

并非所有研究结果都与洛根（Logan）等人的研究结果（2002）一致。一些研究者发现，在深度编码条件下，老化引起了前额叶激活减弱（Daselaar et al., 2003; Grady et al., 2002; Grady et al., 1999; Stebbins et al., 2002）。这些研究还探索了内侧颞叶区域与加工水平间的关系。结果显示出老年人在不同情况下的内侧颞叶激活减退（Daselaar et al., 2003; Grady et al., 1999），以及内侧颞叶激活与行为之间联系的损伤（Grady et al., 2002）。总的来说，以上结果强调了在解释年轻人和老年人神经活动模式的共性与差异时，考虑任务所引发的加工水平不同的重要性。

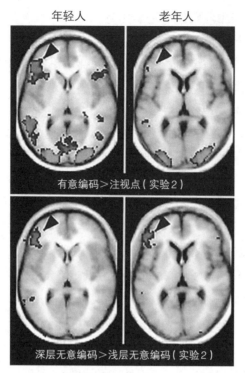

图4.3　老年人在有意编码条件下前额叶皮层的激活受损，表现为记忆需求条件下激活的缺乏（上图）。然而，鼓励"深层"加工的无意编码（下图）消除了这些年龄差异。在此状态下，年轻人和老年人的激活用箭头标注。

改编自 Logan et al.（2002），*Neuron*, Figure 3, depicting Experiment (EXP) 2 from that study.

4.3.2　相继记忆

相继记忆的范式将成功编码到记忆中的项目与后来被遗忘的项目进行比较，以研究与记忆形成有关的神经区域。使用这种方法，古切斯（Gutchess）及其同事（2005）发现，老年人只有在成功地对场景项目进行编码时，才比年轻人更多地调用前额叶区域，但是当被试未能成功将试次项目编码到记忆中时，这种现象则没有出现。老年人前额叶激活的增加与内侧颞叶区域（例如海马旁回）的调用度减少同时出现，这提示前额叶激活可能弥补了内侧颞叶激活的不足。

将相同的范式应用于ERP研究时，年轻人和老年人表现出相似的额中央相继记忆效应，而结果模式略有不同（Gutchess, Ieuji, & Federmeier, 2007）。尽管一些研究未在老年人中发现相继记忆效应（例如，Friedman et al., 1996），一项言语任务（Friedman & Trott, 2000）发现，在老年人中出现了该效应。对使用相同范式的fMRI和ERP结果的直接比较，突显了fMRI和ERP测量方法的一些差异，比如两者适合测量的神经区域不同。例如，内侧颞叶区域激活的年龄差异很难用从头皮测量的结果来评估，而这正是ERP收集数据的方式。

一篇基于大量的相继记忆老化fMRI研究的元分析文献（Maillet & Rajah, 2014），其观点与之前的一些研究结果相一致，同时对神经区域的作用提出了新的见解。这篇元分析文献表明，内侧颞叶和前额叶区域，尤其是额下回和额中回，和年轻人及老年人的成功记忆都有联系。值得注意的是，尽管各篇文献中对额下回和额中回的发现更趋一致，仍有少数研究在对比记住的项目与遗忘的项目时，报道了老化带来的内侧颞叶激活减弱。虽然有证据表明，老年人大脑右半球区域的激活不足，但枕叶和梭状回的后部激活在各个年龄段基本一致。就年龄差异而言，老年人的许多脑区比年轻人有更强的激活。有趣的是，这些脑区中的很多部分对应于年轻人中与记忆形成失败相关的脑区。也就是说，个体在编码期间调用这些脑区可能会导致遗忘。迈勒特（Maillet）和拉贾（Rajah）（2014）推测，老化或许会改变编码过程中的思维模式。老年人可能更容易出现干扰编码过程的离题思考，或者他们可能会在编码期间思考刺激的不同方面。例如，老年人可能会比年轻人更多地调用情感过程、自我相关过程和评估过程，而年轻人则更关注感知细节（参见Kensinger & Leclerc, 2009；以及本书第5章、第6章）。更概括地说，年龄差异可能会反映出默认网络的改变，这表明老年人更难"关闭"与编码无关的加工过程，而这破坏了记忆的形成（Grady et al., 2006）。

4.3.3 回忆

大量的研究已经调查了在提取信息的特质上记忆随年龄的变化。**回忆**和**熟悉**之间存在一个主要的区别，回忆是指被试可以生动地重新体验最初学习一个项目的过程（比如，重现他们观看刺激时的想法，如"我记得那张脸让我想起了一个儿时的朋友"），而熟悉则是一种之前遇到过该刺激的更普遍的感觉，但不能再现该经历或想起当时的生动细节（Tulving, 2002）。实验范式通常通过要求被试判定自己是否记得（回忆）或知道（熟悉）他们之前学习过某项目来区分两者。许多研究表明，随着年龄的增长，回忆（而不是熟悉）会受到损伤（例如，Hay & Jacoby, 1999），尽管这一发现不具有普遍性（例如，Duarte et al., 2010）。

在信息提取时，ERP可以稳定地区分旧项目与新项目，并进一步将记得（或回忆）的项目与熟悉的项目区分开来。所谓的新旧效应通常唤起两个不同的成分：一个是额叶中部成分，发生在刺激呈现后约300—500毫秒，对熟悉感做出反应；一个是顶叶成分，发生在刺激呈现后500—700毫秒左右，对回忆做出反应（综述见

98

Friedman, 2012）。但需注意，关于这些成分的解释尚不完全一致。无论被试是在判断记得还是知道，还是在提取详细的信息，额叶成分都会出现，这导致该成分被标注为熟悉感的反映。与此相反，顶叶成分被认为能够反映回忆，因为与判定知道和追踪信息提取的数量相比，它在回忆中表现出更强的信号，并且该信号出现的时间较晚，与较快出现的熟悉信号相比，符合提取更多信息的回忆特征（Friedman et al., 2010）。

就年龄对这些成分的影响而言，一项涵盖了从儿童到老年人的终生ERP研究（Friedman et al., 2010），发现了行为文献预期的年龄效应模式。尽管熟悉感成分（额叶中部）在儿童中减少，但它在青少年到老年人中是相似的（尽管老年人具有更多的右偏侧性）。回忆成分（顶叶）则表现出一种不同的模式，它从童年到成年都表现出强劲的活力，但在老年期却有所减弱。随着年龄的增长，熟悉程度不变和回忆成分减弱的模式，与先前对年轻人和老年人的研究一致（例如，Nessler et al., 2007）。

值得注意的是，新旧效应的年龄差异并不总是出现。支持性的任务条件，如使用彩色图片，可能有助于让年轻人和老年人的相关成分相等同（Ally et al., 2008）。表现良好的老年人具有完整的回忆表现和强劲的早期额叶和晚期顶叶成分，其头皮地形图与年轻人相同（Duarte et al., 2006）。相比之下，表现较差的老年人没有表现出与其他年龄组相同的成分，而是在700—1200毫秒时表现出额叶负波（Duarte et al., 2006）。这一模式表明，表现较差的人可能推动了文献中年龄差异的发现，因为许多研究将老年人作为一个同质群体来对待。

与ERP研究中出现的各种模式不同，fMRI研究倾向于揭示回忆和熟悉的神经关联的年龄差异（不一致的观点见T. H. Wang et al., 2016）。在许多关于回忆（例如，Angel et al., 2013; Duarte et al., 2010; Morcom et al., 2007）和熟悉（例如，Angel et al., 2013; Duarte et al., 2010）的研究中，有广泛的脑区出现了年龄差异。德赛拉尔（Daselaar）及其同事（2006）专注于研究内侧颞叶的激活。他们指出，追踪回忆的海马激活随着年龄的增长而减少，而反映熟悉度的嗅皮层激活则随着年龄的增长而增加。他们还发现了相应的网络变化：海马/压后皮层区域和颞顶区域之间的网络连结随着年龄的增长而减弱，嗅皮层和额叶区域之间的网络连结随着年龄的增长而增强。连结的改变可能反映了随着年龄的增长，因为支持回忆的海马网络功能的减退，个体对支持熟悉度加工的嗅皮层的依赖程度越来越高。

总而言之，关于回忆和熟悉年龄差异的文献较为混杂。传统上，老年人被认为有完整的熟悉感功能，但回忆能力受损。ERP研究结果通常与这一预期一致，被认为反映了熟悉感的额叶成分随着年龄的增长而得以保留，而被认为反映了回忆的顶叶成分随着年龄的增长而受损。然而，fMRI研究显示，随着年龄的增长，这种得以保留和受损的加工模式，其证据并不太一致。

4.3.4　源记忆

迄今所回顾的研究主要集中于对项目的记忆（例如，我之前有没有见过"伞"这个词？），可以根据熟悉感或回忆来判定它是"旧的"。对于**源记忆**来说，仅凭熟悉度不足以判断信息之前是在哪里（例如，这是我在《纽约时报》上读到的，这是南希告诉我的）或是如何呈现的（例如，它是蓝色字体的，它是由一个女性的声音说出来的）。与回忆和熟悉的判断相比，源记忆被认为是衡量某项记忆的一种更为客观的指标。尽管人们被告知应该对哪种类型的信息做出"记得"而不是"知道"的判断，但人们在做出判断的方式以及在考虑某个项目是否属于"记得"的严格程度上可能会有所不同，这使得这些判断更具主观性。

与项目记忆相比，随着年龄的增长，源记忆会受到更大的损伤（K. J. Mitchell & Johnson, 2009; Spencer & Raz, 1995）。在源记忆判断的过程中，顶叶效应可能会随着年龄的增长而完整保留，不过迟发性的前额叶成分可能会随着年龄的增长而受损（Trott et al., 1999）。这似乎与上面回顾的关于老化对回忆和熟悉的ERP标记物（回忆的标记物为在年轻人中比老年人强的顶叶成分，熟悉的标记物为不随年龄变化的额叶成分）影响的模式相矛盾。即使包含了对回忆或熟悉度的判断，确定来源也可能会调用与项目记忆判断不同的过程。

一项fMRI研究直接对比了源记忆和记得/知道判断的年龄差异（Duarte et al., 2008）。在行为表现好和行为表现差的老年人中，来源提取的外侧额叶皮层标志均受到损伤，而对于"记得"的判断，只有表现差的老年人显示出行为表现受损和顶叶成分有缺陷。这些发现表明，源记忆和回忆由不同的成分支持。源记忆调用的前额叶成分是一种晚发性成分，它在时间上延后，并在年轻人和老年人中都具有右偏侧化的特点（Trott et al., 1999）。该成分被认为标志着提取尝试或提取模式，而这种提取加工可能更多地被用于源记忆而不是新旧判断中。然而，另一项关于源记忆的研究（Mark & Rugg, 1998）没有发现任何年龄差异。这可能因为更困难的任务和更低水平的行为表现，是导致年龄差异的必要因素。随后的一项研究（Wegesin et al., 2002）评估了表现水平的重要性。这项研究建立在特罗特（Trott）等人（1999）旨在提高老年人行为表现的范式之上。在这种情况下，晚期右侧前额叶成分的年龄差异依然存在。两组被试都表现出了早期的顶叶效应，但在老年人中，效应出现得更晚且更弱（Wegesin et al., 2002）。老年人中表现好的情况，则反驳了右侧前额叶激活的年龄差异反映信息提取能力的观点。

李娟（J. Li）及其同事（2004）进一步强调了考虑不同年龄段的表现的重要性。当他们为老年人剔除可能会弱化效应的"幸运猜测"，更好地将年轻人和老年人的源记忆表现对应起来时，右侧顶叶和迟发的额叶成分的年龄差异变得并不明显。研究者总结认为，随着年龄的增长，以这些成分为标记的信息恢复和评估，似乎由相似的神经区域所支持。

一些观点认为，老化会影响信息的**提取后监控**，即评估已提取的信息并从中选择与当前情况相关信息的能力（例如，如果提取到"勺子"这个词，感觉它很熟悉是因为早先真的学过这个词，还是出于与任务无关的其他原因？）。随着检索要求的提高，老年人未能增加右侧DLPFC的激活，表现出一定的监控功能障碍（McDonough et al., 2013）。相比之下，年轻人在文字试次中表现出对该区域的调用增加，这些文字试次比图片试次对监控的要求更高，因为图片材料有更鲜明的区分度。然而另一项研究发现，监控不存在年龄差异。基于不太确定的"知道"试次需要更多监控的逻辑，这项研究通过比较"知道"的反应和"记得"的反应来检测监控（T. H. Wang et al., 2016）。研究者发现，在不同年龄组中，对监控需求做出反应的脑区是相同的，包括右侧前扣带回、额下回和DLPFC（见图4.4）。特蕾西·王（T. H. Wang）及其同事（2016）认为，提取任务的不同要求可能会导致年龄差异。由于在不同研究中，要求不同，文献中呈现出了不同的结果。

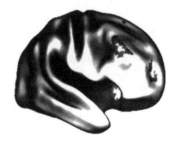

图4.4　在年轻人和老年人中，对监控需求做出反应的脑区，被定义为对"知道"的反应比对"记得"的反应更强的区域。这些区域包括右侧额下回（图中最前部的激活区域）、脑岛（最靠腹侧的区域）和DLPFC（最靠背侧的区域）。
改编自T. H. Wang et al.（2016），*Cerebral Cortex*, Figure 5.

研究者使用不同的材料对监控需求进行了进一步的研究，结果强调了在不同刺激属性和需求中，都存在年龄差异（Daselaar et al., 2006; Dulas & Duarte, 2012; K. J. Mitchell et al., 2013）。为了平衡提取后监控的年龄差异，杜拉斯（Dulas）和杜瓦特（Duarte）（2013, 2014）将被试的注意力定位到了物体本身或其颜色上。在ERP

和fMRI研究中，这种操作都改善了源记忆的表现，但老年人的表现仍然比年轻人差。定位注意力似乎降低了对涉及提取后监控的脑区——ERP测量中迟发的右侧额叶成分，以及fMRI测量中的右侧前额叶区域——的需求。然而，年龄差异始终存在。在ERP研究中，老年人表现出顶叶新旧效应受损，这与回忆的年龄相关缺陷一致（Dulas & Duarte, 2013）。在fMRI研究中，定位注意力成功地调用了内侧颞叶区域，但在编码过程中，老年人比年轻人更多地调用了内侧前额叶皮层（Dulas & Duarte, 2014）。这种模式被认为可能反映了一种自我关注，从而阻碍了源记忆的有效形成（Dulas & Duarte, 2014）。

　　虽然这一部分主要关注的是信息提取时的源记忆效应，但在编码过程中也发现了年龄差异。源记忆的相继记忆效应依赖于海马和背外侧前额叶区域的参与，而老年人比年轻人更少调用这些区域（Dennis, Hayes, et al., 2008；见图4.5）。随着年龄的增长，颞下回的激活也受到了损害，但这些都超出了源记忆的范畴，而延伸到了项目记忆的范畴。虽然在年轻人中，海马与大脑后部的功能连接最强，但随着年龄的增长，与伴随年龄增长而呈现的大脑皮层活动由后向前转移（PASA）相类似，这种模式显示出向大脑前部（包括前额皮层）连接的转变。

103

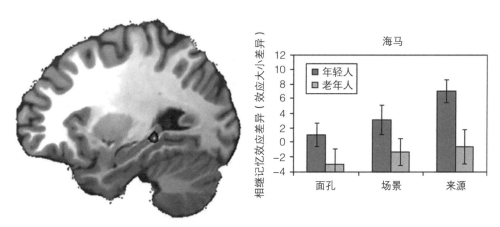

图4.5　编码时海马的调用程度存在年龄差异。条形图描述了成功编码项目和遗忘项目之间的差异。年轻人（深灰色）中的这种相继记忆效应差异比老年人（浅灰色）更大。对于各种类型的刺激，包括面孔、场景和来源，都存在年龄差异。彩色版本请扫描附录二维码查看。
摘自Dennis et al.（2008），*Journal of Experimental Psychology: Learning, Memory, and Cognition*, Figure 2.

　　总而言之，尽管年龄差异模式各种各样，但在大多数源记忆研究中，都出现了年龄差异。虽然一些研究找到了信息提取成功率、提取后监控和记忆强度随着年龄变化的支持性证据，但其中任何一种解释的证据都是混合的。仔细考虑任务要求，以便在不同的研究中比较可比的加工过程，以此来协调不同的研究发现，似乎对未来的研究至关重要。

4.3.5 联想记忆和绑定

和源记忆一样，**联想记忆**或**绑定**，也会随着年龄的增长而受损（Chalfonte & Johnson, 1996; Naveh-Benjamin, 2000）。相对于单独记住某些物品（例如，记住之前学习过的"鞋"和"毯子"，而不需要知道它们是成对放在一起的），这种类型的记忆可以包括对成对物品的记忆（例如，把鞋—毯子作为一对放在一起记住）。海马支持联想记忆，这一区域的调用度随着年龄的增长而下降。例如，对物体所在位置的记忆（K. J. Mitchell et al., 2000）和对面孔—名字配对的记忆（Sperling et al., 2003），会随着年龄的增长而受损，并且这些损伤与海马区域的激活减弱相关。除了激活减弱之外，随着年龄的增长，海马结构的变化也可能会影响联想记忆。在一项视空间联想记忆的测试中，内侧颞叶区域（包括海马）萎缩程度较高的老年人比萎缩程度较低的老年人表现更差（Zamboni et al., 2013）。因此，海马在联想记忆中扮演着重要的角色，并可能是该类型记忆随年龄增长而衰退的原因。

一个有待解决的问题是，绑定的年龄差异是否大于或超出对物体和场景视觉加工的年龄差异（Chee et al., 2006）。为了回答这个问题，研究人员采用了一种让被试被动观看物体和背景场景的方法，其中的某些元素连续重复四次。其逻辑是，刺激的重复出现会导致相关神经区域的适应或神经反应减弱。为了分离对物品和背景的加工过程，实验中仅对相关的维度进行重复（例如，在某一物体适应性试次中，同一只蝴蝶在四个不同背景上重复出现）。在绑定试次中，为了让关联多样化，物体和背景的组合在所有四次重复中都有所改变。绑定确实不同于物体或背景加工的模式，其在年轻人的双侧海马旁回和右侧海马中具有选择性，而在老年人中选择性则受到了破坏（Chee et al., 2006; Goh et al., 2007）。

对于需要关系加工的记忆任务，海马与腹外侧前额叶区域协同工作。在提取习得的联想时，年轻人会比在单独提取习得的项目时更多地调用海马和腹外侧前额叶区域（Giovanello & Schacter, 2012）。相比之下，老年人在关系加工时，并没有比项目加工更多地调用这些区域。关系加工的变化可能会在中年时出现，中年人（40—56岁）在提取上下文信息（一种联想记忆）时，会比年轻人更多地激活前额叶和腹侧枕颞区域（Kwon et al., 2015）。

尽管有证据表明，随着年龄的增长，联想和关系加工会受到损伤，但一些研究表明，这些损伤是可以减轻的。为不相关的单词建立联想也会激活腹外侧前额叶皮层（VLPFC），随着任务要求的提高，年轻人（而非老年人）的激活也会增强（Addis et al., 2014）。年轻人和老年人的海马活动是相似的，可能表明提供适当的策略有助于改善与年龄相关的海马调用度降低的情况。同样，与相关图片（例如蜘蛛和蚂蚁）相比，造一个句子来整合无关图片（例如蜘蛛和飞机）时，会增加额叶下部和海马区的调用，这种操作对年轻人和老年人都有相同的效果（Leshikar et al., 2010）。总的来说，这些结果表明，额叶和海马参与了绑定任务，但也表明支持性的编码策略和上下文背景可能有助于改善老年人的记忆表现，提升其神经区域的调用度。正如第 3 章所讨论的，老年人前额叶区域的激活也会在策略训练中受益。

4.3.6 语义记忆

语义记忆是另一种涉及记忆事实和知识储备的外显记忆。与产生对一件事的再体验的情景记忆不同，语义记忆缺乏语境信息。一个人可以有丰富的情景记忆，比如可以重温第一次参加音乐会的感受，包括布景、在场的人、曲目列表以及关于音乐家的详细情况等。而语义记忆则包含一个人参加了这场音乐会的知识，而不含有重复体验。语义记忆往往随着年龄的增长而得到保持（Light, 1992）。

一项关于语义记忆的研究，比较了处于不同人生阶段的个体对词语进行有生命/无生命判断时的神经活动（K. M. Kennedy, Rodrigue, et al., 2015）。其中一些词是容易判断的（比如"卡车"），另一些词则难以判断（比如"病毒"）。研究者将容易的判断与基线进行比较，发现了与语义加工相关的广泛大脑区域，包括左前额叶下回、颞叶和视觉皮层，也观察到默认网络的激活减弱。脑区的激活会随着年龄的增长而增强，但这些增强通常发生在与核心语义网络分离的区域。这些区域的激活从成年早期到老年晚期（即 80 岁）呈现线性增长。在对困难词语的判断中，相对于对容易词语的判断，与认知控制相关的区域（如额顶叶和前扣带回）是大脑激活增强的主要区域。然而，对困难词语的反应增强在年轻人中最为明显；随着年龄的增长，年长者这些区域激活的增强并没有达到与年轻人相同的程度。结果表明，与行为研究结果一致，核心的语义网络可能随年龄增长而变化不大。相比之下，老年人比年轻人和中年人调用了更多的神经区域，并且随着年龄的增长，认知控制区域的变化在困难条件下更加明显。尽管语义记忆会随着年龄的增长而相对保持，但神经变化的模式在很大程度上与其他认知过程趋同。

4.3.7 错误记忆

错误记忆是对没有发生的事件的记忆，或者是记忆内容发生了重大变化的记忆。

105

老年人比年轻人更容易出现错误记忆，尤其是当新项目（诱饵）与原始项目相似或者相关的时候（例如，因为在学习单上学习了其他的农场动物，而错误地认为"奶牛"也在学习单上）（Koutstaal & Schacter, 1997; Tun et al.,1998）。有趣的是，大部分研究表明，错误记忆依赖于和正确记忆相同的神经区域，包括负责感知项目特征的视觉区域，与语义知识相关的额叶和颞叶区域，以及参与记忆形成和对各种元素进行整合以构成一段记忆的海马（Gutchess & Schacter, 2012; Schacter & Slotnick, 2004）。最近的一项元分析强调了左侧颞中回和前扣带回皮层在编码过程中对错误记忆形成的作用（Kurkela & Dennis, 2016）。

有证据表明，年轻人和老年人错误记忆的神经关联在某种程度上是不同的。在编码相关的词组集合时（这些词组之后会被记住用于形成正确记忆或错误记忆），老年人比年轻人更多地调用颞上回（Dennis et al., 2007）。这一激活被认为反映了"要点"，或项目的共同分类范畴和主题信息；其结果表明，老年人更依赖这些加工，而不是知觉或允许特定项目使用不同细节进行编码的其他加工。当老年人提取时形成错误记忆时，也会涉及外侧颞叶区域（Dennis, Kim, & Cabeza, 2008）。楔前叶对错误记忆的反应，强于对正确识别新项目的反应，而且年轻人比老年人更容易出现这种情况（Duarte et al., 2010）。

通过控制编码的相关范例的数量来改变"要点"的数量（例如，研究 4 张猫的图片对比研究 12 张猫的图片），也可以揭示老年人神经反应的变化。当研究中一组相关的项目（例如，自行车的图片）较少时，而非相关项目较多时，老年人在错误记忆时表现出增强的海马激活，这可能反映了个体在低认知负荷下，对重建记忆的错误尝试（Paige et al., 2016）。有证据表明，与年轻人相比，老年人对错误记忆的反应也减弱了。例如，年轻人的前扣带回激活与"要点"的数量有关，当更多相关的范例被编码时，该区域的反应就会减弱。然而，老年人中却不存在这种反应（Paige et al., 2016）。一项相关研究使用变形的面孔来系统地改变与学习过的项目的关联度。关于老年人的研究结果强调了考虑个体差异的重要性，因为更高水平的虚报与包括颞中回、颞上回、内侧前额叶皮层和海马等在内的脑区的更强激活有关（Dennis & Turney, 2018）。

错误回忆，即重新经历某一情景时的生动但错误的感觉，也会受到年龄的影响。尽管老年人有更多的错误回忆，但他们并没有在这些试次中调用额外的神经区域（Dennis et al., 2014）。相比之下，年轻人在错误回忆中，比老年人更多地调用了前额叶、海马旁回和枕顶区域。这种模式被认为反映了一种观点，即年轻人的错误记忆源于重构过程，在这个过程中，许多细节和特质被跨过程地整合到了错误的记忆中。

除了要点错误外，联合错误是另一种记忆错觉，即单词的一部分被重新组合 107
成一个新词（例如，由"blackmail"和"jailbird"组合成"blackbird"）。乔瓦内利
（Giovanello）及其同事（2010）研究了这类记忆错误的神经关联方面的年龄差异，
发现老年人在错误地提取项目时比正确提取项目时更多地调用海马旁回。与正确记
忆相比，年轻人在错误记忆中相关脑区并没有表现出更强的激活。这些结果表明，
老年人可能由于依赖海马旁回提供的关于熟悉度的信息，而犯了联合错误。相较于
在正确提取信息时调用海马的年轻人，老年人没能使用到相关的信息。

ERP技术也被用来区分正确记忆和错误记忆的年龄差异。对于年轻人来说，在
场景识别的早期和晚期时间窗口，击中（正确识别旧的项目）和虚报（新项目被错
误地当作旧项目）的波形是不同的。然而，老年人的波形在任何时间窗口都没有显
著差别（Gutchess, Ieuji, et al., 2007；见图4.6）。令人惊讶的是，记忆的行为表现在不
同年龄组之间并没有差异。这使得老年人的正确记忆和错误记忆相比，两者神经关 108
联的区分度不够，这一情况更加耐人寻味，也许表明老年人在编码时形成了足够详
细的记忆，而提取时的信号不那么具有诊断性。另外，结果也可能表明，一些必要
的提取过程不适合用ERP来测量。

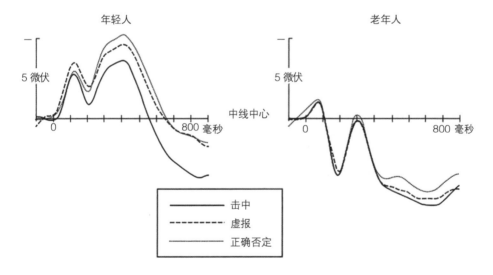

图4.6 在年轻人中（左图），神经信号能可靠地从错误记忆的项目（虚报，虚线）中区分旧
项目（击中，实线）。老年人（右图）没有清晰地表现出这一差异。这些曲线显示了在中线中
心这一位置的ERP反应，并与对新项目的反应（正确否定）进行了对比。Figure 6 from Angela
H. Gutchess, Yoko Ieuji, and Kara D. Federmeier, Event-related potentials reveal age differences in
the encoding and recognition of scenes, *Journal of Cognitive Neuroscience*, *19*（7）（July 2007），
1089–1103. © 2007 by the Massachusetts Institute of Technology, published by the MIT Press.

4.3.8 自传体记忆

自传体记忆是对人生丰富经历的记忆，例如个体关于五岁生日聚会的记忆，或最近与朋友聚会的记忆。随着年龄的增长，自传体记忆会变得不那么详细（Levine et al., 2002）。这对于情景细节或亲身经历过的事件信息来说尤为如此。而语义细节，例如朋友的名字和某一时期居住过的城镇的信息，往往随着年龄的增长而得到更为完整的保留。一项 fMRI 研究直接比较了老化对自传体记忆的语义方面和情景方面的影响。背侧前扣带回激活的年龄差异，反映了年轻人倾向于在情景类自传体记忆（独特的、一次性的情景）中更多地调用这一区域，而老年人则在语义类自传体记忆（重复或长期的情景，比如一年一度在奶奶家举行的节日庆祝活动）中更多地调动这一区域（Martinelli et al., 2013）。这种模式与自传体记忆中的情景细节会随着年龄的增长而减少是一致的。

圣雅克（St Jacques）及其同事（2012）采用了一种不同的方法，对自传体记忆的不同阶段进行了探究。根据某个单词线索（例如，裙子），被试在他们的记忆中搜索过去发生过的特定事件，然后在脑海中详细描述这一情景（例如，回忆购买舞会礼服的情景）。当寻找一段自传体记忆时，年轻人和老年人都会调用许多大脑区域，包括 VLPFC、海马、海马旁回，以及颞叶和压后皮层。其中只有一些区域，包括海马旁回和压后皮层，会在精细加工阶段继续被调用。顶叶皮层的某个区域也对精细加工阶段有作用（见图 4.7）。各个年龄组在搜索阶段的脑活动更为相似，而老年人在精细加工阶段表现出海马、VLPFC 和顶叶皮层的激活减弱。这种减弱表明老年人提取到的自传体记忆比年轻人的缺少细节。仅将年轻人与能回忆起带有丰富情景细节的自传体记忆的老年人相比较，则年龄差异减小了，这种情况下，年轻人和老年人的激活是相同的。通过对前额叶与海马激活关系的探究分析，研究者发现 VLPFC 对海马有自上而下的影响。这表明前额叶区域负责产生详细的情景记忆，而这一机制可能会随着年龄的增长而受损。这些结果与一项报告有分歧，该报告指出，在自传体记忆提取过程中，右侧海马的激活随年龄而增加（Maguire & Frith, 2003）。然而，这些研究的程序有很大的不同，在马奎尔（Maguire）和弗里斯（Frith）（2003）的研究中，被试用"正确"或"错误"来回答根据几周前的访谈创建的关于自传体经历的问题，而不是对自传体记忆进行提取和详细阐述（如 St Jacques et al., 2012）。由于有研究发现的结果与之相反，对于未来的研究来说，探索自传体记忆和其他类型的情景记忆之间的关系也很重要。在某项情景记忆任务的提取过程中，搜索阶段有显著的年龄差异，伴随着前额叶激活增加，大脑后部的激活减弱（Ford & Kensinger, 2017）。然而，随着时间的推移，在精细加工阶段，老年人显著地激活了大脑后部区域。这些研究结果不仅与自传体记忆的研究结果不同，而且精细加工阶段的研究结果也无法用PASA模型（见章节1.3）预测。

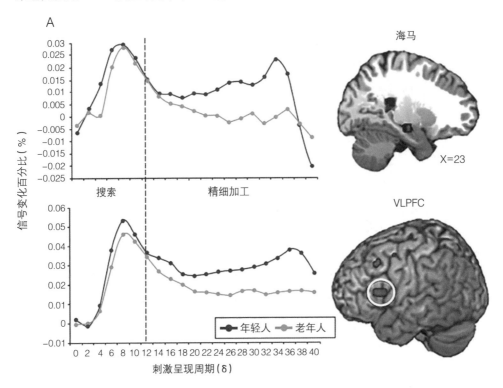

图4.7　自传体记忆区域，包括海马（上图；显示切片的X维数是在Talaraich空间中）和VLPFC（下图）。在搜索记忆时，年轻人和老年人对这一区域的调用度相似（曲线图的左侧为"搜索"）。在对这段记忆进行精细加工时（曲线图右侧），年轻人（深灰色）比老年人（浅灰色）更多地调用了这些区域。彩色版本请扫描附录二维码查看。

摘自 St Jacques et al.（2012），*Neurobiology of Aging*, Figure 2.

另一项研究对比了自传体记忆与情景记忆、语义记忆，评估了这些不同类型记忆的神经网络的共性和差异（St-Laurent et al., 2011）。该分析方法识别出一个区分自传体任务与其他类型记忆的神经网络，其神经区域在很大程度上与其他自传体记忆研究中所发现的相似。就年龄差异而言，老年人的神经网络在不同记忆任务中，并不像年轻人那样区别明显。这表明，随着年龄的增长，自传体记忆和情景记忆呈现出一种去分化的模式。与老年人相比，在年轻人中，自传体记忆和情景记忆表现出尤为明显的不同和分化。这些发现与行为学的研究结果一致，表明随着年龄的增长，语义记忆的保持相对较好，而自传体记忆和情景记忆会受到更大的损伤。

4.3.9 记忆与未来思维

对过去事件的记忆和对未来的想象之间的重叠是近来的一个研究重点。大脑中许多负责记忆的区域，尤其是那些负责有丰富细节的自传体记忆的脑区，也参与了对未来的模拟（Schacter et al., 2007）。这一结果衍生出这样一种观点：也许记忆的一个主要功能就是为未来做准备。这样的功能需要一个适应性强的、灵活的系统，它可以很容易地将信息重新组合到新的场景中，这也为错误记忆为何如此普遍提供了一种解释（Schacter et al., 2007; Schacter et al., 2011）。

尽管一些行为研究已经探究了老化对未来思维的影响，但很少有研究直接比较年轻人和老年人的神经活动（仅包含老年人的研究，见 Viard et al., 2011; Viard et al., 2010; Viard et al., 2007）。与之前自传体记忆研究的发现一致，老年人在对过去和未来事件的建构过程中都表现出大脑激活减弱（Addis et al., 2011）。受影响的神经网络包括内侧颞叶（包括海马和海马旁回）和楔前叶区域，这些区域被认为支持背景信息和详细的记忆内容。当年轻人报告的记忆中包含更多的细节时，这些区域的活动就会增强。但老年人的情况并非如此。当老年人在试次的后半段详述事件时，脑区的激活会增强。这些增强的区域发生在内侧 [包括海马，与马奎尔（Maguire）和弗里斯（Frith）2003 年的发现一致] 和外侧的颞叶皮层。当老年人详细描述他们过去或未来的自传体事件时，外侧颞叶区域的调度可能反映出对语义内容的更高依赖，这与他们语义自传体记忆保持完整相一致。实际上，老年人对事件细节度的评分与外侧颞叶区域的激活相关，表明老年人在报告记忆细节时，依赖的是语义细节。

4.3.10 再激活

在针对年轻人的研究中有一个有趣的发现，即项目的提取在一定程度上依赖于**再激活**首次编码这个项目的相应神经区域。例如，在学习和测试中，对图片进行编码会调用一些相同的视觉区域，而对声音进行编码会用到一些相同的听觉加工区域（Wheeler et al., 2000）。这种神经区域的重合表明，信息提取依赖的加工过程中有一些与编码时调用的加工过程相同。到目前为止，关于老化的研究结果仍是较为复杂的。尽管有一些证据表明，老年人提取信息时处理视觉场景和物体时激活区域（例如楔前叶、海马旁回后部和梭状回）的再激活比年轻人少（McDonough et al., 2014），但也有一些证据表明，当控制了研究条件时，不同年龄组的皮层区域都有相似的激活恢复（T. H. Wang et al., 2016）。尽管在该研究中词语刺激也会引起外侧前额叶的激活，但年轻人和老年人的再激活主要发生在包括后扣带和后顶叶皮层在内的大脑后部区域（T. H. Wang et al., 2016）。一项特别有趣的研究探究了个体在提取视频记忆时的再激活。实验中，年轻人和老年人反复观看并在心里反复再现几段短视频（St-Laurent et al., 2014）。结果表明，在对视频最初的知觉加工中，各脑区调用度的年龄差异是最小的，但在被试于脑海中再现视频时，各脑区调用度的年龄差异变得显著。此外，记忆表现也与再激活模式的特异性有关。综上所述，该研究的结果表明，是再激活的困难，而不是知觉的损伤，影响了老年人记忆的生动性和独特性。

4.3.11　长时记忆中的控制加工

　　与再激活在记忆提取中的作用相辅相成的，是其他有助于把"旧"信息从"新"信息中区分出来的更为有效的加工过程。正如本章回顾的许多研究所显示的，在记忆提取时，老年人有时比年轻人调用了更多的前额叶区域。一项研究表明，这种模式以"高控制"条件为特征（Velanova et al., 2007）。通过控制项目编码的程度（例如，更多次的项目呈现，降低了做记忆决策的控制需求），维拉诺瓦（Velanova）及其同事比较了年轻人和老年人的神经激活，发现老年人在高控制试次中比在低控制试次中调用了更多的前额叶区域，但年轻人的情况并非如此。而且，对于老年人来说，控制效果体现在试次的后期；这反映了一种比年轻人更迟使用的、不太有效的控制策略，而年轻人则更早、更有效地使用了控制加工（如章节 3.3 所述）。

　　与年轻人相比，与记忆任务不相关的背景信息也更容易干扰老年人的记忆（Gutchess, Hebrank, et al., 2007）。当情景熟悉时，认知控制区域（包括双侧的DLPFC）的激活增强，与记忆损伤同时发生。无论老年人的表现是好还是坏，年轻人都比老年人更多地调用这些区域。然而，表现较好的老年人会调用前额叶和颞叶皮层的其他区域，这可能反映了为改善记忆表现的代偿加工。

　　老年人在抑制或忽略不相关信息方面的缺陷（如章节 4.2.1 所述），经常被作为认知过程的负面影响因素加以讨论。然而，抑制的失败也可能对长时记忆有意想不到的影响，因为它们可能实际上提高了老年人对某些信息的记忆水平。在一项研究任务中，被试被要求关注一条信息流（比如一串字母），忽略另一条信息流（比如字母后面的一条线）。年轻人和老年人都对要注意的项目（例如，字母串）表现出了**启动效应**，因为当他们再次看到这些项目时，都能做出更快的反应（Campbell et al., 2012）。老年人，而非年轻人，对那些本应被忽略的项目，也表现出了启动效应。这一发现与老年人没有成功忽略这些项目的观点是一致的。神经影像数据显示，在"忽略"条件下，年轻人比老年人更多地激活了额顶叶控制区域。此外，这些区域越活跃，启动效应就越少出现；这种模式意味着对不相关信息的成功忽略。即使在静息态，额顶叶区域的连接也随着年龄的增长而不同，这使得年轻人比老年人有更强的功能连接，也意味着他们有更完整的神经网络（见图 4.8）。

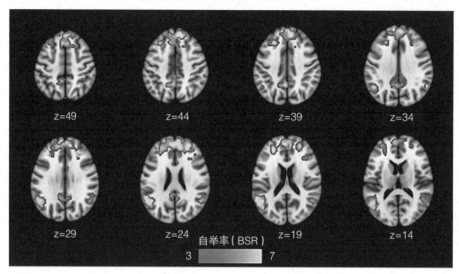

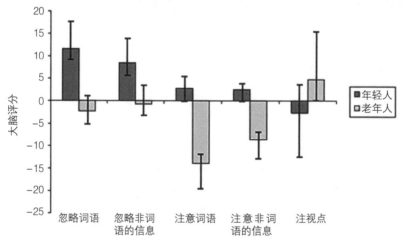

图 4.8　年轻人比老年人更多地调用控制网络（显示在上图中；轴向切片的 z 轴方向处于 MNI 空间）。脑激活用自举率（bootstrap ratio, BSR）绘制。下方的柱状图显示，当试图忽略词语时，年轻人极大地调用了控制网络，而老年人并非如此。

摘自 Campbell et al.（2012），*Neuropsychologia*, Figure 5.

4.3.12 模式分离

　　一个长时记忆的新理论借鉴了老化中关于干扰的观点。为了将记忆彼此区分开来，海马必须能够实现**模式分离**，通过这种方式可以区分不同的神经活动模式（可能对应于两种独特的记忆，比如两辆不同的自行车）。模式分离十分重要，如此一来，相似的记忆间才不会因为互相干扰而导致遗忘；海马的一个亚区似乎支持这一加工过程（Yassa & Stark, 2011）。

老化可能会对这一进程产生影响，以至于老年人更习惯于**模式完成**，他们不会将神经模式区分为新的、独特的模式，而是根据部分信息恢复"旧的"激活模式。例如，见到一个看起来与之前学习过的杯子相似的杯子，可能会引发模式完成，这样一来，新杯子引发的神经活动模式就会与原来杯子所引发的神经活动模式相一致。模式完成的倾向可能会牺牲模式分离，以至于与年轻人相比，老年人需要一个与现存记忆或范例有更大区别的新记忆或新范例，才能将其视为"新的"项目（Yassa, Lacy, et al., 2011）。对于记忆表现受损的老年人来说，这种损害可能更为严重（Stark et al., 2013; Stark et al., 2010）。强调模式完成可能导致老年人在相似、相关的项目上，比年轻人犯更多的记忆错误。与年轻人相比，老年人海马中的一个区域（右侧CA3/齿状回）是唯一一个对"相似"项目的反应比对"新的"项目的反应更大的区域（Yassa, Lacy, et al., 2011）。高分辨率的fMRI和弥散张量成像（DTI）数据进一步显示，随着年龄的增长，齿状回和CA3的功能完整性和结构完整性，以及通向海马中这些区域的通路，都受到了损伤（Yassa, Mattfeld, Stark, & Stark, 2011; Yassa et al., 2010）。与其他研究相比，该研究方法在更精细的尺度上探索了记忆的年龄差异，提出了基于啮齿动物研究的精确神经机制。

114

4.4 内隐长时记忆

115

内隐记忆是先前学习或经验的行为表现，不依赖于对先前情景的有意识的了解。专栏4.3显示了与内隐记忆有关的典型大脑区域。这种记忆可以通过运动反应或快速的反应来体现，具有随着经验增加而增强的特征（例如，骑自行车；读镜子中的文本）。即使一个人不记得学过对着镜子读单词，她的表现仍然可以得到改善，如更高的准确性和更快的反应时间。内隐记忆也可以通过言语任务来测量。例如，与没有见过的单词相比，被试可能会对最近见到过的单词做出更快的判断。当用脑海中出现的第一个单词来补足词干（如star_）时，被试更有可能生成他们最近在另一个任务中遇到的单词。这是启动效应的一个例子。例如，如果被试在之前的任务中遇到过"stare"这个词，相对于那些最近没有遇到过"stare"这个词的被试，他们更有可能用这个词补足词干，而不是用其他的答案（比如"start""stars"）。

116

专栏 4.3   与内隐记忆有关的神经区域

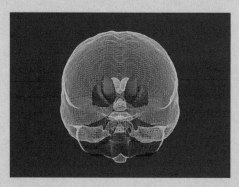

彩色版本请扫描附录二维码查看。

小脑（绿色部分）和纹状体（黄色部分），包括壳核和尾状核都与内隐记忆有关。

图片用软件制作，摘自 Madan（2015），Creating 3D visualizations of MRI data: a brief guide, *F1000Research*, 4, 466.

从行为上看，内隐记忆通常不会随着年龄增长而改变（Gabrieli et al., 1999; Light & Singh, 1987）。在一项重复启动的研究中，被试对在任务中重复出现的单词和第一次出现的单词做出判断。年轻人和老年人都表现出了典型的行为启动优势，即对重复的单词反应速度更快（Lustig & Buckner, 2004）。年轻人和老年人左侧前额叶下部的活动都受到了重复启动的影响。启动效应通过重复减弱了这些区域的激活，而且年轻人和老年人有相似的减弱幅度。卢斯蒂格（Lustig）和巴克纳（Buckner）（2004）的研究关注的是兴趣的先验区域的年龄差异。后来有一项研究比较了整个大脑区域的年龄差异。在这项研究中，年轻人和老年人需要对重复出现的单词或新单词做出判断（Bergerbest et al., 2009）。后一项研究与之前的研究相一致，认为左侧前额叶下回与启动效应有关，但也发现了对于重复的单词，年轻人左侧前额叶的其他区域，激活减弱的幅度比老年人更大。相比之下，有证据表明，老年人在右侧前额叶区域有更显著的重复效应。右侧前额叶皮层的这种反应模式被认为是一种随着年龄增长而有益的模式，因为词汇量得分较高（可代表其智力）的老年人，比词汇量得分较低的老年人，这一脑区的激活更多。

尽管一些与启动效应有关的核心脑区随着年龄的增长得到了较好的保存，但仍有证据表明发生了一些与年龄相关的变化。内隐记忆与年龄相关的变化可能比外显记忆的变化更为温和（如章节 4.3 所述），但这一主题的相关研究较少。有许多测试可能依赖于内隐记忆的不同子类型，并且老化对某些类型的影响可能比对其他类型的影响更为明显。例如，一项关于词干启动的研究揭示了行为和神经随年龄增长产生的差异。与那些由于启动效应而表现出更多神经激活减弱的老年人相比，语义区域和视觉区域激活减弱较少的老年人从启动效应中受益较少（即他们的反应更慢）（Daselaar et al., 2005）。因此，我们有必要直接比较老化对不同内隐记忆任务的神经激活模式的影响。

　　内隐记忆和外显记忆主要依赖不同的神经区域。外显记忆依赖于海马，内隐记忆则依赖于纹状体和小脑（Knowlton et al., 1996）。这种分离使因内侧颞叶损伤而缺乏外显记忆的**失忆症**患者，表现出技能学习能力的保留，即使他们对之前完成过的任务缺乏有意识的记忆。

117

　　丹尼斯（Dennis）和卡贝扎（Cabeza）（2011）直接比较了老化对内隐学习和外显学习的影响。尽管随着年龄的增长，内隐学习能力得以保留，但神经系统在某些情况下仍会出现与年龄相关的变化。当学习一个动作序列时，比如用手指敲击不同的按键，人们往往没有意识到他们在学习重复的模式。研究者将这一内隐任务和一项外显任务进行比较，在外显任务中，被试学习了如何快速地将词语归为不同的类别（比如，动物或场所）。年轻人表现出了预期的效果，其外显记忆主要由内侧颞叶（包括海马和海马旁回）、腹外侧前额叶、顶叶和视觉区域支持，内隐记忆主要由纹状体和小脑区域支持。老年人则表现出一种去分化的模式，即外显任务和内隐任务所调用的脑区并没有什么不同，具体包括双侧内侧颞叶和右侧纹状体。其他研究也报告了这些区域随年龄的变化。在内隐学习中，纹状体的激活随着年龄的增长而受损（Aizenstein et al., 2006）。而在一项内隐记忆任务中，内侧颞叶活动只支持老年人而非年轻人的表现（Rieckmann et al., 2010）。

本章总结

- 记忆有许多亚类型。工作记忆和长时记忆在时间尺度上有所不同。长时记忆的亚类型又包括外显记忆（情景记忆和语义记忆）和内隐记忆。

- 从行为学上看，年龄差异在外显记忆上比在内隐记忆上更明显，尽管这两种类型的记忆都可能出现神经上的差异。

- 与熟悉感相比，回忆往往被认为更容易随着年龄的增长而受损，尽管这一发现也有例外。

- 老年人比年轻人更容易出现错误记忆。尽管有多种神经区域参与错误记忆，但与语义加工相关的颞叶区域可能表现出最大的年龄差异。

- 自传体记忆随着年龄的增长而变得不那么详细精确。包括内侧颞叶在内的脑区可能在自传体记忆的精细加工过程中参与较少。而随着年龄的增长，不同类型记忆的神经活动模式可能差别不大。

118

- 随着年龄的增长，前额叶的控制加工促成了许多记忆加工，包括回忆、提取后监控、干扰。一些研究表明，这一区域的激活会随着年龄的增长而受到损伤。

- 目前关于老化对未来思维、再激活和模式分离/模式完成的影响的研究，给出了这些领域会随着年龄的增长而损伤的一些证据。

回顾思考

1. 记忆有哪些不同的亚类型？哪些神经区域支持这些不同类型的记忆？

2. 老化对所有类型的记忆都有同样的影响吗？这一答案是如何受行为测量或神经测量的影响的？

3. 什么是CRUNCH模型？数据的什么模式被认为与其一致？

4. 记忆的哪一阶段是相继记忆设计允许去比较的？与行为学的方法相比，它有何优势？

5. 什么是回忆和熟悉？基于神经数据和行为数据，老化是如何影响它们的？

6. 错误记忆和遗忘有何不同？哪些神经区域和加工导致了年轻人和老年人犯这些错误？

拓展阅读

- Dennis, N. A., Hayes, S. M., Prince, S. E., Madden, D. J., Huettel, S. A., & Cabeza, R. (2008). Effects of aging on the neural correlates of successful item and source memory encoding. *Journal of Experimental Psychology: Learning, Memory, and Cognition, 34*(4), 791–808.

- Gutchess, A. H., Ieuji, Y., & Federmeier, K. D. (2007). Event-related potentials reveal age differences in the encoding and recognition of scenes. *Journal of Cognitive Neuroscience, 19*(7), 1089–1103.

- Lustig, C., & Buckner, R. L. (2004). Preserved neural correlates of priming in old age and dementia. *Neuron, 42*(5), 865–875.

- Reuter-Lorenz, P. A., & Cappell, K. A. (2008). Neurocognitive aging and the compensation hypothesis. *Current Directions in Psychological Science, 17*(3), 177–

182.

- St-Laurent, M., Abdi, H., Bondad, A., & Buchsbaum, B. R. (2014). Memory reactivation in healthy aging: evidence of stimulus-specific dedifferentiation. *Journal of Neuroscience*, *34*(12), 4175–4186.

关键术语

amnesia（失忆症）

associative memory（联想记忆）

autobiographical memory（自传体记忆）

binding（绑定）

encoding（编码）

explicit memory（外显记忆）

false memories（错误记忆）

familiarity（熟悉）

implicit memory（内隐记忆）

incidental encoding（无意编码）

intentional encoding（有意编码）

levels of processing（加工水平）

pattern completion（模式完成）

pattern separation（模式分离）

post-retrieval monitoring（提取后监控）

priming（启动效应）

reactivation（再激活）

recollection（回忆）

refreshing（刷新）

semantic memory（语义记忆）

source memory（源记忆）

subsequent memory（相继记忆）

第**5**章

情绪与老化

学习目标

- 哪些脑区与情绪有关？老化对它们有何影响？
- 随着年龄的增长，情绪识别障碍的行为和神经证据是什么？
- 年龄增长可能会促进情绪调节。不同情绪调节策略的相关神经区域有哪些？
- 什么是社会情绪选择理论和积极效应？它们与随年龄增长的记忆变化可能有什么关系？
- 随着年龄的增长，神经区域对情感记忆的反应有什么不同？如何通过神经差异理解年轻人和老年人在处理情绪信息方面的差异？

5.1 引言

在现实生活中，我们对压力和快乐的情绪反应一样吗？情绪是老化研究中最有趣的话题之一，因为在整个生命周期中，情绪的变化极为丰富，而且随着年龄的增长，情绪的调节能力不仅能够保持，甚至还可以增强。多项研究发现，情绪加工能力的维持与认知功能受损之间存在矛盾（例如，Mather et al., 2012; Samanez-Larkin et al., 2011）。本章将回顾老年人情绪调节能力和幸福感增强的文献证据，并探讨可能支持这些能力的神经变化。此外，部分研究会关注与年龄增长相关的情绪功能损伤，比如识别面部情绪的能力以及杏仁核反应的模式相关损伤。其他研究表明，老年人会意识到他们生命中剩余的时间有限，这可能会使他们倾向于优先加工积极信息而非消极信息。这些动机的转变，以及其他方面的变化，会对不同年龄组的情绪信息记忆产生不同的影响。虽然本章也会涉及一些关于动机的内容，包括对奖赏和经济决策的反应，但这些主题将在第 8 章"新兴方向"部分进行具体讨论。

5.2 与情绪有关的神经区域

杏仁核是大脑中与情绪联系最为密切的区域。这一杏仁状的结构位于颞叶深处，中线两侧各有一个（见专栏 5.1）。杏仁核位于靠近海马的位置（见第 4 章），有助于增强情绪信息的记忆。许多老化研究表明，随着年龄的增长，杏仁核的结构完整性（例如，Mather, 2016; Nashiro et al., 2012）及功能活性能够相对保存完好。许多功能性磁共振成像（fMRI）研究报告不同年龄组的杏仁核活跃度相似（例如，Kensinger & Schacter, 2008; Wedig et al., 2005; Wright et al., 2006）。然而，这一发现并不具有普遍性，也有研究报告杏仁核的活动在某些条件下随着年龄的增长而有所减弱（例如，Fischer et al., 2005; Gunning-Dixon et al., 2003; Iidaka et al., 2002; Tessitore et al., 2005）或者增强（例如，Leclerc & Kensinger, 2010; Mather et al., 2004）。有研究者（Ritchey, Bessette-Symons, Hayes, & Cabeza, 2011）提出，不同研究的结果存在差异的原因可能是，老年人对刺激唤醒度的评价往往低于年轻人。当刺激没有很好地与唤醒度评价匹配时，它可能会触发杏仁核活动的年龄差异。前额叶也能影响情绪，特别是在**情绪调节**方面（见章节 5.4）。这些神经区域的年龄差异因任务难度而异，本章将对此进行详细综述。

专栏 5.1　与情绪相关的神经区域

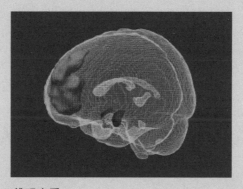

彩色版本请扫描附录二维码查看。

杏仁核（红色，每个半球各一）和内侧前额叶（紫色）是与情绪有关的主要区域。

图片用软件制作，摘自 Madan（2015），Creating 3D visualizations of MRI data: a brief guide, *F1000Research, 4,* 466.

最初的研究比较了基本的神经反应，包括重复和新颖的刺激分别如何影响一个神经区域的活动。与熟悉的中性面孔相比，老化似乎不会影响杏仁核对新的

恐惧面孔的反应（Wright et al., 2006），也不会影响杏仁核对情绪图片的整体反应（Moriguchi et al., 2011）。情绪研究中常用的一组图片的描述见专栏5.2。尽管老化对新面孔反应的影响有限，但它会影响对重复出现的面孔的反应。

专栏5.2　IAPS图片

情绪研究中最常见的一组刺激来自国际情绪图片系统（IAPS）（Lang et al., 1997）。IAPS由956张复杂场景图片组成，包括面部畸形的婴儿、持枪者、小狗和电源插座等图像。这些刺激的信度和效度已在不同年龄和环境背景（比如，不同文化和语言）的被试群体中得到了很好的检验和规范。被试根据**效价**对图片进行评分，即评价图片的积极（愉快）或消极（不愉快）程度。这个维度不同于**唤醒度**，唤醒度是一张图片在生理和心理上给人的兴奋或平静的感觉。效价和唤醒度共同解释了情绪的多样性（Russell, 1980）。虽然唤醒度和效价都是心理学研究中重要的概念，但到目前为止，大多数研究在探究神经活动的年龄差异时都选择操纵效价，因此在本章中，关于唤醒度的内容会比较少。

123　　**习惯化**描述了某个神经区域在后续的刺激呈现中反应减弱的趋势，这意味着新颖的刺激往往会引起最强的神经反应（综述见Grill-Spector et al., 2006）。无论是年轻人还是老年人，杏仁核都会对重复出现的中性面孔产生习惯化反应，但不同年龄组在哪个脑半球呈现更强的习惯化方面存在着细微差异（Wedig et al., 2005）。其他研究关注了前额皮层，发现老年人对前额皮层中高度唤醒的消极刺激表现出更多的习惯化（Roalf et al., 2011）。这种前额皮层反应的改变可能反映出，随着年龄的增长，个体对消极情绪的反应控制能力变强。然而，老年人可能无法在整个任务过程中保持较高的反应水平。就杏仁核和前额皮层之间的联系而言，杏仁核与眶额回的连接随着年龄的增长而减弱（Moriguchi et al., 2011），这表明该系统随着年龄的增长发生了进一步的变化。

事件相关电位（ERP）方法也被用于研究对情绪刺激的基本反应。年轻人和老年人都出现了早期后部负电位（EPN），这是情绪相关信息的早期鉴别指标。在早期时间窗内，老年人EPN的出现稍有延迟，但在晚期时间窗中并未出现延迟。这种延迟与对图片效价或唤醒度的评价无关，因此不确定它是否会影响老年人对情绪信息的加工（Wieser et al., 2006）。

5.3 情绪识别

有研究分析了不同年龄人群对面部表情的反应。一项结合了不同模型（如面孔、声音）的元分析得出结论，老年人比年轻人更难识别**基本情绪**（愤怒、悲伤、恐惧、厌恶、惊讶和幸福），尤其是愤怒和悲伤（Ruffman et al., 2008）。然而，在通过面部表情识别厌恶情绪这个层面，老年人比年轻人更具优势。最初的神经影像学研究发现，随着年龄的增长，杏仁核的激活会受损，这与前面的行为学研究结果一致。例如，无论是否需要做出情绪判断，在观看情绪面孔时，老年人的杏仁核活跃度都低于年轻人（Gunning-Dixon et al., 2003; Iidaka et al., 2002）。与杏仁核活动随着年龄增长而减少的现象相反，老年人的额叶区域可能比年轻人更容易被激活（Gunning-Dixon et al., 2003; Tessitore et al., 2005）。费舍尔（Fischer）及其同事（2005）报告了类似的结果：年轻人更多地激活了杏仁核/海马区域，而老年人更多地激活了脑岛区域，这种模式也发生在将恐惧面孔成功编码为记忆的过程中（Fischer et al., 2010; 见图 5.1）。这些结果（Fischer et al., 2005）极具影响力，因为这些结果表明随着年龄的

124

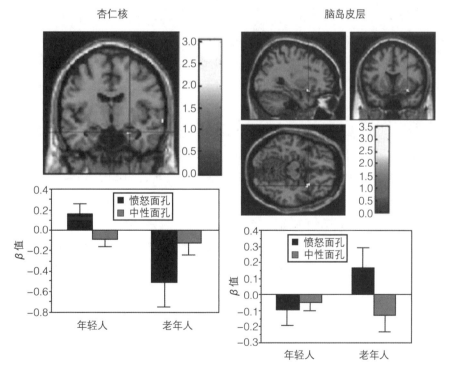

图 5.1 相较于处理中性面孔信息，年轻人在处理愤怒面孔信息时更多地激活了杏仁核（上面左图）。相比之下，老年人对愤怒面孔的反应更多发生在脑岛皮层（上面右图）。这种模式表明随着年龄的增长，脑活动从皮层下（杏仁核）向皮层（脑岛皮层）转移。统计图表描述了对神经活动的测量。

改编自 Fischer et al.（2005），*Neuroscience Letters*, Figures 1 and 2.

增长，脑活动由皮层下结构向皮层结构转移，类似于非情绪记忆等其他能力的模式（Gutchess et al., 2005）。这些发现后来被整合到强调脑区活动随年龄从后向前变化的理论框架中（S. W. Davis et al., 2008; St Jacques, Bessette-Symons, & Cabeza, 2009）（见章节 5.6.1）。

后续研究探究了更复杂的神经活动模式如何标记特定情绪。凯特利（Keightley）等人（2007）利用**偏最小二乘**（PLS）分析方法，确定了大脑各区域共同工作的模式，发现了一组区分快乐面孔和其他六种类型面孔的区域。对于年轻人，这些区域包括几个额叶区域（腹内侧及中部额叶、前扣带回），以及后扣带回和舌回。虽然腹内侧前额叶皮层（VMPFC）和舌回也参与了老年人对快乐面孔的反应，但总体而言，这两个区域随年龄增长而发生的改变不尽相同（尽管两组被试均未表现出强烈的杏仁核反应）。随着年龄的增长，这些区域对厌恶和快乐的面孔都有反应，即这种反应没有选择性。此外，老年人会比年轻人调用更多的脑区来表达负面情绪。这些结果表明，随着年龄的增长，对情绪面孔做出反应的脑区会发生显著的变化。然而，埃布纳（Ebner）及其同事（Ebner et al., 2012）则更多地发现上述脑区随年龄增长的变化趋同。他们把研究重点放在对情绪识别有反应的前额叶和杏仁核区域，进而发现，年轻人和老年人都激活了内侧前额叶皮层（MPFC），以响应特定的情绪表达 [快乐激活VMPFC，中性或愤怒激活背内侧前额叶皮层（DMPFC）]，而杏仁核没有出现年龄差异。值得注意的是，老年人在DMPFC反应中表现出更大的情绪因素差异，这可能反映出他们在识别愤怒方面存在困难。

对情绪表达的感知及其潜在的神经反应可能与情绪健康方面的测量指标有关。在一项特别有趣的研究中，研究者融合fMRI和ERP技术，调查了12—79岁大样本人群对于不同情绪表达的神经反应（Williams et al., 2006）。fMRI数据显示，随着年龄的增长，MPFC对于快乐面孔的反应减弱，而对于恐惧面孔的反应增强。ERP数据显示了随着年龄增长处理快乐面孔信息的早期额叶成分减少，而处理恐惧面孔信息的晚期额叶成分增多。随着年龄的增长，MPFC对恐惧和幸福的反应与情绪稳定性有关。MPFC对快乐的反应减弱，对恐惧的反应增强，这种模式能更好地控制消极情绪，预测情绪的稳定性。

5.4 情绪调节

与许多随着年龄的增长而下降的认知能力相比，情绪调节的能力似乎随着年龄的增长而有所提高。老年人报告的负面经历比年轻人少，情绪控制也更好（Gross et al., 1997; Phillips et al., 2006）。这一发现有些出乎意料，因为老化会损害需要控制的认知过程和能力，比如选择性地注意某些信息，或者改变自己的外表，从而有助于情绪调节（Ochsner & Gross, 2005）。这种情绪调节的认知需求与老年人日益减少的心理资源之间的矛盾，可以通过基于资源的优化选择来解决。这是情绪管理的选择、优化和代偿（SOC-ER）老化模型（Urry & Gross, 2010）的基础，该模型认为老年人使用选择、优化和代偿的方式进行情绪调节（Baltes & Baltes, 1990）。年轻人可能更多地会使用**认知重评**进行情绪调节——也就是说，改变情境的意义，以减少情绪上的不安。例如，一个人最初对病床上病人照片的负面反应，可以通过关注治疗帮助病人好转的方式来重新评估。老年人可能更多地依赖**情境选择**这种情绪调节方式——也就是说，改变自己所处的情境，比如将自己从一个令人不安的情境中解脱出来，甚至只是把目光从负面信息中移开（Isaacowitz et al., 2006b）。

这些与年龄有关的违反直觉的发现使得情绪调节成为神经影像学研究的热点。在一项研究中，当观看积极、消极或中性图片时，被试自然的情绪体验会激活双侧杏仁核。这项研究还让年轻人和老年人重新评估图片以区分他们前额叶区域的激活程度（Winecoff et al., 2011）。与自然体验相比，在对消极情绪图片进行重新评估时，老年人的左侧额下回激活程度要比年轻人低。奥皮茨（Opitz）等人（2012）也发现了认知重评过程中的年龄差异，他们发现老年人的前额叶活动程度弱于年轻人。此外，认知能力（超越了年龄的影响）预测了与调节情绪功能相关的杏仁核活动更大幅度的下降（Winecoff et al., 2011）。这表明认知能力在情绪调节中的作用可能是通过它对额下回和杏仁核之间功能网络的影响来实现的。采用行为和生理指标（如心率）的研究也表明，认知有助于情绪调节（Opitz et al., 2014）。

其他研究将认知重评与其他情绪调节策略进行了对比。对年轻人和老年人来说，认知重评比**选择性注意**更能增强前扣带回皮层和前额皮层之间的连通性（选择性注意是一种依靠关注图像的某个部分获得更好体验的策略）（Allard & Kensinger, 2014a）。这些结果表明，老年人会根据情绪调节的要求调用前额叶网络。然而，年轻人与前扣带回皮层协同活动的前额叶区域和老年人不同。另一项采用认知重评或选择性注意探究情绪调节的研究发现，与老年人相比，年轻人表现出更广泛的外侧和内侧前额叶活动（Allard & Kensinger, 2014b）。有趣的是，年龄差异在大脑活动的时间上是显著的，年轻人在开始观看电影片段时就激活了腹外侧前额叶皮层（VLPFC），而老年人的 VLPFC 在其达到情绪高峰时才被激活。这些差异表明，与年轻人相比，老年人更有选择性地采用了认知要求较高的情绪调节策略，而这个过程需要花费更多的时间。

　　另一项研究采用了多体素模式分析（MVPA）（见第 2 章）评估分散注意力与认知重评的神经基础之间的年龄差异（Martins et al., 2015）。在分散注意力的情况下，被试想象自己身处令人愉快的场景（例如，在海滩上徜徉）。年轻人在这两种情绪调节策略中的活动模式差异比老年人更为明显。因为老年人的神经活动差异不够明显，这一研究结果可以作为情绪加工策略随年龄增长而去分化的证据。

　　年龄差异也被认为反映了年轻人和老年人在信息加工方面的自发神经活动差异。在一项任务中，图片诱发了被试的情绪，然后被试对其进行愉悦度评分，不同年龄组的右侧杏仁核的激活程度相似（St Jacques et al., 2010）。然而，不同脑区与杏仁核的功能连接随年龄而变化。老年人的杏仁核与额叶区域（腹侧前扣带回）的连通性更强，而年轻人的杏仁核与后脑区域（包括视觉皮层）的连通性更强（见图 5.2）。这些模式被认为反映了老年人可能为了增强情绪调节而减少知觉信息加工。

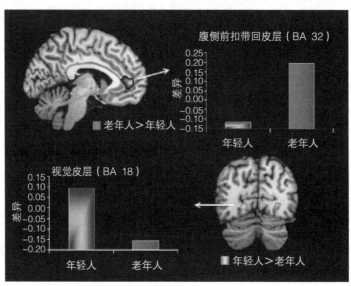

图 5.2　情绪加工过程中大脑各区域的连通性随年龄而变化。老年人的杏仁核与腹侧前扣带回皮层（ACC）的连接更紧密（如图中上半部分），而年轻人的杏仁核与视觉皮层的连接更紧密（如图中下半部分）。"差异"指标（y 轴）反映了负/中性条件下相关性的差异。BA：布罗德曼区。

摘自 St Jacques et al.（2010），*Neurobiology of Aging*, Figure 3.

　　随着年龄的增长，情绪反应的区域及其联系也会发生变化。此外，年轻人和老年人对不同唤醒度刺激的敏感性也会有所不同。低唤醒度的消极情绪刺激会自发地激活老年人前额叶中的情绪控制区域（Dolcos et al., 2014）。根据被试的评分，前额叶的活动使得个体的主观体验变得不那么情绪化。因此，多尔科斯（Dolcos）及其同事（2014）提出，老年人的情绪调节网络可能会长期处于激活状态，以应对低唤醒度的刺激。他们的研究与之前的研究（例如，St Jacques et al., 2010）相似，都揭示了年轻人和老年人右侧杏仁核的激活情况，但之前的研究结果表明，年轻人和老年人共同的杏仁核活动主要发生于加工高唤醒度的消极情绪刺激时。然而，另一项研究发现随着年龄的增长，对情绪唤醒度的反应会减弱，因此未来仍需对情绪唤醒度的影响进行更多的研究（Kehoe et al., 2013）。

128

　　总之，不同年龄段的情绪调节差异可能反映了若干情绪加工过程的运作情况，包括策略的选择、去差异化、对信息不同方面的关注以及对不同唤醒度的敏感性。随着年龄的增长，尽管老年人可能会激活不同的脑区，但是前额叶的激活在情绪加工过程中会逐渐减少，或者比年轻人更晚地被激活。此外，随着年龄的增长，杏仁核的网络连通性也会发生变化，老年人的杏仁核与前额叶的连通性增强，而年轻人的杏仁核与后脑视觉区的连通性更强。

5.4.1 随年龄增长而变化的生活满意度和神经活动

129

　　情绪调节以及老年人在这方面的技能水平与其生活满意度有关。老年人对生活的满意度高于年轻人（Cacioppo et al., 2008）。生活满意度较高的老年人与生活满意度较低的老年人之间存在神经活动差异（Waldinger et al., 2011）。对于积极情绪的图片，生活满意度较高的老年人相较于生活满意度较低的老年人表现出更低激活程度的前额叶活动。这种神经活动的减少反映了将信息成功编码到记忆中的有效处理。此外，生活满意度高的老年人对消极情绪的图片进行反应时其情绪脑区之间的联系较弱（包括前额叶和杏仁核），但是对积极情绪的图片则呈现出相反的情形。相比之下，生活满意度低的老年人的情绪网络并没有随效价的变化而变化。在另一项研究中，与生活满意度较低的老年人相比，自我报告具有较高生活满意度的老年人表现出更强的背内侧丘脑和红核的连接（Voss, Wong, et al., 2013）。这一发现反映了与额叶执行系统重叠，且可能参与了情绪加工的脑网络不仅具有更强的协调性，还可能有助于调节晚年生活中的情绪体验。

5.5 社会情绪选择理论与年龄

　　随着年龄的增长，人们越来越意识到自己生命中剩余的时间有限。这一意识的凸显改变了老年人的动机性目标，引导他们寻求与朋友和家人在一起的时间。这种模式与年轻人的探索和求知目标形成鲜明对比。这些不同的人生目标导致人们分配时间的方式不同。这一理论框架，即**社会情绪选择理论**，在目前已成形的情绪老化研究中发挥了主导作用（Carstensen et al., 1999）。外行可能倾向于认为老化是一个与悲伤情绪和消极状态相联系的过程，而卡斯滕森（Carstensen）的研究工作有助于人们注意到发生在晚年的积极体验。

这些不同的动机会影响个体的认知，随着年龄的增长，一个人的认知取向会从消极转向积极。年轻人倾向于关注消极信息，这被认为是一种进化优势，有助于发现环境中的威胁。消极信息的加工优先排序会随着年龄的增长而变化。在某些方面，与年轻人相比，老年人对积极信息的处理能力比对消极信息的处理能力更强。这种**积极效应**已经在一系列任务中被发现，包括注意（Mather & Carstensen, 2003）、记忆（Charles et al., 2003; Q. Kennedy et al., 2004; Mather & Carstensen, 2005），甚至凝视（例如，老年人通常会回避消极信息；Isaacowitz et al., 2006a）。尽管有元分析表明，认知任务中并不总是会出现积极效应（N. A. Murphy & Isaacowitz, 2008），但最近的分析（Reed et al., 2014）表明，当任务加工不受约束时（即当被试对刺激、思想或感觉完全没有主观评判时），这种模式更可能发生。

社会情绪选择理论很难用认知神经科学方法进行研究，因为其所采用的许多行为任务并不适合使用认知神经科学方法。例如，这些任务可能包含一些暂时不受反应时间约束的试次或判断，因此很难评估特定事件的神经反应。然而，一些研究已经采用神经测量来探究年龄的积极影响。在首次使用fMRI的这类研究中，马瑟（Mather）及其同事（Mather et al., 2004）发现，老年人在观看积极图片时比观看消极图片时更多地激活了杏仁核。相比之下，年轻人更倾向于让杏仁核参与消极图片加工，而非积极图片加工（尽管年轻人的这一差异未达到显著水平）。在最初的研究中，被试在观看每一张照片时，对自己的唤醒度进行了评分。

其他研究已发现，无论被试是否有意识地关注任务的情感本质，其对积极和消极刺激的神经反应都存在年龄差异。在一项fMRI研究中，年轻人和老年人观看了由其他被试所评定的积极、消极或中性的物体（如手榴弹、冰激凌）照片。被试只决定每件物品是否能放入鞋盒中，而不关注信息的情绪维度。结果表明，跨年龄组的VMPFC对效价的反应发生了逆转，年轻人在加工消极图片时相对于加工积极图片时更多地激活了VMPFC，而老年人则相反（Leclerc & Kensinger, 2008）。这种模式的结果与前文所述的积极效应相一致，即VMPFC参与度的增加与年轻人和老年人优先考虑的刺激类型相一致。在一项采用视觉搜索任务的研究中也出现了类似的模式，年轻人的VMPFC在其对消极图像做反应时更为活跃，而老年人则与此相反（Leclerc & Kensinger, 2010）。此外，杏仁核对消极信息和积极信息的反应也随着年龄的增长而出现了逆转。这一发现出乎意料，因为积极效应并不总是出现在依赖于自动加工的快速任务中，而是更常见于持续性任务。在一项被试学习了反映个人积极（如诚实）或消极（如粗鲁）特质行为的印象形成研究中，VMPFC 也体现了类似的效应（Cassidy et al., 2013）。一项关于自传体记忆的研究显示，随着年龄的增长，杏仁核的活动也呈现出类似的逆转模式：年轻人在回忆消极事件时，杏仁核的激活程度更高；而老年人在回忆积极事件时，杏仁核的激活程度更高（Ge et al., 2014）。然而，自传体记忆研究中腹内侧前额叶皮层/前扣带回皮层（VMPFC/ACC）活动的模式与此前的研究相反（Cassidy et al., 2013; Leclerc & Kensinger, 2008, 2010），即老年人更多地调用该脑区加工消极事件，而年轻人则更多地调用该脑区加工积极事件。研究者推测，这些不同的发现可能反映了任务的差异，自传体记忆对 VMPFC/ACC 的要求可能不同于以往编码或视觉搜索的研究。在葛（Ge）等人（2014）的研究中，这种差异还能反映出 VMPFC 作为与杏仁核连接的网络的一部分，可能有助于在丰富的自传体记忆检索和再体验过程中的情绪调节。

在不同的任务和条件下的研究发现年轻人和老年人的 VMPFC 对消极及积极刺激的反应出现了逆转，这表明研究结果具备可靠性。但未来仍需要做更多的工作来研究随着年龄的增长对积极信息的记忆增强这一现象与该模式的联系。未来研究需要更好地阐明不同年龄组对积极和消极效价的不同认知及情绪加工过程，而神经数据可以提供有价值的见解。例如，VMPFC 中许多这些反转活动发生的位置与人们思考自我时激活的神经区域是一致的。一些研究（Kensinger & Leclerc, 2009; Leclerc & Kensinger, 2011）表明，年轻人和老年人可能会自发地将不同类型的信息与自我联系起来，或者投入额外的资源来加工与自我相关的信息（老年人倾向于关联积极信息，年轻人倾向于关联消极信息）。不过这个观点还没有被直接验证过，可参见第6章关于**自我参照**的讨论。

还有另外两个解释与年龄相关积极效应的模型。**脑老化模型**（Cacioppo et al., 2011）认为杏仁核的变化是这一效应的基础。**认知控制理论**（Mather & Carstensen, 2005）认为情绪调节是产生年龄相关积极效应的原因（Nashiro et al., 2012）。根据认知控制理论，积极效应并非随着年龄的增长而自动产生。相反，它需要运用控制性加工，即认知资源水平较高的老年人能比认知资源水平较低的老年人获得更大的积极效应。例如，相较于在认知控制测量中得分较低的老年人以及年轻人，得分较高的老年人在图片回忆中表现出更多的积极偏向。进一步支持这个观点的证据来自一项分散注意力的任务。这种操作减少了积极偏向，说明实现积极效应需要投入认知资源（Mather & Knight, 2005）。在实现年龄对情绪信息的积极效应的过程中，认知控制和默认网络应该发挥了重要作用（Lantrip & Huang, 2017）。

认知控制模型预测前额叶参与认知控制，并在产生积极效应方面发挥重要作用（Nashiro et al., 2012）。因此，前额叶可能有助于上调积极情绪，抑制消极情绪。文献综述的结果与这些观点相吻合。名城（Nashiro）及其同事（2012）得出结论，对于消极刺激，老年人表现出前额叶活动增强以及杏仁核活动减弱，同时老年人也可以调用前额叶来应对积极刺激。为了更直接地检验认知控制理论，未来的研究可以直接引入行为研究，例如控制任务的难度或认知负荷、研究被试的认知资源以及实施分心干扰。一项研究使用了这种方法，相较于中性面孔，老年人对快乐面孔的反应比年轻人更为强烈（Brassen et al., 2012）。这与同一批被试参与的另一项行为学研究结果相一致。在另一项研究中，相较于注意资源受限时，老年人在拥有更多的注意资源时更容易被快乐的面孔吸引。

5.6 情绪和记忆

5.6.1 fMRI研究

圣雅克及其同事（St Jacques, Bessette-Symons, et al., 2009）是最早对采用神经成像方法和通过老化途径探索情绪记忆的研究进行总结的研究者之一。他们注意到了**额叶-杏仁核年龄相关的情绪差异模式（FADE）**。FADE认为，杏仁核的活动随着年龄的增长而改变，在情绪感知和记忆任务中，老年人的前额叶激活程度比年轻人的更高。需要注意的是，FADE与随年龄增长的由后向前转移（PASA）的预期模式相似，即神经活动随着年龄的增长，表现出由后向前的扩散模式。即使在最早的文献中，杏仁核的活动也表现出了不同的模式：一些研究报告指出，随着年龄的增长，杏仁核对消极面孔的反应程度降低（例如，Iidaka et al., 2002）；而另一些研究报告指出，随着年龄的增长，杏仁核优先加工积极刺激的现象发生了改变（例如，Mather et al., 2004）。在文献中，随着年龄的增长，额叶活动增强的结果更加一致。然而，圣雅克及其同事强调了方法差异的重要性，包括激活模式会随着年龄的增长而趋同或分化，以及有关效价、策略和情绪调节潜力的若干问题。

相较于非情绪记忆，情绪记忆在相继记忆效应（即第一次遇到与成功形成记忆有关的刺激时的大脑活动，综述见第4章）中有独特的特征。与中性图片相比，编码时的杏仁核活动可以预测年轻人和老年人对消极图片的成功记忆（St Jacques, Dolcos, & Cabeza, 2009）。有趣的是，左侧杏仁核的激活标志着年轻人记忆的成功编码，而右侧杏仁核的激活则标志着老年人记忆的成功编码。其他神经区域显示出与

PASA 相一致的模式，年轻人在加工消极图片时激活更多的后部脑区（视觉皮层），而老年人则激活更多的前部脑区。在功能连接方面，老年人在加工消极图片时表现出典型记忆脑区（包括海马）之间的连通性降低，而认知控制区域 [如背外侧前额叶皮层（DLPFC）] 的连通性增强。不同年龄组的杏仁核活动模式相似，这与一些早期的报告一致（Kensinger & Schacter, 2008; Wedig et al., 2005; Wright et al., 2006）。这种模式表明，尽管年轻人和老年人在支持消极信息记忆形成的连接区域上可能有所不同，但杏仁核的反应可能随着年龄的增长而相对保留。年轻人可以依赖传统的记忆区域（如海马）、与图像感知细节编码相关的脑区（如视觉皮层）处理消极信息，而老年人似乎更多地运用情绪调节（通过激活前额叶）来处理消极信息。

穆尔蒂（Murty）及其同事（2010）还发现了一种与 FADE 或 PASA 一致的模式，即杏仁核和海马在厌恶刺激下比在中性刺激下更加活跃。尽管老年人这些脑区的激活度总体上有所下降，但他们的前额叶激活增强。这种模式也出现在记忆中，如在编码和检索消极图片时，老年人比年轻人更多地激活了左侧 DLPFC 的一个区域。与检索中性图片时相比，年轻人在检索消极图片时，杏仁核的活动比老年人活跃得多，而海马的活动有增加的趋势。功能连接的测量结果在很大程度上与任务期间的激活模式一致，老年人在编码和检索期间表现出更强的杏仁核与 DLPFC 之间的连通性。年轻人在检索信息时表现出更强的杏仁核与海马之间的连通性，且该连通性在编码时有增强的趋势。杏仁核和海马之间的联系越强，记忆力越好。杏仁核与 DLPFC 之间的连接也与记忆表现有关，并且老年人的连接往往比年轻人更强。

杏仁核与额叶活动的年龄差异的一个可能性解释是语义细化。这也就是说，关注信息的意义有助于更好地将信息编码到记忆中（Tulving & Thomson, 1973）。情绪信息编码的年龄差异反映了年轻人和老年人对积极刺激和消极刺激进行语义阐述的差异。为了验证这种假设，一项 fMRI 研究探究了年轻人和老年人在观察积极、消极和中性的场景时的反应（Ritchey, LaBar, & Cabeza, 2011）。被试在部分试次中对刺激进行精细加工，对所看到的场景做出意义解释，然后在其他试次中只进行浅层加工，描述与场景意义无关的感知细节，如颜色和线条。虽然语义细化不影响杏仁核的活动，但它影响前额叶（内侧和腹外侧区域）的活动。与浅层加工条件下的情况相比，老年人的前额叶在精细加工条件下相较于消极刺激，更多地参与积极刺激的加工，而年轻人则没有表现出这种模式。这一发现可能与积极效应一致，反映了随着年龄增长而调整的认知控制过程（Mather & Knight, 2005）。相应地，在执行功能方面得分较高的老年人在内侧前额叶表现出更多的积极效应。在功能连接方面，腹侧纹状体与奖赏加工有关。与积极情绪试次相比，老年人在消极情绪试次中表现出腹侧纹

134

135 状体与内侧前额叶之间的功能连接增强。年轻人则表现出相反的模式。

其他研究考虑了编码信息的数量。肯辛格（Kensinger）和沙赫特（Schacter）（2008）发现，年轻人和老年人的模式之间存在重叠，被记住的积极或消极物体图片要比那些被遗忘的图片更强烈地激活了杏仁核、眶额皮层和外侧顶叶。中性刺激没有使这些区域表现出这种模式。此外，记住的消极信息选择性地激活了右侧梭状回。梭状回的这一活动在辨别具有非常特定视觉细节的物品（例如，将一枚手榴弹的图片与另一枚类似的手榴弹的图片区分开来）时尤其强烈。这与一个模型的预测结果一致，该模型结果表明消极情绪增强了个体对感官细节的记忆（Bowen et al., 2017）。对于积极情绪信息，被试记住的图片诱发了一个庞大的额颞网络的活动。因为这个网络不随记忆的细节数量而变化，所以该活动被解释为反映了一般性的语义编码过程。研究中出现了一个年龄差异结果：在成功编码积极信息的过程中，老年人比年轻人更多地激活了内侧前额叶和前扣带回。如章节 5.5（Kensinger & Leclerc, 2009; Leclerc & Kensinger, 2011）所讨论的那样，这一发现被认为反映了对于积极信息自我参照方面的年龄差异。

多项研究探究了效价信息编码过程中连通性的年龄差异。在积极或消极效价信息中，只有被个体记住的积极图像表现出了年龄差异（Addis et al., 2010）。这种连通性的年龄差异仅限于积极信息，这一结果与同样采用这些刺激的fMRI研究相一致（Kensinger & Schacter, 2008）。在编码积极信息时，相较于年轻人，VMPFC和杏仁核对老年人海马体活动的影响更大。该模式再次表明，在老年人将积极信息编码到记忆的过程中，自我参照加工可能发挥了作用，当然也有可能是由眶额皮层提供的情绪调节策略起了作用。在一项情绪场景编码研究中，老年人的额叶和内侧颞叶之间的连通性比年轻人更强（Waring et al., 2013）。在这项研究中，老年人在积极和消极信息的编码过程中增强了这些脑区（即眶额皮层和杏仁核）之间以及前额叶（即眶

136 额皮层和DLPFC）内部的连通性。尽管这一发现与FADE和PASA模型一致，但这种年龄差异模式只有在情绪信息及其背景都被记住时才会出现。因此，连通性的增加被解释为潜在地反映了注意范围的扩展，使老年人能够成功地将信息编码到记忆中。

大部分研究都集中在对极端年龄组的比较上（例如，大学生与60—70岁的成年人），但是有一项研究（Ford et al., 2014）着重指出了采用全生命阶段视角（19—85岁）研究的前景。被试根据中性的描述性语言标签识别积极的、消极的或中性的图片。根据再认时呈现的语言标签，被试详细阐述被他们认为"旧"的图像。在正确识别积极和消极的旧事件中，多个前额叶区域以及一些颞叶和顶叶区域显示出随年龄增长而增强的活动。与之相反，后部视觉区的激活随着年龄的增长而下降。就年

龄差异对效价的影响而言，积极事件没有诱发出具有年龄差异的脑活动，但对于消极事件的加工而言，额叶和顶叶的一些脑区活动会随着年龄的增长而增加。内侧前额叶的激活，在五个年龄组中有所不同。与年轻组相比，只有年龄最大的组（70—85岁）对消极事件表现出更强的脑激活（相较于积极事件）。这一模式表明，内侧前额叶的年龄相关变化只发生在年龄最大的人群中，而不是在整个生命周期中逐渐出现的。就脑区之间的连通性而言，海马与一系列负责提取积极和消极事件的脑区的连通性降低，这通常与老化有关。随着年龄的增长，在消极事件的加工中海马和外侧前额叶之间连通性减少。这种模式在年龄最大的研究人群中尤为突出，在年龄较小的研究人群中则不明显。尽管研究结果普遍与此前的研究一致，即随着年龄的增长，消极记忆的前额叶活动增强，视觉皮层活动减少，但福特（Ford）等人（2014）采用全生命阶段的样本揭示了作为效价效应的神经变化可能只发生在最极端的年龄组（即最年长的和最年轻的）。

　　尽管到目前为止，许多研究情绪老化的文献都集中在功能性测量上，但一些研究开始探索结构性测量。弥散张量成像（DTI）使用部分各向异性分数（FA）测量评估**钩束**白质束的结构完整性（Ford & Kensinger, 2014）。钩束是连接杏仁核和VMPFC的结构。该白质束的结构完整性与功能上和杏仁核连接的区域有关。该方法可以将众多的白质（连接灰质区域的路径结构）测量指标与那些协同活动的灰质区域所表征的信息结合起来。尽管总体上年龄对钩束的FA没有影响，但在功能和结构连接之间的关系上，年龄对积极和消极事件的提取有不同的影响。在积极事件的提取过程中，结构和功能连接与年龄的关系更为密切，而在消极事件和中性事件的提取过程中则没有这种情况。这些结果说明，当钩束的结构完整时，老年人的杏仁核-VMPFC通路的激活度增强，这与FADE和PASA一致。

　　在静息状态下对大脑进行测试，可以发现情绪相关区域之间的交流存在年龄差异。年轻人和老年人在观看积极、消极和中性面孔的视频之前接受了静息态fMRI扫描，研究者随后对被试记忆力进行了测试（Sakaki et al., 2013）。这种设计可以比较休息时和编码时的大脑活动。被试被分成几组，以区分那些表现出最强的积极效应（即对积极面孔的记忆比消极面孔更好）和那些表现出较弱的积极效应，甚至消极效应的人。在随后的记忆分析中，积极记忆的老年人比消极记忆的老年人更多地激活了MPFC，这种模式与年轻人相反。在静息态扫描中，与消极记忆的老年人相比，积极记忆的老年人右侧杏仁核与额下回/额中回之间以及右侧杏仁核与MPFC之间的功能连接更强。上述这些模式并没有出现在年轻人中。对个体在休息时的静息态数据与其在编码时的脑活动数据做相关性分析，发现静息态下MPFC和杏仁核之间的功能连接与情绪面孔成功编码期间的MPFC活动相关，这表明在静息态下连通性较高的被试也会表现出较高的编码相关活跃性。研究者认为，这些关系可能反映了长期目标，例如表现出更强积极效应的老年人有很强的情绪调节目标。这些目标可以增强静息态下情绪相关区域和控制相关区域的连接，并允许相关脑区在编码积极信息的过程中被有效地调用。此外，近期研究表明，与情绪相关的静息状态网络可能比与认知相关的静息状态网络更少受到年龄增长的负面影响，这为未来的研究工作指明了一个有趣的方向（Nashiro et al., 2017）。

138

尽管大多数研究都聚焦于长时记忆，但情绪性工作记忆的结果也是类似的。与视觉任务相比，情绪信息的工作记忆似乎没有受到工作记忆中典型的年龄相关损伤的影响（Mikels et al., 2005）。此外，老年人表现出了积极效应，即他们在积极试次中的表现优于在消极试次中的表现。年轻人则表现出相反的模式。

总而言之，有大量证据表明，随着年龄的增长，人们会更好地记住积极的信息，而不是消极的信息。有几项研究报告的模式与FADE模型一致，例如老年人比年轻人更多地激活前额叶区域，或者在前额叶区域和杏仁核之间表现出更强的连通性。其他研究也更广泛地支持PASA模型，即年轻人大脑的后部区域（如梭状回或视觉区域）活跃度或连通性更强，而老年人大脑的前部区域活跃度或连通性更强。然而，这些发现在有关情绪记忆和老化的文献中并不普遍。个体差异（包括年龄相关的差异）的作用如何在整个生命周期中呈现，这一问题将在未来研究中进一步探索。

5.6.2 ERP研究

情绪记忆年龄差异的ERP研究也倾向于关注积极效应。最初的一项研究（Wood & Kisley, 2006）采用了一项特别的任务。在这项任务中，情绪积极或消极的图像伴随一系列中性图像出现。与积极图像相比，年轻人对消极图像的反应诱发了比老年人更强的**晚期正电位（LPP）**（见图5.3）。LPP出现在刺激发生后约400—900毫秒的时间窗内，主要发生在顶部头皮。LPP可能反映了特征评价的年龄差异。由于只有消极刺激会引起年龄差异，研究者认为消极信息加工的变化是随着年龄增长表现出积极偏向的原因。一项后续研究（Kisley et al., 2007）将这些结论扩展到了18—81岁年龄范围的被试群体中。结果表明，在整个生命周期内，消极图片所诱发的LPP的波幅趋于降低，而积极或中性图像并没有诱发出这样的效应。这意味着，随着年龄的增长，明显的消极偏向逐渐减少。这种变化可能反映了随着年龄的增长，个体越来越试图调节对消极信息的反应，这种解释与其他研究一致。

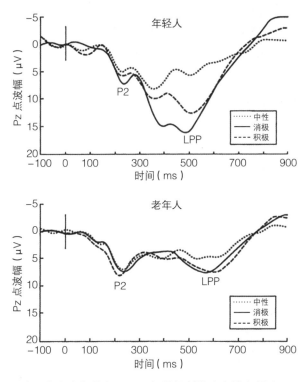

图5.3 年轻人的ERP（图中上半部分）显示，与积极刺激（虚线）相比，LPP对消极刺激（黑线）的反应有显著差异。老年人（图中下半部分）则不然。与LPP的年龄差异相反，P2成分不随年龄而变化。

摘自 Wood & Kisley（2006），*Psychology and Aging*, Figure 1.

另一项研究将LPP与年龄相关的变化和记忆的行为结果联系起来（Langeslag & Van Strien, 2009）。在这项研究中，随着年龄的增长，LPP的降低在稍后的时间窗内（700—1000毫秒）再次出现。年龄差异反映了年轻人的消极偏向，而老年人则未表现出这一偏向。在自由回忆中也出现了类似的情况，年轻人记住的消极图片多于积极图片，而老年人对积极和消极图片的回忆没有差异。在将LPP的波幅大小与记忆联系起来时，有一些证据表明老年人表现出的积极效应在神经心理层面和行为层面的联系更强。例如，那些在不愉快和愉快的图片测试中表现出较大LPP差异的老年人，相较于消极图片，回忆出了更多的积极图片。然而，老年人的这一趋势并未达到统计学传统意义上的显著性水平。

　　ERP方法也被用来研究记忆情绪信息的新/旧效应。这种识别效应发生在顶叶区域，在刺激开始后约500毫秒时出现。这已被用作回忆的标记，即对编码刺激生动的再体验，与熟悉性不同，这是一种对以前遇到过该刺激的更广泛的感觉（见章节4.3.3）。兰格斯拉格（Langeslag）和范·斯特里恩（Van Strien）（2008）发现，年轻人对情绪和中性刺激都表现出一种新/旧的顶区效应，这种效应在情绪刺激时更为明显。相比之下，老年人在400—700毫秒的时间窗内没有表现出任何新/旧效应。这一结果被解释为回忆随着年龄的增长而受损，特别是对情绪刺激的反应，因为情绪刺激可能会增强年轻人的回忆。熟悉性被认为是以早期（200—400毫秒）前额区新/旧效应为标志的。年轻人在情绪及中性刺激时都表现出该效应，而老年人只在情绪图片刺激时表现出该效应。总的来说，研究结果表明，情绪可以增强年轻人的记忆力，但只能增强老年人的熟悉感。

情绪也会影响源记忆（见章节4.3.4）。消极图片的源记忆比积极或中性图片的源记忆好，这种模式对年轻人和老年人都适用（Langeslag & Van Strien, 2008）。ERP效应可以作为回忆的指标，而回忆能够增强源记忆。然而，顶叶新/旧效应的模式与源记忆的表现并不一致。年轻人的顶叶在对消极刺激的加工中表现出了早期（150—250毫秒）的新/旧效应，而老年人顶叶区的新/旧效应则体现在对积极刺激的加工中。这种效应与先前关于积极效应的ERP研究结果一致，显示了情绪对熟悉度或其他更自动检索过程的影响。

总之，部分ERP数据反映了随着年龄的增长，积极信息在记忆中相对于消极信息的优先度。研究较为一致地表明，随着年龄的增长，LPP指标所反映的消极偏向逐渐减少。研究也探讨了情绪对回忆和熟悉度的影响，年龄相关的损伤对这两个过程的作用也得到了实证支撑。

本章总结

- 杏仁核和前额叶区域支持许多情绪功能。
- 从面孔或其他线索中识别情绪的能力可能会随年龄增长而下降，但对厌恶的识别似乎没有影响。产生这些变化的原因可能是神经区域老化导致了激活区域从皮层下结构到皮层结构的转变。
- 情绪调节可能随着年龄的增长而改善。这种年龄影响的部分原因可能是，策略变化使得老年人能够不那么强烈地依赖受损的前额叶区域。
- 相比于年轻人，老年人有时会优先加工积极信息。在产生积极效应时，老年人额叶区域和杏仁核的激活模式可能同时发生改变。年轻人和老年人的额叶和视觉皮层的活动模式以及功能连接可能因情绪不同而不同。

回顾思考

1. 情绪涉及哪些脑区？它们是如何受到老化的影响的？

2. 老化如何影响面部情绪线索的识别？哪些情绪受年龄的影响最大？关于这些变化的神经基础有什么共识？

3. 举例说明一些情绪调节策略。随着年龄的增长，这些因素如何对大脑造成不同的影响？

4. 解释社会情绪选择理论和积极效应。有什么神经证据支持这些观点？

5. 随着年龄的增长，情绪记忆有哪些类型的变化？什么理论可以解释这些年龄差异，现有的证据如何支持这些观点？

拓展阅读

- Kisley, M. A., Wood, S., & Burrows, C. L. (2007). Looking at the sunny side of life: age-related change in an event-related potential measure of the negativity bias. *Psychological Science, 18*(9), 838–843.

- Leclerc, C. M., & Kensinger, E. A. (2008). Age-related differences in medial prefrontal activation in response to emotional images. *Cognitive, Affective, and Behavioral Neuroscience, 8*(2), 153–164.

- Mather, M. (2016). The affective neuroscience of aging. *Annual Review of Psychology, 67*, 213–238.

- St Jacques, P. L., Dolcos, F., & Cabeza, R. (2010). Effects of aging on functional connectivity of the amygdala during negative evaluation: a network analysis of fMRI data. *Neurobiology of Aging, 31*(2), 315–327.

- Williams, L. M., Brown, K. J., Palmer, D., Liddell, B. J., Kemp, A. H., Olivieri, G., ... Gordon, E. (2006). The mellow years?: neural basis of improving emotional stability over age. *Journal of Neuroscience, 26*(24), 6422–6430.

142

关键术语

aging-brain model（脑老化模型）

amygdala（杏仁核）

arousal（唤醒度）

basic emotions（基本情绪）

cognitive control hypothesis（认知控制理论）

cognitive reappraisal（认知重评）

emotion regulation（情绪调节）

frontoamygdalar age-related differences in emotion （FADE）（额叶-杏仁核年龄相关的情绪差异模式）

habituation（习惯化）

late positive potential（LPP）（晚期正电位）

partial least squares（PLS）（偏最小二乘）

positivity effect（积极效应）

selective attention（选择性注意）

self-referencing（自我参照）

situation selection（情境选择）

socioemotional selectivity theory（社会情绪选择理论）

uncinate fasciculus（钩束）

valence（效价）

第 **6** 章

社会认知与老化

学习目标

- 社会认知神经科学的研究与一般的认知功能过程研究有何不同？
- 在社会认知领域中，随着年龄的增长哪些功能依旧保存完好？又有哪些功能会受到影响？
- 随着年龄的增长，哪些神经系统会表现出老化相关的改变，而哪些神经系统则保存完好？
- 为什么大脑活动模式的性质差异更可能出现在社会认知而不是一般认知的过程中？
- 神经影像研究的未来方向是什么？

6.1 引言

　　行为实验结果表明，相对于其他类型的信息，老年人可能更优先加工那些具有社会和情感意义的信息（Kensinger & Gutchess, 2017）。这是否表明，相比一般的认知系统，参与社会信息加工的脑区随着年龄的增长，功能保存得更完好？还是说与一般的认知系统一样，随着年龄的增长出现衰退和重组？本章将会对一些新近研究进行讨论，涉及从自我到他人多个层面的话题。在这些主题下，本章将会探讨共情、心理理论、印象形成、社会互动、偏见和刻板印象的老化研究，也会对记忆系统如何促进社会信息的编码和检索进行深入探讨。本章讨论的内容与日常生活息息相关，例如部分人群容易遭受欺诈的原因以及刻板印象对认知加工的影响。与一般认知的神经科学研究不同，社会神经科学所研究的活动通常涉及**皮层中线结构**［例如内侧前额叶皮层（MPFC）和后扣带回皮层（PCC）］。在需要外部注意的认知任务中，这些区域通常不会被激活（正如章节 2.5 中讨论的默认网络），而在社会认知中，这些区域涉及对自我及他人的思考（Heatherton et al., 2007; Lieberman, 2007）。与一般的认知研究相比，社会认知任务会涉及一系列完全不同的大脑区域，因此老化对社会认知和一般认知的影响可能会相对不同。已有一些证据支持这一观点，许多社会认知任务研究表明，随着年龄的增长，社会认知的神经活动模式依旧保存完好。而一些其他任务上的年龄差异，似乎很大程度上是由不同年龄人群的策略差异导致的。年轻人和老年人可能在社会任务的处理方式上存在差异，而且这种差异在有复杂刺激的任务中尤为明显，这导致了不同的神经活动模式。目前关于这些内容的神经数据还较少，本章将主要对行为研究进行探讨，以突出一些未来可能的研究方向。

6.2 自我关注加工

对自我的思考作为与社会认知和老化都相关的能力，是使用认知神经科学方法研究得最多的主题之一。对年轻人的研究表明，相对于对他人和对有意义语言信息的加工，对自我的思考会激活一系列不同的脑区（Craik et al., 1999; Heatherton et al., 2006; Kelley et al., 2002; Northoff et al., 2006; Qin & Northoff, 2011）。这些脑区主要是位于大脑皮层的中线结构，包括内侧前额叶和后扣带回皮层（见专栏 6.1），与默认网络和其他社会信息加工网络的脑区相重合（见章节 2.5 中的讨论）。

专栏 6.1　与社会认知有关的神经区域

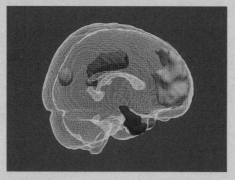

彩色版本请扫描附录二维码查看。

参与社会认知的区域包括大脑中线区域，如内侧前额叶皮层（背侧和腹侧部分用紫色代表）和后扣带回皮层（中等蓝色），以及更多的侧面区域，如双侧的颞顶联合（浅蓝色）和双侧颞极（深蓝色）。

图片用软件制作，摘自 Madan（2015），Creating 3D visualizations of MRI data: a brief guide, *F1000Research*, 4, 466.

研究人员发现老年人与年轻人一样，在思考自我时也会稳定地激活这些位于大脑中线的脑区。例如，与判断描述他人的形容词是否恰当（例如，阿尔伯特·爱因斯坦是可信的吗？）相比，年轻人和老年人在判断描述自己的形容词是否恰当（例如，我是自然随性的吗？）时，都会相似地激活腹内侧前额叶皮层（VMPFC）的腹侧区域（Gutchess, Kensinger, & Schacter, 2007）。此外，描述自己与他人品质时的人称视角也会对年轻人和老年人的判断产生重要的影响（Ruby et al., 2009）。在一项研究中，被试不仅从第一人称视角对自己和他人做出判断（例如，我是自然随性的吗？我朋友是自然随性的吗？），还要从第三人称视角对自己和他人做出判断（例如，根据大卫的想法，我可靠吗？根据大卫的想法，他可靠吗？）。但无论采用何种视角，自我描述的结果都与先前的研究一致（Gutchess, Kensinger, & Schacter, 2007），即在年轻人和老年人中都有相似的VMPFC激活。但第三人称视角对年轻人的背内侧前额叶皮层（DMPFC）的神经活动影响更大，且第三人称视角对年轻人神经活动的驱动作用大于第一人称视角。

尽管这项初期关于自我的老化研究表明，相对于思考他人，年轻人和老年人在思考自己时都会激活类似的神经区域，但后来的研究表明不同年龄人群在VMPFC的功能连接网络上可能存在差异。在第一人称视角下对自我描述做判断时，不同年龄人群的VMPFC与同一网络中的海马旁回和楔前叶之间都存在显著的协同活动（Feyers et al., 2010）。这些区域涉及记忆加工，特别是自传体记忆和上下文信息丰富的情境记忆。关于其中的年龄差异，在年轻人中，VMPFC与舌状回之间共同作用，这可能有助于记忆过程中具体视觉信息的加工。相对而言，老年人的VMPFC更多地与反映运动想象的运动前区之间共同作用。有趣的是，老年人的VMPFC和眶额叶皮层之间也有共同作用，而眶额叶皮层是一个与情绪特别是社会互动上的情绪相关的区域。这些结果可能表明，年轻人和老年人在判断关于自我的描述是否恰当时，判断的方式可能存在差异，进一步使用功能网络来研究这些差异是很有必要的。

费耶斯（Feyers）及其同事（2010）的研究并不是特例，其他研究也发现了情绪对自我的影响存在年龄差异。在最早的探究自我认知年龄差异的研究中（Gutchess, Kensinger, & Schacter, 2007），研究者评估了年龄对形容词效价（例如，友好还是粗鲁）的影响。在对自我和他人进行判断时，个体在面对积极和消极形容词时相关脑区的神经反应有很大的差异。而DMPFC的反应在不同年龄人群中存在差别。相比于使用消极词汇，老年人使用积极词汇更能增强DMPFC的活动，而年轻人则没有出现这种结果。这与以往文献中的情绪研究结果一致（例如Mather & Knight, 2005），可能反映了老年人存在更强的对积极信息加工的控制。这一结果也支持了肯辛格

（Kensinger）和勒克莱尔（Leclerc）（2009）的观点，情绪加工的年龄差异可以真实地反映不同年龄组在自我信息上的自发性差异（见章节5.5）。

　　无论是任务态还是静息态的研究都表明，不同年龄组在加工积极的自我相关信息上的差异都与默认网络有关。相比于非自我任务，默认网络和奖赏网络在自我任务中有更强的激活，而这种效应在年轻人中更为显著（Grady et al., 2012）。就脑区间协同作用而言，老化会导致任务态下网络内脑区间的功能连接下降。在静息态下，老化仅导致默认网络中的功能连接下降，而奖赏网络中并没有发现此变化。格雷迪（Grady）及其同事推测，更强的默认网络和奖赏网络活动可能与更消极的心态有关，因为与老年人相比，年轻人更认同消极的特征，而且他们的随和度得分也更低。因此，随着年龄增长，这些网络的活动或它们之间的功能连接减少，可能与老年人更积极的心态有关（Mather & Carstensen, 2005；请参阅第5章）。

　　研究表明，自我参照相关网络的年龄差异在许多其他目标的活动上都存在。当思考个人议程时，大脑的皮层中线区域会被激活。而在思考希望和愿景时，前部中线脑区，包括MPFC和前扣带回皮层会更多地被激活。而后部的脑区如后扣带回皮层，在思考职责和义务时会更多地被激活（K. J. Mitchell et al., 2009）。相对于年轻人，老年人皮层中线区域的激活较低，这种差异在前部脑区中最为明显，而前部脑区与促进导向的目标有关（见图6.1）。行为研究结果也表明，年轻人和老年人可能关注不同的信息。这些结果表明，自我相关网络中各子脑区的激活存在年龄差异，这可能反映了动机随着年龄增长的变化。

6.3 自我参照与记忆

　　自我参照对记忆的影响一直是热门的研究方向。无论是年轻人（Rogers et al., 1977; Symons & Johnson, 1997）还是老年人（Glisky & Marquine, 2009; Gutchess, Kensinger, & Schacter, 2007; Mueller et al., 1986），把信息与自我相关联都是一种高效的编码策略，被称为**自我参照效应**。MPFC涉及对自我的判断，在年轻人中它能有效地将与自我相关的信息编码到记忆中（Macrae et al., 2004）。然而这一效应在老化研究中的结果与此不太一致。在一项比较不同年龄个体对自我和他人的相关信息进行编码的功能性磁共振成像（fMRI）研究中，年轻人和老年人在记忆编码时使用了不同的脑区。老年人在对他人的相关信息进行编码时，激活的脑区有DMPFC、前扣带回、后扣带回以及左前额皮层。然而令人诧异的是，在年轻人中，这些脑区与自我相关信息的遗忘有关（Gutchess et al., 2010）。但后来也有研究发现，年轻人和老年人的脑区激活是相似的。尽管在编码自我相关信息的过程中，与情绪和认知控制有

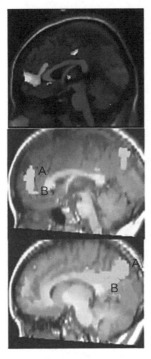

图6.1　皮层中线区域，包括内侧前额叶皮层（MPFC）和后扣带回皮层（PCC），会在不同的社会和自我相关条件下发生反应。上侧的图显示内侧前额叶的激活，以及比PCC位置靠前的扣带中部激活。这些激活只会在年轻人和老年人进行自我参照判断时出现，而不会在对他人做出判断时出现。图片经泰勒-弗朗西斯出版集团（Taylor & Francis）的同意进行改编（Gutchess, Kensinger, & Schacter, 2007）。中间的图片显示了MPFC的激活，底部图片显示了PCC的激活（区域以字母表示）。尽管存在一些年龄差异，但这些区域在对责任、义务、希望和愿景的思考上都存在比对照任务更强烈的反应。

摘自 K. J. Mitchell et al.（2009），American Psychological Association，经许可改编。

关的脑区存在年龄差异，但脑区活动的总体模式是相似的，如图 6.2 所示（Gutchess et al., 2015）。仅对自我相关信息进行加工（没有同时对他人相关信息进行加工）时，后测成功记住的自我相关词，在年轻人和老年人中都会引起相似的MPFC激活。不同研究得到的结果不一致，这种情况的可能原因是年轻人和老年人对自己的看法有所不同，这取决于他们是否同时对他人进行思考。还有许多行为研究结果支持这一观点。老年人的记忆表现受到以下因素的影响：他们是否只对自我做判断（没有同时对他人做出判断），以及对自我的判断是否是绝对的（不是相对于他人而言的）。而年轻人的记忆表现不受这些因素的影响（Gutchess et al., 2015）。因此，似乎年轻人和老年人在思考自我和他人时考虑了不同的信息，使用了不同的策略。未来的研究可以探索在整个生命历程中社会身份和自我认同对自我参照网络的影响。

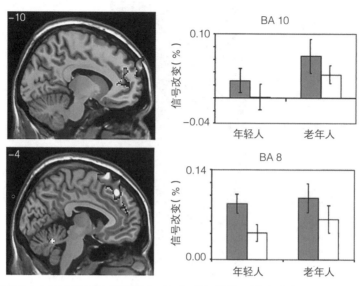

图6.2 使用回忆（上图）和再认（下图）对记忆进行评估，被成功编码成记忆的项目，在年轻人和老年人中都展现出相似的内侧前额叶的激活［记住的项目（灰色条）高于忘记的项目（白色条）］。BA：布罗德曼分区。

摘自 Gutchess et al.（2015），*Brain Research*, Figure 1.

149 　　迄今为止大多数的自我参照研究，基本都是在探究事物（如形容词）的记忆编码过程。而无论是在年轻人还是在老年人中，自我参照策略对信息细节编码（例如，物体的感知特征、行动来源）都是有利的（Hamami et al., 2011; Rosa & Gutchess, 2011）。在把自我而非他人的信息来源细节编码到记忆中时，两个年龄组都会相似地激活DMPFC（Leshikar & Duarte, 2014；见图 6.3）。

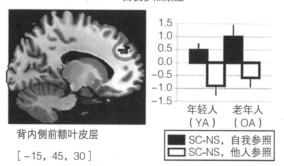

图6.3 与他人参照相比，在自我参照条件下正确编码源信息时［源信息（SC）与无源信息（NS）比较的试次］，年轻人（YA）和老年人（OA）都会更多地激活DMPFC。

摘自 Leshikar & Duarte（2014），*Cognitive, Affective, and Behavioral Neuroscience*, Figure 4.

也有研究使用事件相关电位（ERP）探究自我参照对记忆的影响。不同于主要关注记忆编码过程的 fMRI 研究，迄今为止，ERP 研究更聚焦于记忆检索时的神经活动。与其他信息相比，无论是年轻人还是老年人，在检索与自身相关的信息时新/旧效应都发生得更早（Dulas et al., 2011）。

150

综上所述，来自行为学、fMRI 和 ERP 研究的证据都表明，随着年龄的增长，自我参照加工能力在很大程度上依旧保存完好。然而，迄今为止的研究大多是在基础层面，把在年轻人中发现的基础效应扩展到老年人中。未来的研究可以将这些发现扩展到更可能存在年龄差异的领域，如自我概念（Gutchess et al., 2015）、动机（K. J. Mitchell et al., 2009）、情绪和自我参照的交互作用（Kensinger & Leclerc, 2009）、错误记忆（Rosa & Gutchess, 2013）等等。同时，整合与自我参照相关的不同脑区和子网络之间的功能连接也是进一步研究的重点，例如一些研究发现（Feyers et al., 2010; Grady et al., 2012）相比于单个脑区，脑网络展现出更显著的年龄差异。

6.4 同龄偏见

我们对他人的认识基本都是从感知他人的面孔开始的。年龄对面孔信息的处理有着显著的影响，与其他"内群体"（如种族）偏见一样，人们更倾向于记住与自己同年龄段的面孔而非其他年龄人群的面孔（He et al., 2011; Rhodes & Anastasi, 2012）。因此研究者提出面孔加工的**同龄偏见**，用以反映个体对同龄群体的面孔有更高的熟悉度或动作相关性。这种同龄偏见在年轻人中更为强烈，而老年人并没有表现出一致的同龄偏见（例如 Wolff et al., 2012）。

在 ERP 测试中，N170 是一个在 170 毫秒左右达到峰值的负成分，可以反映人脸的加工过程。在一项关于面部识别的同龄偏见研究中，年轻人和老年人在观看老年面孔时，N170 峰值都比观看年轻面孔时更大（Wiese et al., 2008）。老年面孔也对 P2 成分造成了影响，这一结果表明面孔的年龄差异可能反映了早期知觉过程的难度差异。出现在随后 400—600 毫秒时间窗中的新/旧效应，也随着面孔年龄的变化而变化。年轻人对自己同龄的面孔表现出更强的新/旧效应，而老年人则没有这样的情况。这一效应的行为数据表明年轻人对同龄面孔的记忆效果更好，而老年人则没有此效应。

另外一项大型的 ERP 研究（Wolff et al., 2012）调查了 4 个不同年龄段人群的面孔记忆同龄偏见，被试年龄跨度从成年早期（19 岁）到成年晚期（80 岁）。年轻人和较年轻的中年人在记忆上有着显著的同龄偏见，而在较年长的中年人和老年人中

151

则没有这种同龄偏见。从ERP结果看，N170随着年龄的增长会出现延迟和增强。年轻的两组被试中出现新/旧效应（反映记忆过程的400—600毫秒阶段），但在年老的两组被试中则没有出现，这与老年人在记忆时没有表现出同龄偏见的行为结果一致。此外，与其他研究一致，老年面孔引发的P2反应比年轻面孔更小。然而，面孔年龄并没有与被试年龄的交互作用，这表明这种差异在很大程度上，反映了随着年龄增长而变化的一般认知过程或者老年面孔视觉特征。

上述研究表明，在生命早期，个体对同龄和非同龄面孔的感知和注意过程存在差别，除此以外我们对不同年龄人群的面孔是如何被加工的知之甚少。一项fMRI研究探究了被试对同龄人和非同龄人的表情识别（如快乐、中立、愤怒）及其神经反应。研究表明，当年轻人和老年人都能正确识别出所有的表情时，同龄的面孔比非同龄面孔更能激活MPFC、脑岛和杏仁核区域（Ebner, Johnson, et al., 2013）。对于愤怒的表情，VMPFC和脑岛的同龄偏见效应减弱，即同龄和非同龄面孔引发的神经反应更相近。这可能是因为愤怒比其他表情更难识别，愤怒情绪的识别可能需要投入更多的注意资源，从而减少了对同龄信息的加工。总的来说，研究结果表明，威胁信息，比如愤怒的面部表情，在年轻人和老年人的认知加工过程中都是被优先加工的。

另一项研究让被试根据年轻或年长个体的面孔来判断其性格特征（例如，被描绘的女性是否容易受到惊吓？），以此来研究同龄偏见。相比于对非同龄个体进行判断，年轻人和老年人对同龄个体进行判断时都有更强的与前扣带回重叠的VMPFC区域激活（Ebner et al., 2011）。这个现象可能反映了同龄人与自我的相似性，或者是判断非同龄未知个体时的模糊性。然而，神经活动的模式也有可能反映了对同龄人更强的**心理化**活动，或更强的推测他人想法的意图。

152　　　总而言之，尽管关于人们对同龄和非同龄个体信息加工的神经机制的研究还相对较少，但迄今为止的研究都较为一致地发现了人们对同龄和非同龄个体的早期感知识别及其相关脑区存在差异。部分研究已经不满足于对同龄和非同龄面孔的简单感知研究，开始进一步探究面孔年龄对人格判断（Ebner et al., 2011）和情绪识别（Ebner, Johnson, et al., 2013）的影响。未来的研究工作可以进一步探究个体与同龄和非同龄同伴接触时所引发的认知和情感过程，包括对被感知个体的影响。

6.5 刻板印象威胁与污名化

老化的消极刻板印象很普遍，年轻人和老年人都表达了对老年人的消极看法（例如Boduroglu et al., 2006; Fiske, 2017; Mueller et al., 1986）。这些刻板印象会导致**年龄**

歧视，也就是对老年人的偏见（North & Fiske, 2012）。这种对老化的消极看法可能会被老年人内化，从而影响他们在任务中的表现。最初关于**刻板印象威胁**的研究是针对种族因素开展的，最初的研究发现美国非洲裔被试报告了自己少数种族的身份后会导致他在资质和智力测试中的表现变差（Steele & Aronson, 1995）。后来的研究将这些发现扩展到了老化上。当知晓认知能力会随着年龄增长而下降的信息时，老年人可能会在包括记忆在内的多个测试中表现得更差（Barber, 2017; Hess et al., 2003; Levy, 2003）。

目前关于老年人受刻板印象影响的神经机制研究还比较少。一项脑电波（EEG）研究发现，在刻板印象威胁条件下，老年人对消极自我概念词的反应（P300 和 θ 频段振荡）比对积极词或中性词的反应更强，而在对照条件下词语引起的反应并无显著差别（Zhang et al., 2017）。未来使用 fMRI 探究老年刻板印象的研究可能与该领域的其他研究类似，探究刻板印象威胁对其他污名化群体神经活动的影响。例如，与对照组相比，提及数学能力的性别差异触发刻板印象威胁，会增强前扣带回的活动，这反映了受到威胁时的情绪性和社会性加工增强（Krendl et al., 2008）。同样，老年人在受到年龄刻板印象威胁时也可能会出现更高的情绪性和社会性加工。

刻板印象威胁研究的其中一个拓展方向是与自我参照效应进行交叉研究，深入探究老年人在判断年龄刻板印象词和中性词时的神经反应。研究表明，与年轻人相比，老年人在判断刻板印象词和中性词时，大脑中线后部区域表现出更大的激活差异（Colton et al., 2013）。这种模式被解释为，相对于年轻人，老年人更倾向于以自我参照的方式来处理刻板印象词。未来的研究需要进一步探究刻板印象是否可能减少老年人的认知资源，或者刻板印象是否只是导致不同的信息处理策略和模式，而非减弱认知功能的原因。

不同于以对老年人的刻板印象为主题的研究，关注刻板印象和污名化的研究，还探讨了老年人如何看待来自污名化群体的人。当观看被污名化个体（例如无家可归的人或有面部畸形的人）的照片时，年轻人和老年人都倾向于激活与自动化加工（如杏仁核、梭状回）和控制加工相关的区域（如前额叶下皮层）（Krendl et al., 2009）。然而，在与情绪调节和抑制相关的前额叶区域出现了显著的组间差异。老年人的神经激活情况与执行功能的水平密切相关，执行功能水平较高的老年人比水平较低的老年人能更多地激活上述区域，这种关联也在年轻人中存在。相对于简单地按水平高低分组分析，从个体的得分上看，执行功能水平最高的老年人在这些区域的激活强度也是最高的（见图 6.4）。行为结果表明年轻人和高执行功能老年人对被污名化个体表达了相似的态度，所以神经反应结果可能表明老年人在调节对被污名化个体的反应时需要更多的情绪控制。或许只有执行功能水平较高的老年人才能有效地激活前额叶区域来满足这一需求，执行功能水平较低的老年人可能缺乏必要的认知资源来减轻污名化的影响。后续的研究也支持了这种观点（Krendl, in press）。此外，通过分散注意力来降低年轻人的认知能力，也会损害他们调节消极情绪的能力，这为认知能力在减少对被污名化个体的负面偏见上有着重要作用提供了额外的证据支持。

154

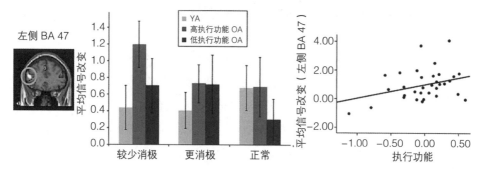

图6.4　对被污名化的个体图片（面部畸形或截肢的人）做反应时，具有较高执行功能的老年人（OA），其前额皮层的部分区域（Brodmann's area, BA 47）会被激活。在图表中的标签为"更消极"的被污名化个体为药物滥用者或无家可归者，"较少消极"的被污名化个体为前述面部畸形或截肢的人，即人们并不热情看待的个体，以及"正常"的个体。高执行功能的老年人相对于年轻人（YA）和低执行功能的老年人有更强的激活。右边的图显示的是BA 47的激活水平与执行功能得分之间的正相关关系。

改编自Krendl et al.（2009），American Psychological Association, Figures 2 and 3.

6.6　共情与心理理论

与对被污名化个体的偏见不同的社会认知功能是**共情**。共情包括情感成分（使一个人能够站在别人的立场上体会其感觉）和与**心理理论**密切相关的认知成分（让一个人能够理解另一个人的体验）。虽然研究结果有冲突，但大多数证据表明，随着年龄增长，共情的认知成分出现功能下降（Maylor et al., 2002），而情感成分并无明显改变（Phillips et al., 2002）。此外，基于元分析的结果表明，与年龄相关的心理理论（认知成分）损伤似乎会广泛地涉及各类情境和任务（Henry et al., 2013）。多项研究已经证明了心理理论与多种认知能力的关联，如抑制（P. E. Bailey & Henry, 2008）、执行功能（Duval et al., 2011）、记忆中的信息更新（Phillips et al., 2011）、智力（Charlton et al., 2009）、加工速度（Charlton et al., 2009）。这些文献得到了几乎一致的结论，不管认知功能的整体水平如何，心理理论缺失都会随着年龄的增长而显现（Henry et al., 2013; Maylor et al., 2002; Moran, 2013; Sullivan & Ruffman, 2004）。

一项研究探究了各年龄段个体共情的神经反应。这项研究让年轻人（20—35 岁）、中年人（40—55 岁）和老年人（65—80 岁）观看疼痛和非疼痛的身体部位图片（例如，一只手被夹在门里或放在柜台上），引发共情反应（Chen et al., 2014）。结果表明，脑岛的反应在不同年龄段中会发生改变。相对于对照场景，引发共情的痛苦场景会激活年轻人和中年人的脑岛前部，而老年人则没有这一现象（见图 6.5）。只有中年人的脑岛后部区域表现出了疼痛效应。疼痛感知脑区间的连接，并没有随着年龄的增长而发生改变。当疼痛是由场景中另一个人故意造成的时，不同年龄组与不愉快评分相关的脑区不同，年轻人与不愉快评分相关的脑区是后颞上沟（pSTS），而老年人与不愉快评分相关的脑区是中扣带回。研究结果表明随着年龄的增长，人们某些类型的共情诱发加工会发生转变，这也表明情感共情的神经反应会随着年龄增长而减弱。由于被动观看任务没有解决不同年龄人群潜在的注意和思维差异问题，今后的实验需要在研究中对被试所使用的策略进行更严格的限制，以更深入地探究老化对共情的影响，这具有重要意义。

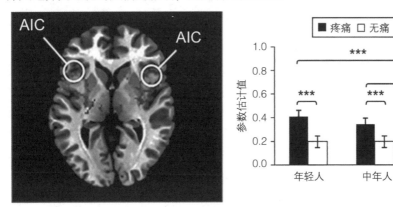

图6.5　相对于无痛对照条件，在看到反映他人疼痛的图片时，年轻人和中年人都引发更强的前脑岛皮层（AIC）激活，但在老年人中不存在这种情况。
摘自 Chen et al.（2014），*Neurobiology of Aging*, Figure 2.

也有一些神经成像研究探究了老化和心理理论之间的关系。第一个相关研究采集了 50—90 岁被试的结构指标，包括弥散张量成像（DTI）、白质高信号和全脑体积（Charlton et al., 2009）。研究发现，人们在心理理论任务中的表现会随着年龄的增长而变差。根据 DTI 结果，任务表现只与白质完整性水平有关，与其他的神经指标都无关，那些任务表现最好的被试的白质完整性水平也最高。同时，也有研究使用功能指标探索心理理论能力和大脑之间的关系。有一项研究使用"眼睛读心术"任务来探究共情的年龄差异（Baron-Cohen et al., 1997; Baron-Cohen et al., 2001）。在此任务中，研究者会呈现只有眼睛区域的图片，被试需要选择词语描述该图片所表达的心理状态。年轻人和老年人在心理理论条件下都激活了心理理论网络的核心脑区：pSTS和颞极（Castelli et al., 2010）。然而，只有年轻人激活了前扣带回皮层。这一区域在心理化过程中发挥着重要的作用，反映了在为未来行动做准备时，被试对自我和他人的监控。相比于年轻人，老年人与语言相关的前额叶区域有更强的激活。研究者认为，两组人在任务中都表现出共情反应，但老年人需要额外卷入语言加工区域来完成此反应。

莫兰（Moran）及其同事（2012）在一项研究中发现，心理化过程的神经活动中存在更广泛的老化损伤。这项fMRI研究结合了各种社会认知任务，并把非社会条件作为控制条件。结果表明，相对于年轻人，老年人DMPFC区域的激活在所有的社会认知任务中都更低。这可能表明：与年轻人相比，老年人在做判断时更少考虑他人的心理状态。

尽管现有的两项与心理理论相关的fMRI研究，采用的是不同的任务，关注的脑区也有所不同，但研究都集中在老化过程的识别和思考他人心理状态的神经活动差异上。现阶段关于心理理论及其相关脑区活动的老化研究还处于起步阶段。一些研究结果不一致可能是研究的样本量小和使用了不同的神经心理学测试导致的。未来的研究应该尝试解决这些问题，包括使用多种方法来评估认知能力（例如，多种抑制功能测试），以及尝试评估不同策略的影响。因为这些任务通常涉及复杂的场景（例如，道德判断任务的故事中一个人受到另一个人的伤害是有意还是无意的），被试可能对相同的内容有不同的理解。因此他们如何权衡场景中的不同内容，或者他们做决定是基于什么样的理由，这些问题需要考量。随着年龄的增长，神经系统的变化可以反映出这些方面的差异，但这些变化与认知能力的关系可能是不一致的，因为一些解决问题的策略要比其他策略消耗更多认知资源。

6.7 社会互动

为了与他人进行适当的交流，除了心理化作用外，社会互动还需要正确解码和理解许多线索。这个领域的研究非常少，但在实验室中，研究者已经开始对一些有趣且复杂的社会行为进行研究。例如，相对于年轻人，老化可能会导致老年人无法意识到失态（Halberstadt et al., 2011）或更难以感觉到失态的幽默性（Stanley et al., 2014）。不同年龄段的人对幽默的加工方式也有所不同，相对于年轻人和中年人，老年人更少选择正确的笑话结尾，同时觉得笑话的有趣度更低（Uekermann et al.,

2006）。在该研究中，心理化能力和执行功能都与笑话结尾的选择有关。研究表明对幽默的加工涉及额叶，而这一区域很容易受到老化的影响（Shammi & Stuss, 1999, 2003）。

虽然还没有研究使用认知神经科学的方法来探究老化对复杂社会互动的影响，但有两项研究表明年轻人和老年人在相关任务中可能存在取向上的差异。一项研究表明，年轻人和老年人存在的动机差异，可能在他们对不同类型的线索做出反应时，引发不同的内部加工。无论是年轻人还是老年人，不同类型的社会相关图片都会激活右侧颞极（Beadle et al., 2012）。老年人对孤立性图像的反应更强，而年轻人对有联系的图像的反应更强（见图6.6）。研究者认为这些结果反映了在社会信息加工上的年龄差异，这些差异主要受到个体动机（如避免孤独、寻求融入社会群体）的影响。一项记忆研究表明，成功的社会信息编码存在年龄的差别。被试对正确或错误的陈述信息进行编码时，编码的方式都可分为标签标记的方式和对信息来源进行身份推导（是诚实或不诚实的人）的方式。尽管相比于老年人，年轻人的左侧DMPFC区域有更强的激活，但老年人在左侧VMPFC和右侧脑岛上的激活比年轻人更强（Cassidy et al., 2014）。结果可能表明信息取向上存在年龄差异，年轻人更关注知识获取（由DMPFC主导），而老年人则倾向于关注情感信息（由VMPFC主导）。因此，这些研究表明年轻人和老年人的复杂社会互动及其神经反应可能在加工过程中就存在本质的区别。

158

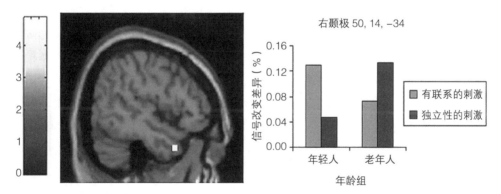

图6.6 随着年龄的增长，右颞极对不同类型的动机图片的反应不同。有联系的刺激（每组的左栏）更多地激活年轻人的颞极，而独立性的刺激（每组的右栏）更多地激活老年人的颞极，这一发现反映了动机的信息差异。
摘自 Beadle et al.（2012），*Cognitive, Affective, and Behavioral Neuroscience*, Figure 3.

弗罗因德（Freund）和艾萨克威茨（Isaacowitz）通过整理和回顾以往文献，认为个体的年龄对于个体对他人做出的社会判断类型的影响不大。这种年轻人和老年人在社会判断上的总体相似性，是否能在不同年龄组的神经活动上也得到证实，这是未来研究亟须解决的问题。有一些研究支持这一观点，这些研究发现年轻人和老年人在复杂的社会判断中引发的加工，如自我相关判断（Gutchess, Kensinger, & Schacter, 2007）和心理化作用（Castelli et al., 2010），都存在相似的神经活动，然而也有研究表明复杂社会判断中的心理化作用（Moran et al., 2012）和印象形成（Cassidy et al., 2012）的神经活动存在年龄差异。

6.8 印象形成

尽管社会互动的许多研究方向还有待通过神经测量学的方法进行探索，但关于印象形成中的年龄差异的研究越来越多，其中就包括一些与神经相关的研究。研究表明，人们都趋向于基于面部外观来构建第一印象，无论是年轻人还是老年人都如此。例如，在对他人的能力、健康、敌意和可信度的印象进行评分时，年轻人和老年人表现出了很高的一致性（Zebrowitz et al., 2013）。**吸引力光环效应**（有吸引力的人在品德、智力等许多不同能力上获得的评价会更高）在老年人中也存在（Zebrowitz & Franklin, 2014）。将基于陌生人面孔的印象评分与客观标准（如自我报告、医疗记录、评估）进行比较发现，年轻人和老年人对健康、工作能力（Zebrowitz et al., 2014）和攻击性（Boshyan et al., 2014）的印象在准确性上没有显著区别。克伦德尔（Krendl）及其同事（2014）使用别的方式来评估准确性，如让陌生人基于公司盈利能力的信息，对多个公司首席执行官（CEO）的领导能力做判断。研究依旧得出相似的结论，年轻人和老年人对他人构建的印象的准确性是相似的。此外，他们也评估了随着老化而减退的情绪识别准确性和认知功能水平对第一印象准确性的影响。结果表明，这两种能力都不会影响印象的准确性。尽管年轻人和老年人在第一印象的准确性上总体相似，但随着年龄的增长，具体项目的评分也会有所不同。如老年人对面孔的评价往往比年轻人更积极，尤其是最消极的面孔（Zebrowitz et al., 2013）。这种评价的变化是由认知功能较差的老年人引起的，这表明认知功能对评价的积极偏向有影响（Zebrowitz et al., 2013）。研究结果还表明，随着年龄的增长，认知功能可能在印象形成中发挥一定作用。

对他人印象的形成不仅依赖于面部特征，还依赖于从行为中收集到的信息。记忆测试的结果表明，年轻人和老年人都会根据面孔和行为信息形成相似的印象（J. M. Park et al., 2017）。当需要整合他人的多种行为信息时，老年人比年轻人更重视信息的差异性。年轻人更重视信息的一致性，并能熟练地将新获得的信息与以往的知识结合起来。而老年人更关注信息的诊断性，或行为（如说谎）是否可能预测某一特征（如不诚实）（Hess et al., 1999; Hess & Pullen, 1994）。除了诊断性，面部外观和行为的一致性也可能有着重要的影响。面孔和行为可能是一致的，但也可能是冲突的（例如，一个看起来值得信赖的家伙却有着骗子的坏名声）。尽管一致性会对年轻人和老年人的记忆产生影响，人们总会更好地记住一致性的组合，但相对于老年人，年轻人对于外貌和行为一致个体的评价会更极端（Cassidy & Gutchess, 2015）。

160

迄今为止针对年轻人关于他人印象的神经机制研究都强调了杏仁核的作用，杏仁核对可信度等面孔线索的反应尤其灵敏，这被认为在很大程度上反映了个体对这些线索的预期（Engell et al., 2007; Todorov & Engell, 2008）。当面孔与反映行为的语句匹配的时候，杏仁核和DMPFC都会被激活（Baron et al., 2011）。而当察觉到行为或特征的诊断性信息时，年轻人（J. P. Mitchell, 2008）和老年人（Cassidy et al., 2012）的心理理论网络，包括DMPFC、VMPFC、颞顶联合和楔前叶都会被激活。与非社会控制判断相比，个体对他人做出社会判断时也会显著地激活这些区域（Cassidy et al., 2012；见图 6.7）。研究表明，右侧颞极的激活存在年龄差异，而右侧颞叶与社会知识存在关联，这个结果可能反映了加工策略上的年龄差异，如老年人会更在乎他所储存的社会知识（Zahn et al., 2007）。相对于有关个人的判断，在与个人无关的社会判断中，年轻人会比老年人更多地激活后扣带回皮层（Cassidy et al., 2012），这种模式可能反映出年轻人对模糊信息的重视程度（Schiller et al., 2009），与他们想获取知识的目的是一致的（Carstensen et al., 1999）。

随着年龄的增长，印象形成过程中所涉及的神经区域逐渐显现出积极偏差。年轻人在面对消极印象面孔与行为的组合时会比面对积极印象组合时更强地引发DMPFC和VMPFC激活。有趣的是，老年人的模式正好与之相反，他们的这些脑区更倾向于对积极印象而不是消极印象做出反应（Cassidy et al., 2013；见图 6.8）。从情绪角度展开的对这些结果的讨论请见章节 5.5。

6.9 印象形成与记忆

直到现在，关于老化如何影响个体对于他人印象的记忆的研究仍非常少。这是令人惊讶的，因为如果想要在未来的某个时间点根据印象采取行动，那么成功地编码他人的信息并把这些信息从记忆中检索出来是非常重要的。最初的研究表明，随着年龄的增长，行为一致性会对记忆产生不同的影响，比如相比于老年人，年轻人更容易记住不一致的行为（Hess & Tate, 1991）。后来的研究表明，老年人也能够成

161

功地记住对他人的印象（Todorov & Olson, 2008）。在怎样的条件下学习信息，对是否会出现年龄差异以及出现差异的程度都有重要的影响。当老年人能够理解他人的行为意图时，他们能像年轻人一样记住印象（Cassidy & Gutchess, 2012a）。其中必须记住的信息的特异性可能对老年人能否成功记住印象有重要的影响。尽管年轻人在记住行为的具体细节方面有优势，但年轻人和老年人都能记住对他人的一般印象（例如，好的/坏的，Limbert et al., 2018）。

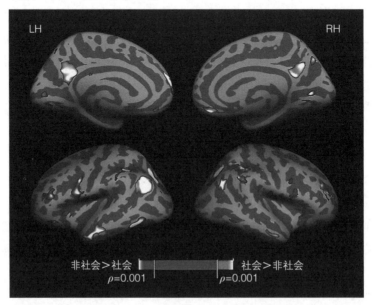

图6.7　无论是在年轻人还是老年人中，大脑网络［包括背内侧前额叶皮层（DMPFC）、腹内侧前额叶皮层（VMPFC）、颞顶连接部位和楔前叶］对社会信息的反应均强于对非社会信息的反应。图片上方显示的是大脑的内部视图，包括左半球（LH）的DMPFC激活和右半球（RH）的VMPFC激活，以及大脑两侧的楔前叶激活。下方显示的是大脑侧面图，左侧的颞顶联合的激活显著。

摘自 Cassidy et al.（2012），*Social Neuroscience*, Figure 2.

一个人与自己的相似程度也会影响不同年龄人群对其印象的记忆。当他人展现出与自己相同的积极品质时，无论是年轻人还是老年人对其的印象都更深刻（Leshikar & Gutchess, 2015; Leshikar, Park, & Gutchess, 2015）。与之相反，当他人呈现出与自己相同的消极品质时，人们对他负面印象的记忆更差。除此以外，不同特征的效价对记忆的整体影响会随着年龄的增长而有所不同，年轻人倾向于记住对别人的负面印象，而老年人稍微倾向于记住对别人的正面印象（Leshikar, Park, et al., 2015），这与上一章中老年人存在积极偏向的研究结论一致（Carstensen et al., 1999; Mather & Carstensen, 2005）。

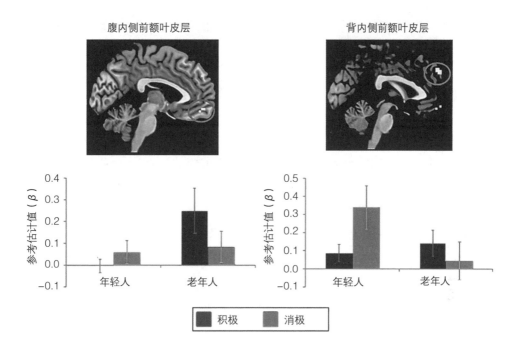

图6.8 在形成对他人的印象时，年轻人和老年人在内侧前额叶皮层（MPFC）区域上的激活存在差异。年轻人在消极印象试次中MPFC被更多地激活，而老年人在积极印象试次中MPFC被更多地激活，这与随着年龄的增长，人们关注重心从消极情感向积极情感转移的观点一致。彩色版本请扫描附录二维码查看。

改编自Cassidy et al.（2013），*Social Neuroscience*, Figure 2.

这些行为研究都为神经影像学的研究奠定了基础。然而，到目前为止，还没有针对老年人的fMRI研究探究记忆与印象的神经关联。一项研究使用结构MRI，探究了和记忆表现相关的神经区域完整性与印象的关联（Cassidy & Gutchess, 2012b）。结果表明对他人的总体印象记忆在各个年龄组中都与左侧杏仁核的体积有关。VMPFC在不同年龄段的作用不同，老年人VMPFC的皮层厚度越厚，其在社会意义判断任务中习得的对他人印象的记忆就越清晰。

未来对老年人的功能性神经影像学研究可能会发现杏仁核和内侧前额叶皮层参与了老年人的印象编码。因为对年轻人的fMRI研究表明，印象记忆的形成依赖于DMPFC（J. P. Mitchell et al., 2004）以及杏仁核（Leshikar, Cassidy, & Gutchess, 2015）。关于脑损伤患者的研究也支持了这些结果。杏仁核或颞极受损会损害对印象的记忆（Todorov & Olson, 2008），而海马和其他典型记忆脑区的损伤则不会影响对印象的记忆（M. K. Johnson et al., 1985; Todorov & Olson, 2008）。这些结果可能表明印象记忆所依赖的系统与其他外显记忆系统并不相同。因此，评估老化对印象记忆及其相

163

关神经区域的影响是很重要的，因为至今研究发现的老化对记忆的影响（见第 4 章）可能并不能扩展到对社会信息（如印象）的记忆中。

6.10 信任

信任是一种强大的社会互动，随着年龄的增长，它可能会变得更加重要。一些报告指出，老年人尤其容易受到诈骗的伤害，半数的诈骗目标对象年龄在 50 岁以上（AARP Foundation, 2003）。但值得注意的是，最近的研究表明这些说法以及实验文献中报告的结果可能并不能完全地反映老年人的实际情况（M. Ross et al., 2014）。研究者认为，老年人并不比其他年龄段的人更容易成为消费欺诈的受害者，他们也会考虑保护自己不被诈骗的因素（M. Ross et al., 2014）。为了减少受骗的可能性并寻找有效防范诈骗威胁的方法，我们有必要调查与他人交往时老年人判断欺骗和给予信任的方式。研究表明老年人比年轻人更不善于判断陈述信息的真实性（Ruffman et al., 2012）。有趣的是，老年人是否在说谎比年轻人更容易判断（但是老年人的总体诚信度较高），但是老年人在辨别谎言时并没有出现同龄效应（即对同龄人的谎言有更高的辨识度）。一些研究认为，当欺骗任务是视觉任务时会出现这种年龄差异（Stanley & Blanchard-Fields, 2008）。这促使了一些研究者采用反向相关技术对这个结果进行验证。实验中，被试会看到一些被噪点图覆盖的面孔，然后从中选择他们最信任的面孔（Ethier-Majcher et al., 2013）。研究表明，年轻人和老年人的信任表现大致上是相似的，但因为可信度与幸福感的判断有关，老年人和年轻人在可信度的判断上存在一些差异。老年人并不能像年轻人一样有效地区分可信的面孔和愤怒的面孔。这一结果表明，随着年龄的增长，人们通过面孔来评估他人可信度的加工过程可能发生了变化。

神经影像学研究表明，可信度判断的某些方面可能会随年龄的增长而变化。虽然年轻人和老年人都对可信的面孔有相似的评价，但老年人对不可信的面孔的评价要更柔和一些（即相对于年轻人而言，老年人的信任评分更高）（Castle et al., 2012; 也见 Zebrowitz et al., 2013）。对不同可信度的面孔，年轻人的前脑岛激活会有所不同，不可信面孔比可信面孔有更强的激活，而老年人对于不同可信度面孔的激活差异较小（Castle et al., 2012）。此外有趣的是，与对照任务相比，年轻人在做信任决策时表现出更强的前脑岛激活，而老年人的前脑岛对此并不敏感。脑岛活动的差异可能表明年轻人的身体反应或者说"直觉"，对不可信的信息很敏感，而老年人则不然。对不可信信息的反应减弱可能是老年人成为欺诈和骗局易受害人群的原因，但是迄今为止的研究对这种变化还没有得出一致的结论。最近的一项研究并没有重现卡斯尔（Castle）等人（2012）关于脑岛活动的研究结果，相反，他们发现老年人的奖赏网络对可信度的变化非常敏感，并且有部分证据表明杏仁核的激活存在年龄差异（Zebrowitz et al., 2018）。

对神经肽**催产素**的研究也是认知老化神经科学研究的一个很有前景的方向。催产素可能通过影响杏仁核来影响社会情感过程，如信任和择偶。尽管以年轻人为对象的催产素相关神经科学研究越来越多，但关于老化的研究很少，而其中以人类为对象的老化研究则更少（综述请见 Ebner et al., 2013）。埃布纳（Ebner）和莫拉（Maura）等人（2013）提出了一个模型，考虑了催产素对年龄的潜在复杂影响，该模型认为老年人在某些情况下的社会情感功能（例如，情绪调节）会得以改善，但在其他情况下（例如，信任决策）的脆弱性会增强。尽管催产素的水平会随着年龄增长而下降，但我们可以通过鼻内施用催产素来提高催产素水平（Ebner et al., 2016）。对此，特别是在能发挥作用（例如，对基因、大脑、行为产生作用）的催产素水平下，思考老化对不同能力的潜在影响是十分重要的。

165

6.11 总结

将认知神经科学的观点应用于社会认知的研究中，有望将老化相关的研究转变为严格意义上的认知过程研究（进一步探讨请见 Gutchess, 2014）。如其他章节所述，相对于年轻人，老年人相关脑区激活不足需要额外激活其他脑区的模式，一般不能描述社会加工中出现的年龄差异。如专栏6.2所示，迄今为止的研究似乎都注重描述在不同条件下，神经区域激活的老化性质差异以及变化。我们还需要做更多的工作来了解这些变化，包括它们在多大程度上反映的是策略差异，或者是动机目标在年龄上的差异，又或者是关注了复杂社会信息的不同方面。在今后的工作中，需要对这些性质的差异进行更好的描述和控制，以此区分哪些是随年龄增长而变化的加工偏好，而哪些是可能随年龄增长而受限的加工能力。由于每个脑区都参与许多加工进程，因此很难根据脑区活动反推一个特定的过程（Poldrack, 2006）。为了更好地理解与年龄相关的策略或方法差异的本质，将行为研究与神经影像学相结合是很有必要的。

要探究与年龄相关的性质差异，需要对多个任务进行直接比较。让人欣慰的是莫兰（Moran）及其同事（2012）使用了这种方法，通过结合三种不同的思维任务，他们发现随着年龄的增长 DMPFC 激活下降，而这与以往文献报告的，随着年龄的增长 DMPFC 的激活依旧完好甚至会出现增强的结果并不一致（Cassidy et al., 2012;

Gutchess et al., 2010）。尽管动机差异被认为是这些结果不一致的原因（Cassidy et al., 2013; Gutchess, 2014），但在不同的研究中，被试和任务参数等因素潜在差异确实很大。这是在强调，我们需要对不同任务进行直接比较，以确定这些年龄差异会在什么条件下出现和消失。随着老化相关的社会神经科学文献的增多，元分析也将有助于找出，随着年龄增长，各种大脑活动模式变化的规律和条件。

专栏 6.2　年龄的性质差异

本专栏详细说明了不同年龄组之间的一些性质差异。社会认知并没有随着年龄的增长而出现加工能力的下降，它可能表明随着年龄的增长而产生的策略变化。例如，年轻人和老年人在不同的情况下使用了相同的神经区域，或者在相同的情况下使用了不同的神经网络。下表从文献中汇总了这些类型的例子（OA 代表老年人；YA 代表年轻人）。

随着年龄的变化，前额叶对积极和消极信息的反应。	例如 积极信息>消极信息，OA > YA；消极信息>积极信息，YA > OA。	Cassidy et al., 2013; Leclerc & Kensinger, 2008
随着年龄的增长，心理理论决策会涉及不同的脑网络。	例如，心理理论脑区（前扣带回），YA > OA；语言区，OA > YA。	Castelli et al., 2010
与能力较低的老年人或年轻人相比，能力较高的老年人面对被污名化个体时，会被诱发更强的执行功能反应。这可能表明 OA 比 YA 更需要调节情绪。	例如 前额叶区域的活动与 OA 的执行功能得分相关。	Krendl et al., 2009
与 OA 相比，YA 在人脸识别方面的同龄偏见更强。	例如，对同龄的面孔，YA 在 400—600 毫秒的时间窗内的 ERP 反应有更强的新/旧效应。	Wiese et al., 2008; Wolff et al., 2012
对自我和他人信息进行编码的脑区随着年龄的增长出现反转。这可能反映了 OA 在对自我进行评判时会更多地考虑他人。	例如，OA 对他人信息进行记忆编码的脑区是 YA 与自我信息遗忘有关的脑区。	Gutchess et al., 2010, 2014
目标动机的神经反应会随着年龄的增长而变化，这可能反映了随着年龄的增长，人们关注的信息也会有所改变。	例如，OA 在思考进取性目标时，大脑内侧前额叶区域的活动减少。	K. J. Mitchell et al., 2009

本章总结

- 把神经科学的方法应用到社会认知过程（包括损伤、保持和策略转换）的研究上，让我们发现多种多样的结果。

- 随着年龄增长而功能下降的总体老化模式，似乎并没有像其他认知能力一样在社会认知中有明显的反映。

- 将神经科学工具应用在社会认知问题上的研究还处于起步阶段，还有很多需要学习和改进的地方。

- 当比较年轻人和老年人在复杂社会任务中的表现和神经活动时，背景、动机和任务导向将是需要重点考虑的因素。

回顾思考

1. 什么是皮层中线脑区？本章描述的年龄差异模式与其他章节描述的差异模式相比有何不同？

2. 老年人对他人形成的第一印象与年轻人形成的第一印象有何不同？年龄是如何影响其内在的神经机制的？

3. 随着年龄的增长，与自我和他人相关的社会信息的记忆问题有多普遍？哪些神经区域涉及对社会相关信息的记忆？

4. 到目前为止，有哪些神经科学工具被应用到社会认知的研究中？你认为未来会有哪些新研究方法？

拓展阅读

- Cassidy, B. S., Leshikar, E. D., Shih, J. Y., Aizenman, A., & Gutchess, A. H. (2013). Valence-based age differences in medial prefrontal activity during impression formation. *Social Neuroscience*, *8*(5), 462–473. doi: 10.1080/17470919.2013.832373

- Castle, E., Eisenberger, N. I., Seeman, T. E., Moons, W. G., Boggero, I. A., Grinblatt, M. S., & Taylor, S. E. (2012). Neural and behavioral bases of age differences in perceptions of trust. *Proceedings of the National Academy of Sciences of the United States of America*, *109*(51), 20848–20852. doi: 10.1073/pnas.1218518109

- Gutchess, A. H., Kensinger, E. A., & Schacter, D. L. (2007). Aging, self-referencing, and medial prefrontal cortex. *Social Neuroscience*, *2*(2), 117–133.

- Krendl, A. C., Heatherton, T. F., & Kensinger, E. A. (2009). Aging minds and twisting attitudes: an fMRI investigation of age differences in inhibiting prejudice. *Psychology and Aging, 24*(3), 530–541.

- Moran, J. M., Jolly, E., & Mitchell, J. P. (2012). Social-cognitive deficits in normal aging. *Journal of Neuroscience, 32*(16), 5553–5561.

关键术语

ageism（年龄歧视）

attractiveness halo effect（吸引力光环效应）

cortical midline structures（皮层中线结构）

empathy（共情）

mentalizing（心理化）

own-age biases（同龄偏见）

oxytocin（催产素）

self-reference effect（自我参照效应）

stereotype threat（刻板印象威胁）

theory of mind（心理理论）

第**7**章

阿尔茨海默病和其他与年龄相关的疾病

学习目标

- 阿尔茨海默病（AD）的症状有哪些？它是如何从包括遗忘型轻度认知障碍（aMCI）在内的早期确诊阶段发展而来的？
- AD和aMCI如何影响大脑的结构、功能及连接？
- 如何区分AD与其他神经退行性疾病？它与典型的老化过程又有什么不同？
- 社会认知能力如何受到年龄相关的不同神经疾病的影响？
- 为什么在晚年生活中，将抑郁症与其他疾病放在一起考虑，或将其放在典型的老化进程背景下考虑，尤为重要？

7.1 引言

　　谈及老化，人们必然会联想到**阿尔茨海默病（AD）**。尽管高龄是AD的风险因素（Alzheimer's Association, 2017），但高龄未必一定会导致AD。正如本书所述，认知和其他功能的诸多方面在一定程度上都受到正常老化进程的影响。本章将讨论与AD及相关疾病［如**轻度认知障碍（MCI）**］有关的特定行为和神经改变。有兴趣了解更多关于如何区分随年龄增长记忆的正常改变和异常改变的读者，可参阅巴德森（Budson）和奥康纳（O'Connor）的书（2017）。AD可能是痴呆症或神经退行性疾病中最常见的一种类型，但本章也将简要论述与老化相关的其他疾病，如帕金森病。

　　各类神经退行性疾病的发展是渐进性的，这意味着损伤的模式和相对应的神经改变，会随着疾病的进展而持续变化。虽然一些治疗方法可以减缓损伤的进展，但目前还没有找到能够治愈这些疾病的方法。最后，本章将简要讨论因老年抑郁所致的神经改变。尽管抑郁症的发病高峰通常出现在生命早期如青少年期和成年早期，但当它在生命后期出现时，往往可能会具有一些独有的特征。由于抑郁症可能与本章讨论的其他疾病一同出现，所以探讨这一病症也非常重要。

7.2 阿尔茨海默病（AD）

AD作为痴呆症最常见的类型，是导致美国人死亡的第六大致命杀手。在美国，约550万人罹患AD，并伴随记忆或其他认知功能的损伤（Alzheimer's Association, 2017）。到2050年，预计将有1200万美国人患有AD（Brookmeyer et al., 2011）。最新数据表明，全球范围内每年约有新发AD病例990万，共有4600多万人患有该病（Alzheimer's Disease International, 2015）。**痴呆症**是指会损害个体日常生活功能的心智机能损伤。AD只是痴呆症的一个亚型，有其特定的行为损伤模式和对应的神经改变。这种疾病对记忆的影响最为显著，但它也会影响认知定向、性格，甚至知觉。本章节所阐述的内容主要聚焦在轻度或中度AD患者群体，因为随着疾病的发展，患者完成任务的能力会逐步下降。患AD的风险会随着年龄的增长而增加。因而，随着人口老龄化的加剧，预计AD带来的公共健康负担将急剧增加。对年轻人比例严重减少的国家来说，尤其如此。

在历史上，AD只能借助尸检确诊，通过AD的特征性标志——大脑存在神经原纤维**斑块**和**缠结**（Braak & Braak, 1991）——予以确认。斑块是存在于神经元外部的 β - **淀粉样蛋白**沉积物，而缠结则由神经元内部 τ **蛋白**的沉积导致。尽管本章将大量引用神经影像学成果，但这些神经影像学方法还不具备足够的特异性，因此不能对AD做出结论性的诊断。磁共振成像（MRI）或功能性磁共振成像（fMRI）等成像方法，可用于评估通常受AD影响的脑区和神经网络的萎缩或功能激活的变化，但它们对AD的特异分子改变（例如淀粉样蛋白沉积）并不敏感（K. A. Johnson et al., 2012）。尽管如此，神经标志特征，如内侧颞叶的明显萎缩，仍是日后确诊AD的有效预测指标（K. A. Johnson et al., 2012）。

171

过去的20年中，大多研究都聚焦在对AD早期改变的识别上。**遗忘型轻度认知障碍（aMCI）**是AD出现病理性生理改变和认知测验异常的最早阶段。然而此阶段患者并未痴呆，他们还能够独立生活。这一遗忘亚型是AD引起的MCI中最常见的表现形式。因为认知障碍的发生在很多情况下可能与AD病理学不相关（例如，某些药物损害认知定向）（M. S. Albert et al., 2011），所以阿尔茨海默病诊断的重点已经转向强调记忆功能的早期改变以及AD潜在的病理性生理变化（如内侧颞叶的改变）方面。

对AD的研究越来越强调早期发现的重要性，因为相对于逆转，预防AD可能才是最有效的治疗方式。本章节回顾的一些研究涉及**主观认知下降（SCD）**，即个体反映出现记忆或认知能力的下降，但缺乏诊断AD或MCI所必需的神经生物学标记。因此，主观认知的主诉可能不是AD病理学本身所特有的，但在科学和医学界试图扩大研究和治疗AD的时间框架时，考虑这一点很重要。

7.2.1　AD及aMCI的大脑结构变化

如专栏7.1所示，AD患者的大脑会急剧萎缩。绝大多数（预计80%—90%）的AD患者表现为内侧颞叶萎缩（而健康对照组仅5%—10%, Schröder & Pantel, 2016）。在海马灰质萎缩出现前，就已经能够观察到aMCI患者内侧颞叶的血流量增强（Westerberg et al., 2013）。海马体积的减小似乎与患者死后测量的痴呆严重程度相关，如海马中神经原纤维缠结密度降低（Csernansky et al., 2004）。尽管海马体积的组间差异，与海马体积的萎缩程度和记忆任务的行为损伤之间关系的研究结果一致，但迄今为止，海马体积在诊断时的作用并不大。尽管一些研究表明，海马萎缩有助于预测哪些人存在转为AD的风险，但由于研究方法不同，研究结果也不尽相同。特别的是，个体差异因素可能会促进个体拥有更高水平的认知储备，这对内侧颞叶实质性萎缩的患者起到代偿作用，从而延缓了AD的确诊（Schröder & Pantel, 2016）。

172

专栏 7.1　阿尔茨海默病患者的大脑

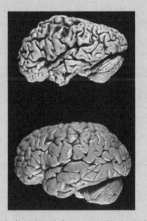

上面的大脑来自罹患阿尔茨海默病的捐赠者，下面的大脑来自健康的捐赠者。

来源：Hersenbank（own work）[GFDL（www.gnu.org/copyleft/fdl.html）or CC BY-SA 3.0（http://creativecommons.org/licenses/by-sa/3.0）]，由维基媒体共享。

一些观点认为，老化和AD在最易受到损伤的脑区上存在差异，正常老化一般影响调节执行功能的额叶区域，而AD在很大程度上会影响与记忆有关的大脑后部区域，包括内侧颞叶和后扣带回/楔前叶（Buckner, 2004）。一种不同的组织框架提出了"后进先出"的原则（Fjell, McEvoy, et al., 2014）。这种观点认为，最后发育的大脑区域最易出现与年龄或疾病相关的衰退。另一种观点则强调了进化的进程，即那些在进化后期发展得最迅速的区域（例如，人类那些相比其他灵长类动物大得超出比例的脑区）最易受损。与这些组织原则相反，菲耶尔（Fjell）、麦克沃伊（McEvoy）及其同事（2014）提出，引入默认网络可以最好地表征受AD影响的区域。他们还强调了这些区域的特殊可塑性，认为可塑性对帮助学习和记忆的区域具有关键作用。此外，这种可塑性可能会使这些区域特别容易受到损伤和功能障碍的影响（也有观点认为，海马的可塑性使其有望成为治疗干预的新靶点，Mufson et al., 2015）。

记忆并不是AD早期唯一受损的功能，近年来越来越多的研究发现内侧颞叶结构在视觉和知觉加工中发挥作用（Graham et al., 2010）。例如，在不依赖记忆的任务中，具有预期海马受损的AD患者，难以在Oddball实验中鉴别与其他场景不匹配的那一个场景（A. C. Lee et al., 2006）。另一项针对aMCI患者和处于aMCI风险中的老年人的研究发现，与健康老年人对照组相比，他们更容易受到知觉干扰，这可能是边缘皮层受损所致（Newsome, Duarte, & Barense, 2012）。增强视觉对比度已证实可以改善AD患者的任务表现（Cronin-Golomb et al., 2007）。

虽然病理性改变最初出现在大脑内侧颞叶，但值得注意的是，随着疾病的进展，在大脑皮层的大部分区域都出现了明显的灰质萎缩。这种模式可以解释AD晚期的广泛功能损伤。继内嗅皮层早期萎缩后，海马、海马旁回、杏仁核和边缘区域（如后扣带回）逐渐受到影响，其后更多的颞叶皮层受损。最终整个大脑皮层广泛受损（具体论述见K. A. Johnson et al., 2012）。

白质通路同样受到AD的影响，有些人甚至认为，这些通路受到的损害比灰质更大（具体讨论见Oishi & Lyketsos, 2014）。白质高信号负荷越高，认知能力越差，患者一年内的认知能力下降也越大（Carmichael et al., 2010）。有研究认为白质高信号与执行功能障碍相关，而与记忆无关（Hedden et al., 2012）。就白质通路而言，胼胝体、穹窿和边缘区域的其他通路都会受到AD的损害（Acosta-Cabronero & Nestor, 2014）。穹窿是位于边缘-间脑网络的白质束，这个网络包括海马。弥散张量成像（DTI）等方法显示穹窿的各向异性分数（FA）下降可预测AD患者认知功能的下降及海马的萎缩（Oishi & Lyketsos, 2014）。

7.2.2 AD和aMCI中的功能变化

正如aMCI和AD患者的内侧颞叶会发生结构变化一样，该区域也会发生功能变化。运用fMRI探究AD引起的改变的研究，主要聚焦在研究联想记忆任务中大脑的反应方面，例如学习哪些名字与特定的面孔配对。这一类记忆的实现依赖于海马。病情进展过程中，大脑的功能变化模式与结构变化模式有所不同。aMCI早期在学习和记忆任务中以海马和内侧颞区的激活增加为显著特征，即使这些区域有轻微的萎缩（Dickerson et al., 2005）。如图7.1所示，内侧颞叶的过度激活反映了该脑区的低效参与，这可能是在试图补偿记忆力的减退（如Chhatwal & Sperling, 2012）。然而，这一发现并不是普遍一致的，MCI患者与对照组相比出现高激活和低激活的情况均得到了报道。研究结果的异质性反映了不同研究中被试记忆损伤的严重程度可能存在差异，当被试执行任务时，核磁扫描得到的差异可能会更加明显（Dickerson & Sperling, 2008）。与健康对照组相比，AD晚期患者在该区域通常表现为激活不足。纵向研究已经证实，随着疾病的发展，海马会从过度激活转变为激活不足，两年内认知能力急剧下降的MCI患者，在基线时表现出更高的海马激活水平，并且在这个时间窗内海马激活水平的下降幅度更大（O'Brien et al., 2010）。尽管结构变化被公认为是从内侧颞叶的喙状区域向尾状区域转变的（见专栏1.1），但迪克森（Dickerson）和斯珀林（Sperling）（2008）认为，用功能性方法开展的类似梯度变化研究并不多见。

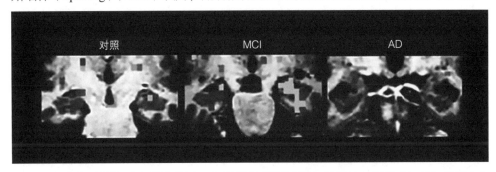

图7.1 与老年对照组（左图）相比，海马的超激活可能在轻度认知障碍（MCI）早期（中间图）的联想记忆任务中发生，而在阿尔茨海默病（AD）后期则出现海马低激活（右图）。彩色版本请扫描附录二维码查看。
摘自Dickerson & Sperling（2008），*Neuropsychologyia*，Figure 2.

一些研究发现了轻度AD患者内侧颞叶以外脑区的激活增强（Sperling et al., 2003）。这些激活发生在顶叶、楔前叶和额叶区域——类似于其他文献描述的健康老年人对神经损伤产生代偿反应的其他前额叶区域。与健康对照组相比，AD患者参与认知控制的额顶网络活动似乎也相对较少（Chhatwal & Sperling, 2012）。默认网络中的脑区也会发生功能活动的改变，已有一些文献能提供楔前叶过度失活伴随海马激活增强的证据（Celone et al., 2006）。

越来越多的研究采用网络的方法来探究AD对默认网络的影响，包括任务态和静息态下脑区间连接性的相关研究。包括海马在内的内侧颞叶网络有时会与默认网络相互耦合，比如在静息态下，但在联想编码等任务中，这些网络又可能会相互分离。在此情况下，内侧颞叶系统在联想编码等任务期间被激活，而默认网络则被抑制。这种网络之间的关系可能会在有AD风险的个体中受损（Chhatwal & Sperling, 2012）。研究者推断，在大脑出现严重萎缩之前，早期的连接性改变可能有助于尽早识别有记忆下降风险的个体。对这些网络变化的深入讨论详见章节7.2.3。

内隐记忆，即不需要有意识地获得先前经验的记忆（见章节4.4），受AD的影响可能较小。在一项研究中，AD患者表现出了完整的行为启动效应（内隐记忆的一种表现形式）（Lustig & Buckner, 2004）。启动效应是通过衡量重复试次相对于新试次，能够多快地提升被试对物品生物性判断（例如，猫是有生命的还是无生命的？）的速度。额下回的激活与启动效应相关，新试次比重复试次会更多地激活该区域，在年轻人、健康老年人和AD患者中，均是如此（见图7.2）。尽管AD患者出现了许多认知和相应的神经变化，但这项研究表明可能存在一个保持完好的加工领域，在这个领域中，不同组间的神经活动是一致的。

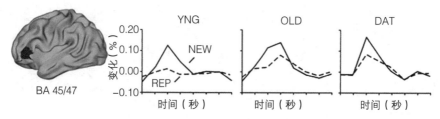

图 7.2　在年轻人（YNG）、老年人（OLD）以及患有阿尔茨海默病型痴呆（DAT）的早期患者中，与新试次（NEW）相比较，重复试次（REP）引起的左侧额下回与启动效应相关的功能活动减弱。

摘自 Lustig & Buckner（2004），*Neuron*, Figure 2.

尽管许多研究都聚焦在记忆及与记忆相关的系统上，但功能性指标也已用于探索受AD影响的其他加工过程。AD患者早期会出现注意力下降，注意力测试成绩或许能够预测哪些健康个体将来会罹患AD（Balota et al., 2010）。这些缺陷与AD患者早期使用胆碱酯酶抑制剂延缓病程的事实相一致。乙酰胆碱是一种有助于控制注意力的神经递质（Gordon et al., 2015），而胆碱酯酶抑制剂可防止乙酰胆碱分解。注意力的一个测量指标是失匹配负波（MMN）（见章节3.2），它是一种事件相关电位

（ERP）成分，在正常老化和AD进程中都有所降低。该成分反映出被试对环境的监控和对异常事件的觉察，即使被试并未有意识地对其所处的环境进行监控。与对照组相比，MCI患者右侧颞极上方的MMN下降（Mowszowski et al., 2012）。这一结果在aMCI患者以及那些认知障碍并非特定于记忆的患者群体中都得到了验证。此外，自我报告缺陷和言语学习成绩评估发现，MCI患者的认知能力受损越重，MMN的下降越大。这些结果表明，MCI会造成早期信息处理的效率下降，甚至早于信息接近自觉意识。主观认知下降（SCD）的个体表现出另一个ERP标志物P3的损伤，该标志物是注意力分配的指标（见章节7.2）（Smart et al., 2014）。SCD主要表现在那些主观感受到认知能力有改变的个体上，但其还没有达到神经心理学测量可以检测到这些损伤的程度。许多但并非全部SCD患者最终都会发展为MCI或AD。这些注意力标志物的改变往往伴有早期认知变化或MCI，这表明ERP成分具有成为生物标志物的潜力，它能比传统的神经心理学测验，更加灵敏地预测AD的早期改变。

另一项研究在一组认知正常但因家族病史有极高患AD风险的中老年群体中发现了注意控制任务的激活增强。在一项fMRI研究中，被试完成了对物品是否具有生命特征的判断以及Stroop任务（见专栏3.1），并提供了其他生物标志物，如脑脊液（CSF）样本用于检测τ蛋白——一种与大脑中神经纤维缠结有关的标志物。脑脊液中τ蛋白含量较高的个体在生命特征判断及Stroop任务中，在包括额顶网络在内的几个区域都表现出了较高的激活水平（Gordon et al., 2015; 见图7.3）。这种模式被解释为越容易受到认知障碍影响的个体，对注意力的需求越大。这项研究阐明了神经测量，可能比与生物标志物（如τ蛋白等）水平无关的行为测量，具有更高的AD风险检测敏感性。

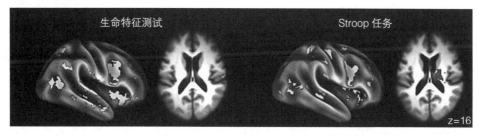

图7.3 这组图展示了脑脊液中测量到的τ蛋白水平与生命特征判断及Stroop任务中大脑活动水平之间的关系。高亮区描绘了与被试τ蛋白水平相关的较高水平神经激活的位置。
摘自 Gordon et al.（2015），*Neurobiology of Aging*, Figure 4.

脑神经失调会影响个体对损伤的认知，或许是因为负责该功能的某些脑区也有助于自觉意识。AD患者可能对自己的疾病缺乏一定的认识，患者自我报告的人格变化较他们的照护者更少。一项研究利用fMRI评估轻度AD患者的脑变化对自我判定和从他人角度判定的影响。结果表明这些系统受到了损伤。AD患者在判断具有自我相关性的形容词时顶叶内沟被激活（详见章节6.2关于健康老化中自我参照过程所涉及的神经区域的讨论），这可能揭示这一过程有赖于熟悉度而并非人格记忆（Ruby et al., 2009）。当从他人的角度看问题时，患者所涉及的神经区域也有所不同。年轻人会调用被认为反映推理过程的额叶区域和反映自传体记忆中图像的视觉联想区域，老化和AD似乎对这些过程的调用存在不同的影响。AD患者额叶区域参与得更多，而健康老年人视觉区域参与得更多。这些结果表明不同加工过程的侧重不同，AD患者在从他人角度看问题时，更侧重于推理，而不是利用图像思考。

一些研究还探讨了AD对情绪的影响，其中一项研究表明，与基线注视点相比，AD患者在观看情绪化或中性的面部表情时，杏仁核活动增加（Wright, Feczko, Dickerson, & Williams, 2007）。健康的年轻人和老年人在杏仁核激活方面则没有差异。虽然与健康的老年人相比，AD患者的杏仁核体积减小，但这种萎缩并不是杏仁核功能改变的原因。情绪感染是个体在情绪、行为和生理上受到另一个体情绪状态影响的过程，它随着MCI和AD病程的进展而加剧（Sturm et al., 2013）。颞叶体积与之有关，表现出最高水平情绪感染的个体，在这些区域的体积最小。这种关联被认为反映了与情绪相关的抑制过程的损伤，使之更易受他人情绪状态的影响。

情绪和工作记忆之间的相互作用一直以来也备受关注。在一项情绪工作记忆任务中，aMCI患者表现出更强的消极偏向，其楔前叶对消极刺激比中性刺激更敏感（Döhnel et al., 2008）。与之相反，这一特征并没有体现在老年对照组中。研究者认为这一结果表明，健康老年人在情绪任务中脱离了自我参照加工，这与楔前叶表现出的激活抑制相一致。患者相关区域激活的增加可能是通过自我参照加工实现的，这反映了记忆障碍早期的代偿。最近的一篇文献综述表明，AD患者的工作记忆过程发生了复杂的变化。尽管情绪会提高年轻人和老年人的工作记忆表现水平，但就情绪是否有利于优化AD患者的工作记忆表现而言，结果是较为复杂矛盾的（Fairfifield et al., 2015）。当情绪增强时，它并非始终倾向于消极或积极的信息。研究者认为AD患者的情绪调节能力受损，可能预示前额皮层功能的下降。研究进一步表明，尽管AD患者的杏仁核和海马都出现萎缩，但患者在很大程度上与健康老年人一样，都建立了相同的前额叶-内侧颞叶（杏仁核和海马）网络，以支持长时情绪记忆任务的表现。也有其他研究表明，与对照组相比，AD患者的杏仁核和前额皮层之间有更强的连接，这可能反映了患者通过情绪的一般加工而并非参与特定的记忆加工过程进行代偿（Rosenbaum et al., 2010）。总体而言，有关AD对情绪加工影响的文献可能表明，AD患者情绪加工相关区域与健康老年人的网络有重叠，但有迹象表明，在策略上的转变可能会以不同比例参与不同群体的不同过程。鉴于目前该领域的研究还相对较少，还需通过进一步的研究来阐明这些过程的相互作用以及AD的潜在影响。

总的来说，AD对海马及内侧颞叶激活的影响一直是人们关注的焦点。早期的研究发现：在患病早期，该区域处于超激活状态；当疾病发展到晚期阶段时，这些区域则表现出激活减弱。就其他区域而言，在AD患者中，默认网络的完整性及与内侧颞叶网络的耦合下降。注意力标记物可能有助于该病的早期诊断，因为在疾病早期症状出现之前，个体就已经发生了一些改变（例如，主观认知能力下降，或AD家族人员患病的风险增高）。

7.2.3 淀粉样蛋白和 τ 蛋白成像

能与淀粉样蛋白聚合的化合物的开发，促进了AD相关病变体内成像研究的进一步发展。其中匹兹堡化合物B（PiB）可用于正电子发射断层扫描（PET），以检测 β - 淀粉样蛋白（Aβ）的沉积（K. A. Johnson et al., 2012）。aMCI或AD患者的扫描结果显示，PiB在整个联合皮层中都有沉积，特别是在默认网络中。

巴克纳（Buckner）及其同事（2005）观察到，在年轻人中，默认网络涉及的区域与AD患者淀粉样蛋白沉积、萎缩和代谢紊乱的最高浓度区域之间存在大量重叠。这些区域参与年轻人的记忆加工过程，例如记忆的成功提取，与AD早期受损的能力相吻合。研究者认为，默认状态活动和新陈代谢可能使这些区域更易受到与AD相关的影响。随后的研究发现，在皮层中枢的淀粉样蛋白沉积浓度最高，与其他区域相比，皮层中枢与神经网络的连接更多（Buckner et al., 2009）。此外，相较于淀粉样蛋白负荷低的个体，淀粉样蛋白负荷高的MCI患者在这些皮层中枢中表现出更多的全脑性损伤（Drzezga et al., 2011）。

到目前为止的研究表明，默认网络与记忆神经部分网络之间存在关联。就结构变化而言，默认网络中的淀粉样蛋白沉积与海马的萎缩率相关（Nosheny et al., 2015）。在激活模式方面，具有较高Aβ水平的老年人，与没有Aβ沉积的被试相比，在记忆任务中对默认网络（Sperling et al., 2009）和内嗅皮层（Huijbers et al., 2014）的抑制减弱。与之相反，Aβ沉积与老年人在记忆任务中如何调节海马活动无关（Huijbers et al., 2014）。这种模式的出现，可能是因为内嗅皮层（而非海马）与默认网络区域间存在功能连接。损伤甚至可能出现在基础的认知加工中。当刺激被反复呈现时，人们由于渐渐习惯，对重复刺激产生的神经活动会降低。与年轻人或低淀粉样蛋白负荷的老年人相比，这种模式并不是高淀粉样蛋白负荷老年人的特征，他们在刺激重复过程中，默认网络中的海马和后部区域表现出了更强的反应（Vannini et al., 2012）。这些结果初步说明了内侧颞叶和默认网络之间的关系，但是仍需要进一步深入的研究来了解这些系统如何变化，以及如何共同导致AD的发生。

淀粉样蛋白与默认网络内的功能连接损伤密切相关。一项针对认知正常老年人的研究发现，淀粉样蛋白负荷与默认网络的耦合有关，淀粉样蛋白沉积较多的个体，其网络内区域间的连接更弱（Hedden et al., 2009）。淀粉样蛋白水平高的个体，也表现出后扣带回皮层和海马之间的连接损伤（见图7.4），这表明这些网络之间很早就出现了连接损伤。这些结果表明，在个体出现任何AD症状之前，淀粉样蛋白实际上就已经改变了网络间的信息交流状况。淀粉样蛋白沉积的个体，其他区域之间的功能连接，例如内侧颞叶和前额叶区域之间的连接也受到了损伤（Oh & Jagust, 2013）。此外，没有淀粉样蛋白沉积的老年人会根据任务需求改变他们神经区域的连接模式，而有淀粉样蛋白沉积的老年人则不会。这些结果凸显了以任务特定的方式卷入对应网络的重要性。这种能力可能在淀粉样蛋白水平高的个体中受损，而这可能是病理性老化的先兆。

淀粉样蛋白负荷也与认知能力相关，淀粉样蛋白水平较高的个体在记忆任务中表现更差（Hedden et al., 2012），并且他们对自己的记忆力缺乏信心（Perrotin et al., 2012）。尽管白质高信号的程度与认知能力也有关系（参见章节7.2.1），但其影响与淀粉样蛋白负荷的影响是相互独立的（Hedden et al., 2012）。然而，研究者强调，这一发现是基于认知正常的被试群体的，这些效应可能在认知受损的样本中同时存在或有更广泛的影响。

尽管有证据表明淀粉样蛋白水平和认知能力相关，但总体情况较为复杂。这是由于认知正常和认知障碍的老年人都可能表现出高水平的淀粉样蛋白沉积，而在未表现出认知障碍的老年人群体中，约30%的老年人出现了PiB（Jagust, 2009）。这使我们难以理解淀粉样蛋白与认知能力下降的因果关系。雅格斯特（Jagust）（2009）认为淀粉样蛋白可能是引起其他神经改变的重要前提，而这些神经改变将继而导致认知变化。尽管许多人认同这一观点，但这尚未得到普遍认可。比如，菲耶尔（Fjell）、麦克沃伊（McEvoy）及其同事（2014）提出，默认网络的改变，包括淀粉样蛋白沉积，可能只是反映正常老化的过程，而不是AD本身的代表性特征。因此，这些区域及其改变可能只是间接地促进了AD的发生，因为这些区域的高可塑性可能会使它们在整个老化过程中变得脆弱。另一个需要考虑的方面是，淀粉样蛋白水平与个体生命周期中的激活和失活水平降低相关，即使在年轻人中也是如此（K. M. Kennedy et al., 2012）。由此可见，这些过程与正常老化、病理老化三者之间的联系是较为复杂的，需要进一步的研究来阐明这些关系的本质。

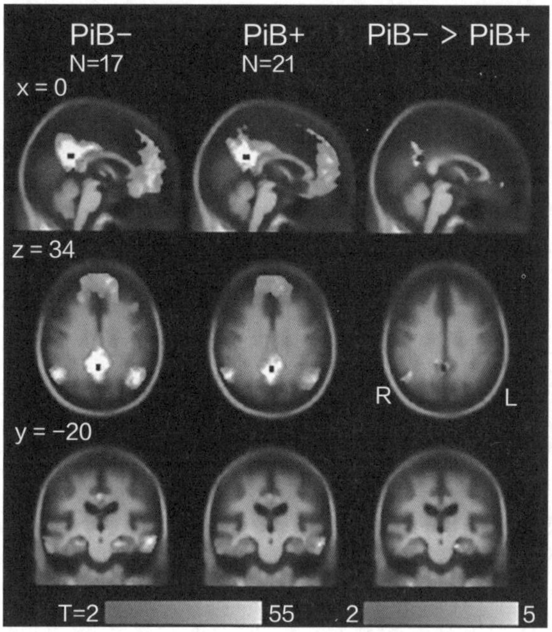

图7.4 与没有淀粉样蛋白（PiB－）的老年人相比，淀粉样蛋白负荷高（PiB+）的老年人默认网络（图中上部及中部）和海马（图中下部）之间的连接损伤。N表示样本量。小正方形表示后扣带回皮层的种子区，用来测试该区域和其他区域之间的连接性。x, z和y分别表示蒙特利尔神经学研究所（MNI）空间中大脑切片在矢状面、轴面和冠状面上的位置。底部的条形表示效果的强弱，分数越高颜色越亮。

摘自 Hedden et al.（2009），*Journal of Neuroscience*, Figure 4.

如果淀粉样蛋白出现在认知正常的个体身上，那么它代表什么呢？最近一些试图以淀粉样蛋白为靶点治疗AD的临床试验的失败，加剧了人们对此的担忧。治疗可能只会在疾病的早期阶段有效，而在损害已经造成时就无效了，这将促进识别疾病早期生物标志物工作的开展。一些人认为，某些药物治疗淀粉样蛋白的机制可能存在问题，而其他方法可能更有效（Abbott & Dolgin, 2016）。另一些人则持更加怀疑的态度，他们宣称现在是该从AD的淀粉样蛋白假说，转向研究其他可能作为治疗靶点的机制的时候了（Herrup et al., 2013; Le Couteur et al., 2016）。

最近有文献报道了一种基于PET示踪剂的 τ 蛋白测定方法。与 τ 蛋白水平相关的组织病理学变化可以导致纤维缠结，这些缠结主要存在于AD患者内侧颞叶，而 τ 蛋白的含量水平还与海马萎缩程度相关（De Souza et al., 2012）。通过脑脊液（CSF）或PET测量的 τ 蛋白水平可以区分AD患者和非AD患者（La Joie et al., 2017）。此外，认知过程相关区域的 τ 蛋白水平，尤其是内嗅皮层的 τ 蛋白水平（Maass et al., 2018），与认知障碍有关，这些影响在很大程度上与淀粉样蛋白水平的影响是独立的（Bejanin et al., 2017）。虽然目前聚焦淀粉样蛋白治疗的研究热情有所减弱，但已有早期证据表明 τ 蛋白具有作为治疗靶点的潜力。

7.2.4 基因

AD有很大的遗传风险。**载脂蛋白E（*APOE*）基因**的ε4变体是最常见的与晚发性AD相关的多态性基因。该基因与淀粉样蛋白、τ 蛋白的生成有关，而这两种蛋白在AD患者中水平均较高。*APOE*基因以剂量依赖方式起作用，约20%携带一个ε4变体拷贝的患者将会发展为AD，携带两个ε4变体拷贝会进一步增加这一风险（Bookheimer & Burggren, 2009）。*APOE* ε3 基因最为常见，伴随不多见的可能对AD具有防护作用的ε2基因。尽管AD还涉及其他基因，但迄今为止，不同*APOE*等位基因是人们了解最多的对AD有影响的遗传成分。从结构上看，在儿童和老年人中，随着时间的推移，*APOE* ε4 与较高的皮层萎缩率以及内嗅皮层厚度的降低有关，这表明ε4基因可能是致患AD的终生风险因素（Bookheimer & Burggren, 2009）。从功能上看，fMRI显示ε4携带者的激活增强，而PET检测发现其代谢过度低下（Bookheimer & Burggren, 2009）。然而，最近的一篇综述关注了fMRI结果间的不一致性，一些报道称ε4携带者的血氧水平依赖信号（BOLD）活性增加，而另一些则称非携带者的BOLD活性增加（Trachtenberg et al., 2012）。由此可见，fMRI的方法似乎不能有效区分携带和不携带ε4 的个体。

近年来，研究者开始倾向于研究*APOE*对淀粉样蛋白水平的影响。尽管*APOE* ε4与淀粉样蛋白的产生直接相关，但*APOE*状态和淀粉样蛋白负荷对认知有着独立的影响。在一个临床正常的老年人样本中，同时具有高水平的淀粉样蛋白和*APOE* ε4，与短期随访中认知能力的骤降相关（Lim et al., 2015; Mormino et al., 2014）。

进一步的研究探索了*APOE*状态对网络连接性的影响。有趣的是，认知正常的*APOE* ε4携带者有两种不同于非携带者的模式。默认网络的后部区域及与后扣带回种子区相连的区域之间的连接降低。但是，在需要外部注意的认知任务中，与前扣带区相连的前"突显"网络的连接性反而增加了（Machunda et al., 2011）。这些损害可能反映出对广泛参与认知的功能网络的调节能力下降。

7.2.5 关于阿尔茨海默病的结论性观点

当前研究已经深入到与AD相关的神经改变及其发病风险因素领域。然而，目前

尚不清楚这些指标中哪些有可能作为预测AD发展的生物标记物。其中许多指标，如
内嗅皮层萎缩率或淀粉样蛋白负荷，在组间水平上可以区分正常和异常衰老，但不
能精准地检测出哪些老年人会发展为AD患者，哪些老年人不会发展为AD患者。目
前人们热衷于对 τ 蛋白的研究，研究已经开始探索在临床正常样本中，预测与年龄
相关的认知和记忆衰退的一些生物标记物之间的关系（Hedden et al., 2014; Ward et al.,
2015; Wirth et al., 2013），但是需要更广泛的探究工作将研究范围扩展到MCI和AD样
本中。此外，还需要在更宽泛的环境背景下探讨罹患AD的风险因素及其病程发展情
况，特别是考虑到免疫系统可能通过神经炎症的有害影响导致AD的发展（Heneka et
al., 2015）。

个体差异和生活方式因素使与AD相关神经标记物的研究更加复杂化。例如，多
年的正规教育可能会对AD产生一定的防护作用。大脑中斑块的数量可以预测认知
功能，但实际受教育程度较高的老年人的认知功能要高于根据他们的大脑解剖状
况所预测的水平（D. A. Bennett et al., 2003）。一些研究表明，与对照组相比，双语
可以防止认知能力下降或延缓AD症状的发生大约3—4年（Bialystok et al., 2012;
Perani & Abutalebi, 2015）。然而，将双语的影响解释为保护性作用，可能还为时过
早（Zahodne et al., 2014）。有关双语的进一步讨论详见章节 2.8.6。其他个体差异因
素，如孤独感和种族，可能会加剧淀粉样蛋白的作用。老年人的孤独感越强，其
淀粉样蛋白负荷越高（Donovan et al., 2016）。一组淀粉样蛋白阳性的非裔美国人与
一组淀粉样蛋白阳性的非西班牙裔美国白人相比，表现出更严重的皮层变薄情况
（McDonough, 2017）。因此，生物标记物与AD的关系可能会存在个体差异，这些因
素可能会改善认知功能，也可能会加重老化或痴呆。

7.3 其他与年龄有关的神经退行性疾病

虽然越来越多的研究利用认知神经科学的方法来探究AD的影响，但其他疾病也
受到了一些关注。**帕金森病**由产生多巴胺的神经元的缺失引起，主要的临床表现涉
及运动功能改变，包括震颤、僵硬、运动缓慢以及平衡与协调能力下降。帕金森病
主要累及基底神经节。一项元分析表明，帕金森病患者在执行运动任务时，壳核后
部区域活动减少，而口服多巴胺则有利于激活该区域（Herz et al., 2014; 见图 7.5）。
有关运动控制研究的一项元分析进一步揭示了包括运动和顶叶区域在内的额顶叶网
络的作用。研究发现，不同的任务要求和任务表现下，对照组和帕金森患者两组被
试对该网络的调用程度不同（Herz et al., 2014）。纹状体与其他脑区之间的连接也受

到帕金森病的影响，更显著的运动缺陷与壳核前部区和中脑区（包括黑质）的耦合减弱有关（Manza et al., 2015）。**亨廷顿病**是一种通常发生在中年期的遗传性疾病，主要影响运动系统，也会影响基底神经节的连接。发病早期，亨廷顿病患者的基底神经节和皮层结构间的连接发生改变，尽管具有遗传标记物的个体尚未出现临床症状时，看起来与健康对照组老年人没有区别（Novak et al., 2015）。随着亨廷顿病的发展，脑网络连接也随之发生改变。

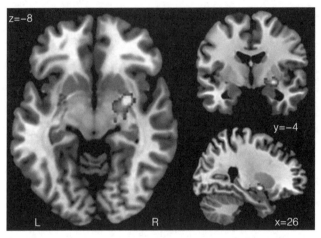

图 7.5　在一项对任务的元分析中，与对照组相比，帕金森病患者右后壳核的激活减少。该区域显示在不同的平面上，其中 z，y 和 x 分别表示大脑切片在蒙特利尔神经学研究所（MNI）空间的水平面、冠状面和矢状面上的位置。
摘自 Herz et al.（2014），*Human Brain Mapping*, Figure 1B.

　　尽管运动改变在帕金森病中最为普遍，但认知、奖赏和社交功能（详见章节7.4）也会受到损害。就认知变化而言，动作序列学习会受到损害，帕金森病患者和对照组两组被试的支持神经网络表现不同（Nakamura et al., 2001）。对照组中，包含背外侧前额叶皮层（DLPFC）、辅助运动皮层、前扣带回和纹状体的脑区网络都可预测控制学习，而帕金森病患者则依赖于额叶和运动前区的网络，不包括纹状体。研究者认为，帕金森病患者可能动用更广泛的皮层网络以弥补基底神经节的功能下降。这一解释与另一项关于自动执行学习动作序列的研究结果相一致（Wu & Hallett, 2005a）。一项PET研究中，亨廷顿病患者在出现临床表现前，也表现出促进动作序列学习的神经基质受损（Feigin et al., 2006）。与帕金森病相关的功能连接改变，会因为患者表现出的认知和运动受损的程度有所不同。认知能力下降严重的患者尾状核背侧和扣带回前喙表现出更强的耦合（Manza et al., 2015）。

7.4 跨神经退行性疾病的社会认知

许多神经退行性疾病都影响着社会功能和人际交往功能。大多数这类研究都在跨多病种地探索与功能障碍相关的神经改变，而不是聚焦在特定的疾病特征性表现上。这类研究反映了招募患有不同疾病的大样本的难度，以及由疾病发展等因素造成的同种疾病上的高个体差异水平。第 5 章和第 6 章讨论了典型的老化对社交和情绪过程的影响。本节仅关注各种神经退行性疾病导致的神经功能受损。一篇分析不同疾病对社会认知的影响的综述中，沙尼 - 乌尔（Shany-Ur）和兰金（Rankin）（2011）强调，影响额颞区的疾病对社会功能的影响远大于 AD 之类疾病的影响，原因在于 AD 直到疾病晚期，认知障碍都更多地局限于工作任务的认知成分上。**失语症**，即语言障碍或理解障碍，当工作任务围绕语言成分时会损害社会认知。此外，与帕金森病眶额皮层灰质体积和亨廷顿病扣带回体积相关的几种类型的损害都会影响情绪识别（Shany-Ur & Rankin, 2011）。

回顾第 6 章，已知心理理论既包括认知成分（理解他人心理状态的能力），同时也涉及情感成分（对他人有同理心的能力）。针对神经退行性疾病对心理理论影响的研究表明，不同的神经通路对这种能力的不同方面有所影响。**额颞叶痴呆**（FTD）主要损害其中的情感成分，而 AD 主要影响认知成分（Poletti et al., 2012）。然而，认知缺陷可能部分反映了通常用于评估心理理论任务的认知需求，而不是能力本身。诸如帕金森病、亨廷顿病和**肌萎缩侧索硬化症**（见专栏 7.2）等疾病，都会损伤包括基底神经节在内的额叶皮层下回路，对心理理论产生广泛的影响（Poletti et al., 2012; Poletti et al., 2011; Shany-Ur & Rankin, 2011）。总体而言，相关文献的综述表明，心理理论能力同时涉及皮层上（主要支持认知成分）和皮层下（主要支持情感成分）的通路。不同疾病所特有的损害与从不同患者群体中观察到的神经改变基本一致。这种对心理理论基础过程和脑区的评估与另一篇综述相一致，该文献推断，额叶皮层下回路将基底神经节连接至额叶区域，这在心理理论能力中尤为重要（Kemp et al., 2012）。

此外有研究将心理理论扩展到人际交往的其他方面。识别他人说谎或讽刺的言语依赖于心理理论，以理解他人意图。在一项针对不同患者群体的研究中，沙尼 - 乌尔（Shany-Ur）及其同事（2012）发现**行为变异性额颞叶痴呆**（bvFTD）患者（参见专栏 7.2）在这些能力方面受损尤为严重（Adenzato et al., 2010; Henry et al., 2014）。这与 bvFTD 中的情感突显网络损伤相一致，主要由参与处理社会相关线索的前额叶区域和介导社会概念知识的颞叶区域退化导致。为了探究与识别讽刺能力相关的脑

188

区，兰金（Rankin）及其同事（2009）利用基于体素的形态计量学来分析这些区域的体积并检测哪些区域与行为表现有关。海马旁回后部、颞极和右内侧额叶体积较小的患者对理解讽刺的表现较差（见图7.6）。研究者认为这些数据表明了海马旁回在识别异常语言模式中的作用，海马旁回触发了依赖于颞极和额叶的进一步解释。此外，**语义性痴呆**患者组（见专栏7.2）在识别讽刺方面受损最严重，这可能是由未能识别不和谐的语调所致。

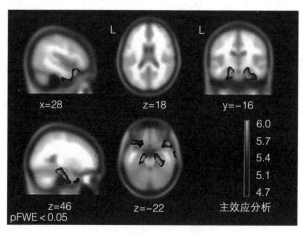

图7.6　图中所示的脑区萎缩与讽刺识别检测得分较低有关，包括颞极、后海马旁回和右内侧额叶。对数据进行阈值化处理，显著性差异以 $p<0.05$ 表示，整体错误（pFWE）校正。
改编自 Rankin et al.（2009），*NeuroImage*, Figure 3.

189

专栏 7.2　年龄相关神经退行性疾病的描述

疾病	症状	最先受影响的脑区
阿尔茨海默病（AD）	认知障碍（包括记忆），影响日常生活（包括社会和职业功能）。	内侧颞叶、边缘系统、颞顶叶皮层（Sperling et al., 2011）。
遗忘型轻度认知障碍（aMCI）	认知障碍比预期年龄更严重，但个体仍能独立生活。"遗忘型"是指MCI的一种亚型，尤其影响记忆。	在排除其他可能的解释后，临床判断早期病理指标可能是AD亚型（M. S. Albert et al., 2011）。
帕金森病	运动改变，包括震颤、僵硬、运动缓慢及平衡和协调能力受损。	基底神经节（Herz et al., 2014）。
亨廷顿病	运动变化，包括行动不稳、动作不可控。	基底神经节（Novak et al., 2015）。

续表

疾病	症状	最先受影响的脑区
额颞叶痴呆（FTD）	这类疾病包括几种亚型，本章将介绍一些范例。	额叶和颞叶进行性损伤（Association for frontotemporal, 2017; Ghosh & Lippa, 2015）。
——失语症（进行性非流动性失语症）	语言障碍可由FTD引起，包括语言缓慢、语句不流畅（语言生成和命名困难）。	左额叶最初受影响最大。
——语义性痴呆	语言障碍的这个层面会影响对物体的认识，包括识别和命名，但语言流利。	颞叶最初受影响最大。
——行为变异性额颞叶痴呆（bvFTD）	这种类型的FTD影响性格和情绪。	内侧、眶额叶及前颞极最受影响。
肌萎缩侧索硬化症（ALS）	运动症状包括僵硬、肌肉萎缩、四肢无力和吞咽困难。认知症状包括FTD。	上下运动神经元（Martin et al., 2017）。

　　一些退行性疾病可能影响受损的自我意识，尤其是在右额叶受损的情况下。在一项研究中，神经退行性疾病患者以及熟悉患者的报告者对患者的各种能力进行了评估：包括日常生活活动、认知、情绪控制和人际交往能力（Shany-Ur et al., 2014）。研究人员首先比较了患者本人和知情者评分之间的差异，发现那些患有bvFTD的患者的自我评估能力受损最为严重，他们高估了自己在所有领域的能力，而其他患者则有更多的局限性受损。具体而言，AD患者高估了他们的认知和情感能力，而右颞型额颞叶痴呆患者评估其人际交往情况的能力受损。那些非流利型失语症患者错误估计了自身的情感和人际交往能力，而语义失语症患者的评估则相对准确。实验的下一个阶段，通过基于体素的形态计量学进行评估，发现差异分数与大脑体积有关。这些分析表明，自我意识缺陷与额叶背侧区域的体积有关，这体现了领域一般性注意力的重要性，以及由眶额皮层和皮层下区域介导的对自我相关过程分配奖励的能力（见图7.7）。

190

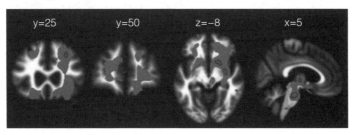

图7.7　该图显示了与患者高估其能力相关的主要额叶区域。结果是在限定疾病的总体严重程度的条件下得出的。

改编自Shany-Ur et al.（2014），*Brain*, Figure 1.

7.5 抑郁症

尽管抑郁症本身并不是老化病，但在本章中讨论它非常有意义。原因之一在于，抑郁症使老年人口的公共卫生负担加重，同时抑郁症使得老年人出现功能障碍和自杀的风险增大（Lebowitz et al., 1997）。此外抑郁症与其他老年性疾病（如痴呆症或残疾，包括影响心血管系统的疾病）的**共病**发生率也很高。尽管随着年龄的增长，老年人的生活满意度会更高，并对积极情感产生偏向，但晚年抑郁症仍是一个不容忽视的问题。其特征不同于生命早期出现的抑郁症，主要包括白质高信号的高发生率（Herrmann et al., 2008）以及出现对抗抑郁药物的耐药性（参见Felice et al., 2015; Mather, 2012）。

与年龄相关的额叶和纹状体回路改变使老年人极易出现认知障碍及晚年抑郁症，即使在没有痴呆的情况下也是如此（Lamar et al., 2013）。例如，在外显学习任务中，抑郁的老年人表现出前额叶激活减少以及纹状体激活增加，特别是对于违反预期的刺激（Aizenstein et al., 2005）。但是这种缺陷并未扩展到内隐学习任务中。值得注意的是，其后的研究表明，抑郁症患者额叶区域的激活和连接性缺陷，即便在治疗后仍会持续存在，这表明抑郁症可能引起神经功能的广泛改变（Aizenstein et al., 2009）。这并不意味着抑郁症对大脑的所有影响都是不可改变的，这项研究同时表明，药物治疗能够增强右侧DLPFC的激活。

晚年抑郁症会导致边缘区域及额下皮层网络中的灰质，发生更大面积的改变。一项元分析发现，与健康对照组相比，患有老年抑郁症的老年人多个脑区的体积减小。关于前额叶，眶额皮层的减小在以往文献中讨论得最多，而其他脑区的体积如前扣带回，也会受到影响（Sexton et al., 2013）。海马也不断出现萎缩，但有关壳核和丘脑体积减小的证据较为匮乏。这项元分析从机制角度推测，白质高信号可能导致灰质改变，海马也可能受到应激反应释放糖皮质激素的影响（有关应激的内容，参阅第2章）。

鉴于患阈下抑郁症的老年人的大脑也会出现某些改变，大脑随着老化而广泛存在与抑郁症相关变化的风险巨大。在抑郁症状水平较高但不符合抑郁症诊断标准的老年人报告中发现，背侧前扣带回的活动及其与其他区域的功能连接发生改变（R. Li et al., 2014）。有关这些连接性变化的图示，请参见图7.8。

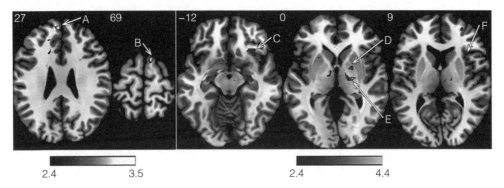

图7.8 与健康老年对照组的被试相比，亚临床水平的老年抑郁症的功能连接发生改变。上面左图可见，与背侧前扣带回的连接增强，包括左背外侧前额叶皮层（DLPFC）（A）和右辅助运动皮层（B）。上面右图显示出与背侧前扣带回的连接性降低，包括右侧眶额叶皮层（C）、右侧苍白球（D）、右侧丘脑（E）和右侧前脑岛（F）。

改编自 R.Li et al.（2014），*Psychiatry Research: Neuroimaging*, Figure 4.

本章总结

193

- AD是痴呆症最常见的形式，与大脑体积、功能激活和功能连接的广泛改变相关。

- 成像技术的进步使得在体内测量淀粉样蛋白成为可能。尽管淀粉样蛋白负荷与AD引起的脑激活功能障碍模式之间存在关联，但淀粉样蛋白是否有可能成为预测AD转化的生物标记物尚不确定。

- 因为AD早期潜在的代偿能力，以及生活方式因素的潜在保护作用，很难在个体间进行比较并最终预测疾病的发生。

- 其他随年龄增长而发生的退行性疾病具有不同于AD的功能障碍和神经改变形式，其中一些改变还会影响社会认知功能。

- 老年抑郁症可与神经退行性疾病同时发生，并对神经网络产生长期影响。

回顾思考

1. 什么是阿尔茨海默病？它与本书中谈及的"正常老化"有何不同？

2. 阿尔茨海默病影响大脑的方式有哪些？你认为本章讨论的哪些内容有可能帮助早期发现AD，从而扩大未来潜在的治疗窗口期？

3. 将其他常见的神经退行性疾病（如帕金森病、亨廷顿病）与阿尔茨海默病进行比较，其症状及对神经系统的损害有何不同？

4. 本章介绍的哪种神经退行性疾病对社会认知功能的损害最为严重？为什么？

5. 抑郁症如何影响大脑活动？研究老化为什么如此重要？

拓展阅读

- Fjell, A. M., McEvoy, L., Holland, D., Dale, A. M., Walhovd, K. B., & Alzheimer's Disease Neuroimaging Initiative. (2014). What is normal in normal aging? Effects of aging, amyloid and Alzheimer's disease on the cerebral cortex and the hippocampus. *Progress in Neurobiology*, *117*, 20–40.

- Hedden, T., Van Dijk, K. R., Becker, J. A., Mehta, A., Sperling, R. A., Johnson, K. A., & Buckner, R. L. (2009). Disruption of functional connectivity in clinically normal older adults harboring amyloid burden. *Journal of Neuroscience*, *29*(40), 12686–12694.

- Johnson, K. A., Fox, N. C., Sperling, R. A., & Klunk, W. E. (2012). Brain imaging in Alzheimer disease. *Cold Spring Harbor Perspectives in Medicine*, *2*(4), a006213.

- Shany-Ur, T., & Rankin, K. P. (2011). Personality and social cognition in neurodegenerative disease. *Current Opinion in Neurology*, *24*(6), 550–5.

- Sperling, R. A., LaViolette, P. S., O'Keefe, K., O'Brien, J., Rentz, D. M., Pihlajamaki, M., ... Hedden, T. (2009). Amyloid deposition is associated with impaired default network function in older persons without dementia. *Neuron*, *63*(2), 178–188.

关键术语

Alzheimer's disease（AD）（阿尔茨海默病）

amnestic mild cognitive impairment（aMCI）（遗忘型轻度认知障碍）

amyotrophic lateral sclerosis（ALS）（肌萎缩侧索硬化症）

aphasias（失语症）

apolipoprotein E（*APOE*）gene［载脂蛋白E（*APOE*）基因］

behavioral variant frontotemporal dementia（bvFTD）（行为变异性额颞叶痴呆）

beta-amyloid（or amyloid）（β-淀粉样蛋白）

comorbidity（共病）

dementias（痴呆症）

frontotemporal dementia（FTD）（额颞叶痴呆）

Huntington's disease（亨廷顿病）

mild cognitive impairment（MCI）（轻度认知障碍）

Parkinson's disease（帕金森病）

plaques（斑块）

semantic dementia（语义性痴呆）

subjective cognitive decline（SCD）（主观认知下降）

tangles（缠结）

tau（τ蛋白）

第**8**章
当前和未来研究的发展方向

学习目标

- 老化如何影响决策和经济任务中的神经活动？

- 哪些类型的决策和动机任务缺乏神经层面的研究数据？将认知神经科学的方法应用于这些领域，将面临哪些挑战？

- 如何利用神经调节技术，或刺激大脑区域的方法，来改善随着年龄增长而退化的认知能力？

- 未来有哪些有前景的研究方向？在这些领域可以获得哪些知识？用认知神经科学的研究方法探讨这些问题将会面临何种挑战？

8.1 引言

在本书中，你已经了解到老化影响大脑的方式，以及大脑在许多不同认知、情绪和社会过程中的神经活动方式。本章将介绍现有的一些令人振奋的研究领域，探索与奖励和决策相关的神经系统，并探讨**神经调控**对老化的影响。在最后，本章也讨论了人们对该领域当前主题的一些思考，如从纵向的角度研究老化的重要性，关注早期生活因素对老化过程的影响，讨论是否应分开探讨社会情感和认知与老化的关系，以及情景在老化研究中的重要性。

8.2 决策与奖励

决策行为与日常生活息息相关。然而，关于基本决策过程和启发式方法的认知神经科学的研究还很少，这可能与认知神经科学的实验设计所带来的挑战有关。认

知神经科学的实验设计需要通过许多实验试次，才能比较大脑活动，但有些决策不 196
太可能有意义地多次重复。此外，时间进程中的潜在变化也是一个挑战。例如，对
于持续时间较长的实验过程，在不同个体和试次中，一致地分辨出特定决策点（与
关键性子过程有关的神经活动就位于这些决策点中）可能很难。迄今为止，已经有
很多研究采用**神经经济学**方法，探讨了老化对奖励和经济任务中所涉及的神经基础
的影响，而不是对其他需要协商且复杂的决策任务的影响。

8.2.1 奖励和经济任务

早期关于老化对奖励和决策影响的研究结果，与社会情绪选择理论的预期相
一致（见章节 5.5），即老年人对积极信息的敏感性高于消极信息（Carstensen et al.,
1999）。这个框架也延伸到了奖赏领域，一项初步研究表明，老年人在预期收益时
的神经反应较为强烈，表现为纹状体和脑岛随着年龄的增长而完全激活（Samanez-
Larkin et al., 2007）。与此相反的是，当预期会有损失时，老年人在这些区域的神经反
应会减弱。这一神经证据证实了之前的研究结果，即老年人自我报告所经历的消极
情绪比年轻人自我报告的少，并确定了得失敏感性年龄差异的神经或生理基础。对
"损失"的神经反应的降低，可能使得老年人更容易出现决策偏差。

随着年龄的增长，纹状体的整体反应似乎是完好的。在实验的整个过程中，老
年人的尾状核和腹侧纹状体在奖励和惩罚反馈中的神经活动存在差异，其中这两个
区域对奖励的神经反应比对惩罚的神经反应更为持久（Cox, Aizenstein, & Fiez, 2008）。
年轻被试也表现出同样的特征，但在早期的结果后窗口出现了年龄差异，表现为纹
状体对惩罚的反应随年龄的增长而减弱。此外，老年人纹状体的反应在空间上更受
限制。总体上，这项研究强调了纹状体随年龄增长的完整反应，尽管老年人的样本
较为年轻（50—70 岁）。

奖励区域的反应随着年龄增长的潜在变化，对老年人的财务决策和幸福感有着
重要的影响。一些研究者认为，虽然老年人只是在规避风险，但其行为表现存在相
当大的差异，这可能反映了大脑的变化（Goh et al., 2016; Seaman, 2017）。也有研究
开始考虑被试在试图理解次优决策时，学习能力差或对携带噪声的有价值信号的辨 197
别能力差所产生的影响。在一项投资任务中，尽管理性选择随着年龄的增长而减少，
由风险偏好和困惑导致的错误随着年龄的增长而增加，但老年人因规避风险而犯错
误的可能性并不比年轻人高（Samanez-Larkin et al., 2010）。对风险偏好错误做反应的
神经区域没有出现年龄差异，这表明对反馈敏感性的降低并不能解释年龄差异。因
此，风险规避似乎不能完全解释老年人的财务决策行为。相反，从一次测量到下一

次测量的神经反应时间的变化可能表明，是系统中的干扰导致老年人做出了错误的风险偏好行为。事实上，伏隔核反应时间的变化可以解释年龄增长与风险偏好错误之间的关系（见图 8.1）。因此，选择的不当可能是由于伏隔核的信号随年龄的变化而变化，从而影响了对风险的预测。

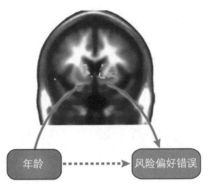

图8.1　伏隔核激活的可变性调节了年龄与风险偏好错误之间的关系。
摘自 Samanez-Larkin & Knutson（2015），*Nature Reviews Neuroscience*, Figure 2b.

　　就白质通路的作用而言，弥散张量成像（DTI）被用来评估年龄对白质完整性的影响是否解释了一些年龄相关的奖励学习缺陷（Samanez-Larkin et al., 2012）。丘脑-皮层-纹状体通路，即丘脑和内侧前额叶皮层之间以及内侧前额叶皮层和腹侧纹状体之间的白质纤维束，会受到老化的影响。这些通路的完整性预测了整个生命周期中奖励学习的年龄差异，这表明了能够通过该回路传递相关信息的重要性（见图 8.2）。

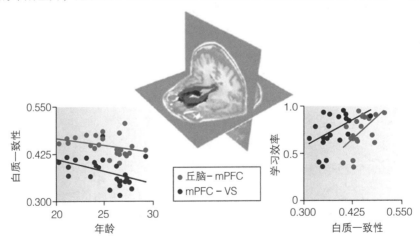

图8.2　结构通路的完整性（白质一致性）
丘脑到内侧前额叶皮层（mPFC），再到腹侧纹状体（VS）的连接随着年龄的增长而减少（上面左图）。与低白质一致性水平的个体相比，高白质一致性水平的个体对奖励的学习效率更高（上面右图）。
摘自 Samanez-Larkin & Knutson（2015），*Nature Reviews Neuroscience*, Figure 3b.

　　延迟是奖励加工的另一个方面，它可能会对个体整个生命周期内的行为表现产生影响。针对年轻人的研究表明，人们会对将来而不是现在获得的奖励打折扣，这种现象被称为**延迟折扣**。一项使用行为测量方法的研究并未发现个体对即时奖励和延迟奖励的偏好存在年龄差异，但神经测量的结果显示，这种偏好会随年龄变化而不同（Samanez-Larkin et al., 2011）。对于今天就能获得而不是两周后才能获得的奖励，年轻人表现出典型的中脑多巴胺活动系统的反应性增强模式，但时间变量对老年人的神经反应影响较小。即时奖励和延迟奖励都与老年人的腹侧壳核有关，因此，这种年龄差异可能反映老年人在其一生中有大量的获得延迟奖励的经验，而不是反映老年人随着年龄增长减弱了对奖励的反应。

　　随着年龄的增长，认知能力的下降可能会导致决策困难。一些研究表明，当任务不涉及学习过程时，年轻人和老年人的表现相似。这一观点得到了一项元分析（Mata et al., 2011）的支持，这项元分析表明当任务涉及**逆转学习**或对变化的奖励反应进行学习的时候，老年人行为表现将受到严重的影响。例如，最初选择左边的物品能够获得奖励，但如果选择右边的物品也能获得奖励，可能发生的情况将会改变。萨马内斯-拉金（Samanez-Larkin）及其同事（2014）也发现年龄效应取决于任务是否需要学习。在概率学习的过程中，额叶纹状体的活动会随着年龄的增长而减弱。而在不涉及学习因素的条件下，专注于奖励结果的任务没有诱发年龄差异。这些结果与其他发现一致，即当任务不需要学习时，年轻人和老年人的神经活动相似。斯帕尼奥尔（Spaniol）及其同事（2015）通过偏最小二乘法分析了功能性磁共振成像（fMRI）数据，确定了不同任务条件下大脑活动的时空模式。年龄差异在给出提示线索后 10 秒左右出现，反映了与年轻人相比，老年人认知控制区域的神经活动增加，而默认网络的失活程度在减弱。这一模式不同于之前关于默认网络和认知控制网络中年龄差异的发现，因为在不同的奖赏水平下大脑活动有所差异，这将先前关于一般年龄差异的发现扩展到了动机领域。

8.2.2　博弈任务

　　爱荷华博弈任务（见专栏8.1）是一项模拟博弈情境的任务，用于探究个体在奖励和回报不透明的情况下对风险情境的反应。通过这项任务，研究者发现腹内侧前额叶皮层（VMPFC）受损的患者，在用即时收益换取长期收益方面存在缺陷（Bechara et al., 1994）。目前，这个任务已经被用于揭示认知功能正常老年人的相关缺陷（Denburg et al., 2007）。此外，VMPFC灰质体积的减小与随年龄增长的非理性经济决策有关（Chung et al., 2017）。一项fMRI研究评估了老年人执行爱荷华博弈任务时VMPFC的反应，发现老年人的双侧VMPFC均有参与，其中左侧VMPFC与成功决策有关（Rogalsky, Vidal, Li, & Damasio, 2012）。如果不与年轻人进行直接比较，那么不可能得出策略或激活模式随年龄变化的有力结论。然而，研究者认为，老年人可能比年轻人更容易接受积极的信号，表明在这种范式中存在着"安全"牌。

随后的研究探索了老年人表现的个体差异。在一项研究中，研究人员比较了在爱荷华博弈任务中表现良好的老年人和表现欠佳的老年人的差异（Halfmann et al., 2014）。结果发现，被试在任务的不同阶段采用了不同的机制：在选择前阶段，是前额叶的代偿机制在发挥作用；而选择得到反馈时，大脑后部区域的神经活动反映了大脑对奖励的不同敏感度。奖励敏感性随年龄的变化在一项研究中得到了进一步探索，该研究将爱荷华博弈任务的表现与探讨延迟折扣的跨期选择任务的神经活动结合起来（Halfmann et al., 2015）。与先前的研究结果一致（Halfmann et al., 2014），表现良好的老年人比表现欠佳的老年人更多地调用了与奖励评估相关的脑区。在该任务中，这些脑区包括VMPFC和纹状体。此外，表现欠佳组在纹状体中也表现出更多的时间变异性，这可能反映了神经系统中过多的干扰导致了老年人的决策能力变差。

专栏 8.1 爱荷华博弈任务（Bechara et al., 1994）

在美国研究者开展的这项实验任务中，被试需要从四堆牌中选择一张牌。每张牌都有赢钱或输钱的可能，而被试希望积累尽可能多的钱。其中，有两堆牌是"有利纸牌"，抽这两堆牌将总体上获得收益。另外两堆是"不利纸牌"，抽它们将总体上导致亏损。但"不利纸牌"最初是有吸引力的，因为抽到其中一些纸牌的回报将比"有利纸牌"丰厚，但同时亏损风险也更高。因此，"不利纸牌"是有风险的纸牌。被试起初倾向于从所有的牌堆中抽纸牌，然后偏向于从有风险的牌堆中抽取。但随着时间的推移，被试学会了避开有风险的牌堆，并主要从有利纸牌堆中抽牌。然而，腹内侧前额叶皮层（VMPFC）受损的患者会继续从风险纸牌堆中抽牌，导致整体的金钱损失。

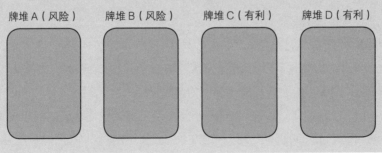

牌堆 A（风险）　　牌堆 B（风险）　　牌堆 C（有利）　　牌堆 D（有利）

研究发现，年龄差异在老虎机博弈任务中普遍存在，该博弈任务和现实世界中的博弈非常相似。在该任务中，老年人比年轻人更多地调用了前额叶区域，其中包括左侧额上和眶额叶皮层（McCarrey et al., 2012）。这种模式被解释为代偿机制，也就是说与年轻人相比，老年人需要使用更多额外的脑区。随着年龄的增长，前额叶参与的增加可能反映了老年人执行功能的缺陷，这使他们更容易固执己见，从而增加博弈带来的损失。事实上，存在博弈问题的人往往在前额叶区域表现出功能障碍（McCarrey et al., 2012）。这一发现与其他风险行为研究中的结果一致，即老年人的双侧前额叶皮层和右侧脑岛的参与程度比年轻人高（T. M. Lee et al., 2008）。研究者认为这些结果反映了与年龄相关的变化，个体需要调用更多额外的脑区，以期调节行为或克服神经系统的衰退。

8.2.3 社会情景下的经济决策

尽管被欺诈和被诈骗在老年人群中频繁发生（AARP Foundation, 2003; M. Ross et al., 2014），但很少有研究探讨相关过程随年龄变化的神经基础。最近的一项研究比较了遭受金融剥削的老年人和避免了被剥削的老年人间的大脑差异。遭受金融剥削的老年人在包括脑岛和颞上回在内的脑区表现出更严重的皮层萎缩，这些脑区间的功能连接也明显减弱（Spreng et al., 2017）。该结果揭示，神经层面的指标存在作为随年龄增长而被金融剥削风险标志的可能。

社会情景下的决策可能需要比上面提到的奖励系统更广泛的大脑网络的参与，包括在社会认知和心理理论中扮演着重要角色的内侧前额叶皮层（L. Zhu et al., 2012）。朱（Zhu）及其同事利用计算模型，提出了信息更新能力可能最受老化影响的观点。在他们的模型中，许多决策参数都似乎随着年龄的增长而保持不变，但社会契约和人际互动最可能受动态变化的影响，这说明了老年人在社会领域的特殊脆弱性。

研究社会环境中的经济行为往往依赖于人际互动，如最后通牒博弈任务。在这项任务中，A将提出如何与B分摊一笔钱。如果B接受这个提议，那么双方都可以得到提议中约定数目的钱。如果B拒绝，那么双方都不能得到相应的金额。通常，年轻人在进行此类游戏时会拒绝不公平的提议，比如8美元/2美元的分成。但老年人可能不会这样，他们会比年轻人更能接受不公平的提议（Bailey, Ruffman, & Rendell, 2013）。老年人和年轻人在提出的条件类型上也有所差异。与年轻人相比，老年人倾向于提出更公平的分成方案（P. E. Bailey et al., 2013），这一发现也适用于其他经济游戏。在独裁者博弈任务中，A提议将钱分给B。游戏规定不存在拒绝分配方案的机会，也不存在提议者和接受者之间进一步互动交流的机会。在诱导同情的情景中，被试A

被引导相信被试B正在经历健康危机。结果发现老年人在此情景下为B提出的分配份额高于年轻人（Beadle et al., 2015）。这两项研究结果都表明，老年人比年轻人表现出更多的亲社会行为，比如向对方提供更公平的分配方案，同时为需要帮助的伙伴提供更慷慨的分配方案。

一项采用最后通牒博弈任务的fMRI研究，比较了年龄对认知和情绪系统的影响。研究发现老年人比年轻人更多地拒绝了轻微不公平的分配方案（例如，7美元/3美元的分成），这与行为研究的结果相反（Harle & Sanfey, 2012）。神经数据显示左侧背外侧前额叶皮层（DLPFC）的神经活动存在年龄差异，在不公平的分配条件下，老年人比年轻人更多地调用了该区域。在不公平条件下，双侧脑岛的激活随年龄增长而减弱。研究者认为DLPFC的神经活动表明，老年人在决策过程中更依赖于执行功能。在这项研究中，老年人较少地接受提议，可能反映出其在任务（例如，社会交往规范和赚钱）中整合竞争性需求的困难。而老年人脑岛激活的减弱则表明其对不公平提议的情绪反应减少，这与老年人情绪调节能力得到了保留的观点相一致。综合而言，这些数据表明，随着年龄的增长，个体更依赖于认知和执行控制系统，而不是情绪系统。尽管这种解释在社会情景下的经济游戏中可能是合理的，但我们仍然不确定为什么这一领域的结果会不同于其他的研究领域——在其他的研究领域中，老年人更依赖不受损的情绪加工（见第5章和第6章），而不是受损的认知加工。

8.2.4 决策和奖励相关研究的未来方向

总的来说，对决策和奖励反应的研究并未强调其他领域（如认知领域）随着年龄增长而出现的普遍损伤。甚至还有证据表明老年人存在一些潜在的优势，比如延迟折扣效应的降低，这可能使他们比年轻人更重视长远回报。对年龄增长所带来的优势和劣势的持续性研究，最终将有利于决策辅助和干预措施的发展，从而更好地服务于老年人的决策和奖励反应（Samanez-Larkin & Knutson, 2015）。考虑到晚年必须做出许多决定，如医疗保健和财务管理，对决策干预的研究就显得尤为重要。老年人可能是第一次面对这些决定，面临着复杂的风险-收益权衡的新信息和竞争性信息。有时这些信息会出现在社会情景中，或者需要进行不透明的人际互动，这些方面可能会给做出最佳决策带来额外挑战。此外，身体状况和认知能力的下降也可能会进一步影响决策质量（Nielsen & Mather, 2011）。

决策的研究刚开始只是阐明进一步研究生命周期中动机的必要性。迄今为止，研究人员主要通过优先级随年龄的变化来研究动机，如社会情绪的选择理论（见第5章），以及本章叙述的经济游戏和决策行为。记住情绪加工中不同的神经系统是很有用的，这其中包含杏仁核和眶额皮层，而中脑边缘多巴胺系统（例如，包括伏隔核在内的纹状体）主要与动机有关。到目前为止，有关老化的研究主要关注经济奖励，还未涉及其他形式的动机，例如生理相关奖励（如食欲或性刺激）或人际激励（如权力或成就）等（Braver et al., 2014）。与大量关注老年人情绪与认知交互作用的研究（见第 5 章）不同，关注动机与认知交互作用的研究还很少，这里叙述的研究只能初步推测这些系统之间可能存在着交互作用。随着年龄的变化，认知资源的可用性也会发生变化，这可能会影响老年人使用这些资源的动机。如果随着年龄的增长，认知过程需要涉及更多的努力，那么老年人调用认知资源的积极性可能会被降低，他们会更加严格地筛选何时这样做，甚至更受内在动机而非外在动机的驱动（Braver et al., 2014; Hess, 2014）。尽管这些变化会影响老年人何时以及如何被激励，但目前研究者主要关注的还是这些变化如何影响老年人的行为。老化对潜在神经生物学机制的影响方式还有待探讨，甚至深度推论（Braver et al., 2014）。情境选择的年龄差异可能使得老年人在不同和更有限的情境下保持相对完好的动机系统。考虑到对经济动机和奖励的反应随年龄变化（Samanez-Larkin & Knutson, 2015），以及年龄对多巴胺系统的影响（S. C. Li et al., 2013），与动机相关的神经生物学机制很可能会在一生中发生巨大的变化。

研究这一领域的另一个重要考虑因素，是要选择与年龄相匹配的实验任务。这对于财务和经济决策相关研究来说尤为重要，因为老年人在实验研究中使用的策略和方法，可能与其在现实决策中所使用的有所不同。实验研究中使用的经济游戏是否能真实模拟现实生活中的财务决策？参加研究的老年人似乎并不特别受到实验中外部经济奖励的激励。相反，他们更多地受到内在动机的影响，例如对老化的科学研究做出贡献，以及对为后代开发干预方案和辅助工具感兴趣。此外，与互动伙伴间的人际关系可能也是重要的考虑因素。实验室研究经常涉及与陌生人的互动，但老年人面临的最大风险，是来自熟人而非陌生人的影响，熟人对老年人的经济虐待比其他类型的虐待更为常见（Nielsen & Mather, 2011）。迄今为止所研究的社会经济游戏中的人际互动关系，是否能真实地反映老年人将贷款或财务决策托付给熟人时的互动关系？这些方面必须在今后的工作中加以考虑。

8.3 神经调控

8.3.1 概述

在大脑刺激方面，有一个尤其令人兴奋的技术进展。无创技术通过在头皮上放置线圈（**重复经颅磁刺激，rTMS**）或通过连接头皮上带电池的电极发出的微弱电流（**经颅直流电刺激，tDCS**），增强或抑制神经活动（Freitas et al., 2013; Gutchess, 2014; Zimerman & Hummel, 2010）。参见图 8.3 中的 tDCS 图示说明。这些方法可以被安全地用于针对人类的研究，研究人员对与扩展方案和训练方法相结合的大脑刺激方法是否能在短期甚至长期内增强认知功能感兴趣。

205

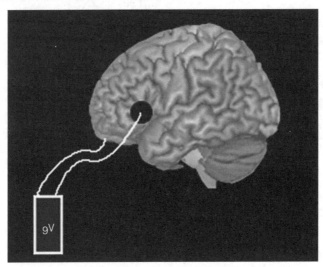

图8.3　经颅直流电刺激（tDCS）工作原理描述。电极被放置在头皮上，来自9伏电池的电流被输送到大脑的某个区域。
改编自 Gutchess（2014），Science, Figure 2.

　　这些技术也因在确定因果关系中的作用而备受关注。尽管 fMRI 等方法可以说明在特定任务中哪些大脑区域是活跃的（例如，DLPFC 的激活随着工作记忆负荷的增加而增加），但这些方法不能揭示神经活动对任务的执行是否为必要的和充分的。成功的任务表现可能依赖于脑区间的相互合作，而不是（甚至可能完全没有）单一脑区的贡献。例如，早期关于双侧前额叶的激活是否具有代偿功能的争论认为，随着年龄的增长，跨大脑半球同源区域的激活，可能是血管变化或去分化的结果，这种变化或者去分化影响了这些区域在特定任务中的激活。如果这种说法成立，那么干扰老年人额外大脑半球的活动不应该影响任务的执行。一项早期的 rTMS 研究表明，相比于年轻人，双侧大脑半球都对老年人的任务表现贡献更大（Rossi et al., 2004）。年轻人在信息检索过程中表现出 DLPFC 的偏侧化现象，只针对右半球的 rTMS 刺激损害了其行为表现。通过 rTMS 控制脑活动来研究其对行为的影响，与如 fMRI 般简单地观察信息检索激活哪些区域相比，证实了左侧 DLPFC 在信息检索过程中起到了

关键作用，在该区域被抑制时行为变得更差。与年轻人相比，老年人在rTMS实验中
并没有表现出偏侧化效应，这说明两个半球都影响老年人的任务表现，因为单独破
坏任何一个半球都不会不成比例地影响信息检索时的行为表现。

　　尽管上述方法可以用于确定因果关系和理解刺激区域的功能，但这些方法的应
用潜力受到了空间分辨率的限制。因为rTMS或tDCS信号可能并不那么集中，而且
定位的区域受到信号传播距离的限制（例如，它不太可能穿透皮层，调控诸如海马
等大脑深部的结构），所以很难精确地定位到特定区域。此外，用rTMS刺激某些脑
区也会造成一定的不适感，这也限制了rTMS的适用范围。例如，额头肌肉组织受
到刺激会引起被试的抽搐和不适感，使得一些前额区域难以被定位。尽管存在空间
局限性，最近的研究使用了一些创造性的方法，即通过刺激与目标区域在同一个网
络的其他节点，干预原始方法无法适用的区域。由于头部线圈无法刺激到海马和内
侧颞叶，一组研究人员利用静息态fMRI扫描的结果，识别出左侧顶叶皮层中的一
个区域与左侧海马功能连接最强。然后，研究人员对年轻人的顶叶区域进行了五轮
rTMS，以达到增强整个顶叶–海马网络活动的目的（J. X. Wang et al., 2014）。刺激增
强了这些区域之间的连通性，也增强了面孔和单词之间联结的记忆表现。因此，鉴
于人们对增强记忆充满兴趣，这些研究方法具有更灵活的应用潜力。

8.3.2 正常老化的神经调控研究

　　一些研究探究了神经调控对认知行为表现的影响。尽管关于神经调控有效性的
文献结论并不一致，但由于神经结构和功能存在一定的可塑性，以及神经调控在改
善低水平行为表现上的潜力，我们有理由相信该技术对老年人或认知障碍人群［如
遗忘型轻度认知障碍（aMCI）或阿尔茨海默病（AD）患者］的影响可能更大。一项
关于神经调控（主要包括tDCS研究，但也有部分TMS研究）的元分析发现，神经调
控改善了老年人的认知表现（Hsu et al., 2015）。虽然很少有元分析研究采用多阶段设
计，但在多个阶段进行刺激比在单个阶段进行刺激的效果更明显。

　　神经调控改善了老年人的一些认知能力，包含老年人在运动任务、图片命名任务
和反应抑制任务中的表现。与**伪调控**组（刺激没有被实际执行或施加在与任务无关的
脑区）相比，神经调控改善了老年人在运动学习中的表现，而且这种效应持续了24小
时以上（Zimerman et al., 2013）。将tDCS应用于小脑，可以让老年人以类似于年轻人
的速度学习并适应运动到达任务；而在伪调控条件下，老年人的表现较差（Hardwick
& Celnik, 2014）。在命名任务中对左侧DLPFC施加tDCS，可以提高老年人对图片命名
的正确率，以及减少命名所需的时间（Fertonani et al., 2014）。相比之下，无论是在图

片命名之前还是之中施加tDCS，都能改善年轻人的认知表现。这说明相比于年轻人，tDCS对老年人神经活动的影响更为有限。在前颞叶使用tDCS可以提高年轻人和老年人对名人面孔和地标建筑的命名能力，但是这种效应的偏侧性会随着年龄改变而有所不同（L. A. Ross et al., 2011）。与伪调控组相比，使用tDCS对右侧DLPFC进行神经调控，可提高老年人在反应抑制任务中对所犯错误的意识（Harty et al., 2014）。但因为没有年轻人作为对照，这项研究无法明确老化是否会影响这种益处的大小。

记忆力会随着年龄的增长而显著下降，因此它一直是神经调控研究的目标。在记忆提取过程中，tDCS可以改善年轻人和老年人的言语情景记忆（Manenti et al., 2013）。在左半球或右半球的额叶或顶叶区域施加tDCS均有利于改善年轻人的表现，但只有在左半球施加tDCS时才能改善老年人的表现。目标定位学习也受益于tDCS调控，在右侧颞顶皮层接受tDCS的老年人，比接受伪调控的老年人在一周后能更好地回忆所学的信息（Floel et al., 2012）。然而，不同的老年群体对神经调控的反应可能不同。与受教育程度较低的老年人相比，在工作记忆任务中，受教育程度较高的老年人接受tDCS在不同皮层部位的调控，会有更多的受益（Berryhill & Jones, 2012）。同样的，前额叶皮层刺激效应的偏侧性在表现较好和表现较差的老年人之间也存在差异。在编码过程中，表现较差的老年人更容易受到施加在左侧DLPFC的TMS的影响，而表现较好的老年人更容易受到双侧DLPFC的TMS的影响（Manenti et al., 2011）。

208尽管有研究者认为tDCS对老年人的效果可能不如年轻人，但基于实施该方法的时间或部位，上述研究更大程度上强调了tDCS对年轻人和老年人的共同优势。然而，一项研究表明，在不同年龄组中，tDCS能够以不同的方式改变冒险行为。在这项研究中，这种效应的偏侧性随着年龄而发生完全反转。在年轻人中，tDCS刺激左侧DLPFC减少了博弈任务中被试对低风险选项的选择，而刺激右侧DLPFC则增加了被试的冒险行为。但对老年人来说，用tDCS刺激左侧和右侧DLPFC的效果模式则相反（Boggio et al., 2010）。这些结果可能表明与风险行为有关的底层神经系统发生了变化，凸显了在给予神经刺激之前了解老化对底层神经网络影响的重要性。同样，运动系统也随着年龄的增长而变化，老年人常会调用双侧的运动皮层，这使得他们比年轻人更容易受到神经调控的影响（Zimmerman et al., 2014）。

在老化领域，结合神经调控技术和神经影像学方法的研究还很少。一项研究发现，与伪调控条件相比，在左侧额下回施加tDCS，可提高老年人在语义性的词汇生成任务中的表现，并改变老年人的大脑活动模式，使其更像年轻人（Meinzer et al., 2013）。在伪调控的条件下，老年人在执行任务时，双侧前额叶会表现出更强烈的激活，大脑前部区域的功能连接更强，而后部区域的功能连接降低。tDCS降低了老年人的前额叶激活，并调节了功能连接模式，使老年人的大脑活动与年轻人更为相似。这项研究表明，单次的神经调控不仅可以优化认知表现，还可能"修复"神经网络，使其更像年轻人。为了探讨这些改善是否能够持续较长时间，未来还有许多工作要做。

一个有前景的研究方向是将神经调控与认知训练方案相结合，因为这可能会提升任何一种干预措施本身的效果（Hsu et al., 2015）。最近的一项研究将工作记忆训练与tDCS相结合。结果显示，与对照组相比，老年人产生了更大的迁移效应（Stephens & Berryhill, 2016）。虽然这一结果带来了希望，但未来还需要更多的工作来评估这种可能性，尤其是在只有某些特定类型的认知训练项目才能广泛改善认知的情况下（如章节3.6.3所讨论的）。此外，研究神经网络和特定区域的激活随着时间的推移如何被神经调控方案改变也很重要（Hsu et al., 2015）。这种方法将有助于阐明神经调控的影响机制，并有助于预测最有效的方案和干预措施。一项研究表明了这类多系统干预方法的前景。虽然它没有采用神经调控的方法，但它将神经网络连通性的测量与长达一个月的认知训练相结合，认知训练的任务用于激活默认网络（De Marco et al., 2015）。通过比较认知训练组和强调社交互动的对照组，研究发现认知训练组默认网络内的功能连接显著高于对照组。虽然因为缺乏年轻人作为对照，此项研究不算是一项真正的关于老化的研究，但研究者认为此结果可推广到与老化相关疾病的研究中。他们认为，这种干预方法有望改善易患AD个体或AD早期患者的认知功能，因为这种疾病似乎特别容易影响默认网络的神经活动。将这种训练方案与神经调控的方法相结合可能会带来更好的效果。

8.3.3 年龄相关疾病的神经调控研究

关于老年人神经调控研究的元分析也包括对AD患者的研究。这些分析揭示了神经调控的效果（如改善老年人在图片命名和记忆任务中的表现）以及能够作为评估认知定向的常用筛选测试（Hsu et al., 2015）。在一项研究中，AD患者完成了一个视觉图形的再认测试。研究者对比了被试在接受tDCS神经调控的时间点和另一个无神经调控的时间点的记忆表现（Boggio et al., 2012）。结果发现，当接受tDCS调控时，患者的记忆表现优于伪调控时的记忆表现，而且这种效果在神经调控一个月之后依然存在。与接受低频rTMS或伪调控的对照组相比，先对右侧DLPFC，然后对左侧DLPFC进行高频rTMS刺激，改善了AD患者在认知定向筛选评估中的表现（Ahmed et al., 2012）。神经调控的积极作用可以维持三个月。然而，神经调控的这种积极效果并非在所有的研究中都出现。一项研究发现，与接受tDCS及运动训练的对照组相比，接受计算机记忆训练的AD患者，无论是否接受tDCS调控，记忆表现都得到了显著改善（Cotelli et al., 2014）。

　　TMS的另一个有趣的潜在应用是预测aMCI发展为AD的可能性。一项具有前瞻性的实验招募了健康老年人（对照组）和诊断为轻度认知障碍（MCI）的老年人，并对他们进行了为期四年的研究（Trebbastoni et al., 2015）。在这段时期内，许多被试发展成了AD患者。研究人员在研究开始时以及随后的每年，都对尚未发展为AD的aMCI被试进行了TMS。结果显示，被诊断为MCI的患者的静息运动阈值降低，这被认为反映了大脑皮层兴奋性的增强和突触可塑性的改变。静息运动阈值的变化程度与向AD转化的时间有关，这表明静息运动阈值可以作为诊断指标，用以预测转化为AD的时间进程。此外，将tDCS成功应用于主观记忆减退的个体（Manenti et al., 2017），能够证明这一技术在延迟功能损伤和诊断方面也是有帮助的。

　　其他侵入式的大脑刺激技术也被用于改善患者群体的情况。**深部脑刺激（DBS）**以直接、可控和可逆的方式，通过手术植入的装置，对大脑区域进行电刺激。丘脑底核富含多巴胺，它已成为晚期帕金森病的靶点。在一项随机对照临床试验中，参照治疗效果的评估标准，与单独接受药物治疗的患者相比，接受DBS治疗的患者在六个月间，从活动能力到日常生活活动（如梳洗和自我护理）方面，都得到了更大改善（Deuschl et al., 2006）。虽然运动相关症状有可能得到改善，但DBS是否会加重认知障碍仍是人们关注的问题。一项元分析表明，刺激丘脑底核对多种认知能力造成的负面影响是很小的（Combs et al., 2015）。然而，其对语义和语音流畅性造成了中等程度的损伤，这些任务要求被试在给定的时间内尽可能多地说出同一个类别的成员（如动物），或以特定字母开头的单词。但事实上，这类任务经常包含在认知定向的测试中，这种情况可能会夸大接受DBS治疗的患者的认知障碍程度。总的来说，研究者认为DBS对认知能力的影响是轻微的，考虑到DBS有可能改善运动症状，因此继续推荐DBS作为帕金森病的治疗方法。然而，这个元分析也表明，刺激苍白球而非丘脑底核时，对认知障碍造成的影响可能更轻（尽管目前对苍白球刺激的研究相对较少）。虽然深部脑刺激对于缓解一些临床人群的症状来说是一项激动人心的技术，但在未来，它不太可能被推广到健康人群中。包括严重不良事件在内的副作用的发生率较高，限制了推广DBS用于改善健康人群认知能力下降情况的可能性。

8.4 新兴方向

8.4.1 在整个生命周期中研究老化

就这一领域的发展方向而言，研究者将会更多地关注成人发育和老化对寿命的影响。这包括**认知流行病学**（Deary & Batty, 2007），它将儿童时期的能力与晚年的状态联系起来。相比于晚年，可能更容易在中年时期实施诸如记忆策略训练的干预，因为这一时期的认知资源更丰富，而且认知干预可能带来更长久的效果。此外，从生命周期的角度来研究随年龄增长而出现的疾病（如AD）是很重要的。研究认知表现以及大脑结构或功能激活变化的轨迹，也有助于区分正常和病理性老化的过程（Fjell, Westlye et al., 2014）。为了制订有效的干预措施，相关的研究越来越强调需要及早识别有患病风险的个体。因为一旦大脑系统出现萎缩或损伤，神经退行性变化似乎就会变得难以遏制，但仍有希望在神经病理级联反应发作之前更好地干预该疾病。

纵向研究可以探究认知减退的速率。仅在晚年测量认知能力，难以区分能力水平和衰退速率。越来越多的研究表明，探究认知能力随年龄增长的下降比率，而不是认知表现的绝对水平，是非常重要的。除了发现当前的和中年的行为表现水平与神经活动模式有关外，行为表现的变化速率也会影响激活水平。这三个因素（当前水平、中年水平和变化率）中的每一个，都与左侧额下回及双侧海马中不同而又部分重叠的区域的激活有关（Pudas et al., 2014；见图8.4）。中年时期的记忆得分是预测大脑多个区域活动的最强指标之一。这使得布达斯（Pudas）及其同事强调了研究中年时期个体差异的重要性，同时也强调了纵向研究中认知变化评估的敏感性的增强。

212

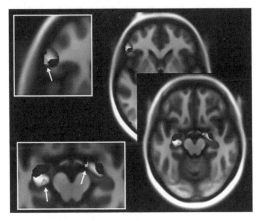

图8.4 额下回（图的上半部分）和海马（图的下半部分）区域，分别显示了当前记忆表现（浅灰色）、中年时期记忆表现（深灰色）的效果，还显示了记忆表现变化斜率（中灰色，用箭头表示）。

改编自 Pudas et al.（2014），*Neurobiology of Aging*, Figure 1C.

最终，我们需要进行纵向研究来揭示早期生活经历与老化结果之间的关系。尽管一些大型纵向研究的数据收集工作正在进行中，但许多工作是从中年时期而不是从儿童或青年时期开始的。纵向研究的这一特点限制了对儿童早期逆境（如低社会经济地位，难以获得教育或营养，以及压力的一般影响）如何影响未来发展能力的探究（如Nielsen & Mather, 2011 所讨论的）。章节 2.8.2 叙述了儿童期智力水平影响晚年结局的一些证据。社会经济地位和幼年逆境生活的情境因素，对认知和情绪发展有着深远的影响（Hackman et al., 2010）。比如，父母的教育水平可以预测前扣带回和DLPFC的激活水平，以及包括这些区域在内的网络连接强度（Gianaros et al., 2011）。

8.4.2 探索社会情感和认知领域的区别

未来另一个有趣的研究方向，是区分老化对支持社会情感和认知过程的神经系统所产生的不同影响。如第 6 章所讨论的，社会过程可能以多种方式与认知过程相互独立，包括调用不同网络等。目前，很少有研究探讨老化对社会系统的影响，特别是从大脑测量的角度，因此需要更多相关方面的探索。正如肯辛格（Kensinger）和古切斯（Gutchess）（2017）所概述的那样，认知老化的研究能够以多种方式帮助我们理解老化对社会情感过程的影响。认知资源的限制会导致社交和情绪加工的困难，比如调节一个人对耻辱感的反应。然而，年轻人和老年人在社会情感任务中的认知资源分配可能不同，例如优先处理消极还是积极效价的信息。此外，在一些社会情感任务中，认知能力并不能完全解释被试的表现，包括那些老年人比年轻人表现得更好的任务。这种模式支持了社会情感能力和认知能力相互独立的观点。社会和情感能力的神经网络在多大程度上受到老化的影响，以及这些网络在多大程度上与认知网络协同运作，还有待检验。

探索认知老化的有效研究方法必须扩展到社会和情感能力的研究上（Kensinger & Gutchess, 2017）。也就是说，个体差异、纵向研究方法和对认知资源可用性的操纵，尚未广泛应用于社会和情感领域的研究。此外，情绪（第 5 章）和社会（第 6 章）过程在多大程度上构成了不同的领域也未阐明。

8.4.3 情景对老化的贡献

情景可以通过多种方式进行概念化定义，包括信息的呈现方式（例如，一个词所在的句子或呈现时的语调），个体遇到或应用新信息时的情景（例如，健康小贴士是从著名的医生还是从朋友那里知道的？），个体生活的社会文化背景（例如，对老年人的文化成见是什么？一个人是否拥有丰富的社交网络？），以及个体为了支持日常生活而构建的物理情景（例如，把钥匙留在指定的位置）等。一些证据表明，情景对老年人的影响可能大于年轻人。老年人的语言感知能力的发挥得益于句子语境。即使老年人因为年龄增长而出现听力损失，导致对一个词的听觉感知出现困难，他们仍可以毫不费力地在句子中消除这个词的歧义（Wingfield et al., 2015）。在句子语境中学习单词对老年人的记忆尤其有益处（Matzen & Benjamin, 2013）。对复杂且语义上有意义图片的记忆，可以不受年龄的影响（Gutchess & Park, 2009; A. D. Smith et al., 1990），而许多其他类型的记忆则显示出较强的年龄差异。与年轻人相比，支持和干扰情景，分别扩大了老年人记忆的优势和缺陷（Earles et al., 1994）。试图在熟悉的、先前研究过背景的情景中去识别新的项目，会增加老年人的错误记忆（Gutchess, Hebrank, et al., 2007）。此外，在熟悉情景中识别新事物时，老年人无法像年轻人那样激活额叶的认知控制区域，尽管高表现水平的老年人比低表现水平的老年人对该区域的激活程度更大（Gutchess, Hebrank, et al., 2007）。这些优点和缺点表明，情景具有深度调节老年人所使用的神经区域的潜力。

214

尽管老年人可以从许多情景中获益，但社会情景在支持老年人的表现方面可能特别有效力。社会和情感情景可以作为丰富的环境支持，使情景成为老年人得以在这些领域中更好地保留认知能力的主要因素（Kensinger & Gutchess, 2017）。社会情景具有支持认知表现的潜在能力。例如，数据表明，大型的社交网络可能与较低的患痴呆症概率有关（Wilson et al., 2007）。这类研究很大程度上是前瞻性的，是基于自我报告，而不是在不同社交条件下实时控制和测量大脑功能所得到的。现有研究在与现实情况的近似性和自身意义方面存在一定的局限性。尽管在**合作认知**等领域的研究越来越多（例如，Derksen et al., 2015; Harris et al., 2011; Henkel & Rajaram, 2011），在这些研究中，被试以小组为单位合作完成记忆或其他认知任务，但相关研究才刚刚开始调查和陌生人相比与熟识伙伴（如配偶）合作的重要性，或考虑人际互动的意义。自然条件下的人际互动对与认知神经科学方法的整合提出了挑战。一些研究将对自我与对熟悉朋友的相同神经反应，以及对陌生人的神经反应进行比较，来研究共情（例如，Beckes et al., 2013），或者采用**超扫描**技术同时扫描两个在任务中互动的被试来研究共情（Montague et al., 2002）。然而，这些任务必然是人为的和剧本化的，导致我们无法捕捉日常人际互动和挑战中的自然性。

我们这里叙述的研究是基于实验室背景开展的研究，这可能无法考虑到情景带来的最大影响。例如，老年人更喜欢"居家养老"，只要可以，就一直住在自己的家里，而不是搬到老人住宅或养老院（Cutchin, 2003）。虽然对最弱势的老年人来说，居家养老可能不是最好的选择（S. Park et al., 2015），但家庭保健和辅助技术的进步，使得更多的人能够在家中养老。由于绝大多数的研究都是在实验室，或家以外的环境中进行的，我们可能会错过许多老年人通过环境布置和运用策略来优化认知的丰

215

富方法。该领域面临的一个重要挑战，是如何在熟悉的环境中研究老年人，特别是考虑到认知神经科学方法的局限性，即它往往需要在高度陌生和可控的环境中进行测试。利用便携式头戴脑电波（EEG）系统等设备，可以提高我们在家庭环境，或在整个日常生活中对老年人进行研究的能力，或许有朝一日我们能够在老年人的日常生活中更好地研究老年人，研究日常生活的情景如何影响老年人利用包括神经资源在内的适当策略和代偿机制的能力。

本章总结

- 决策和对奖励的反应似乎不像许多其他领域那样受到老化的影响，除非任务涉及学习过程。

- 在决策和奖励任务中，丘脑活动因年龄不同而不同。丘脑–皮层–纹状体白质束的完整性可以预测奖励学习中年龄差异的程度。

- 在决策和神经经济学领域（包括对参与社会经济任务的神经区域的研究）之外，对动机的研究是有限的。这可能是未来工作一个产出丰富的领域，因为行为数据表明，在人的一生中，激励人们的因素可能会有巨大的变化。

- 总的来说，相关研究表明神经调控（例如用tDCS或TMS无创地刺激大脑区域），可以改善老年人以及aMCI或AD患者在各种任务上的表现。然而，由于神经网络会随着年龄的增长而发生变化，神经调控最好与神经成像技术结合使用。

- 未来研究的两个重要方向是在整个生命周期中研究老化过程，以及评估认知所依赖的神经系统的变化，在多大程度上会延伸到社会情感领域。

- 尽管相比于年轻人，情景对老年人起着更重要的作用，但用认知神经科学的方法研究具有丰富意义的日常情景，仍然是一个挑战。

回顾思考

1. 哪些神经系统和神经区域支持决策？老化对这些区域有哪些影响？

2. 哪些因素影响了在决策和奖励任务中是否会出现年龄差异？

3. 什么是爱荷华博弈任务？为什么它一直是研究风险经济行为的常用方法？老化如何影响这个任务所调用的神经区域？

4. 老年人在什么类型的任务上的表现能得到神经刺激的改善？在AD患者中情况如何？其对老年人的影响在哪些方面可能有所不同？

5. 你认为未来有前景的老化认知神经科学的研究方向有哪些？技术是否会最终克服这里概述的一些挑战，如在对日常生活有意义的情况下研究老化的影响？

拓展阅读

- Braver, T. S., Krug, M. K., Chiew, K. S., Kool, W., Westbrook, J. A., Clement, N. J., ... MOMCAI Group. (2014). Mechanisms of motivation–cognition interaction: challenges and opportunities. *Cognitive, Affective, and Behavioral Neuroscience*, *14*(2), 443–472.

- Hsu, W. Y., Ku, Y., Zanto, T. P., & Gazzaley, A. (2015). Effects of noninvasive brain stimulation on cognitive function in healthy aging and Alzheimer's disease: a systematic review and meta-analysis. *Neurobiology of Aging*, *36*(8), 2348–2359.

- Kensinger, E. A., & Gutchess, A. H. (2017). Cognitive aging in a social and affective context: advances over the past 50 years. *Journals of Gerontology. Series B, Psychological Sciences and Social Sciences*, *72*(1), 61–70.

- Meinzer, M., Lindenberg, R., Antonenko, D., Flaisch, T., & Floel, A. (2013). Anodal transcranial direct current stimulation temporarily reverses age-associated cognitive decline and functional brain activity changes. *Journal of Neuroscience*, *33*(30), 12470–12478.

- Samanez-Larkin, G. R., & Knutson, B. (2015). Decision making in the ageing brain: changes in affective and motivational circuits. *Nature Reviews Neuroscience*, *16*(5), 278–289.

217

关键术语

cognitive epidemiology（认知流行病学）

collaborative cognition（合作认知）

deep brain stimulation（DBS）（深部脑刺激）

delay discounting（延迟折扣）

hyperscanning（超扫描）

Iowa Gambling Task（爱荷华博弈任务）

neuroeconomics（神经经济学）

neuromodulation（神经调控）

repetitive transcranial magnetic stimulation（rTMS）（重复经颅磁刺激）

reversal learning（逆转学习）

sham stimulation（伪调控）

transcranial direct current stimulation（tDCS）（经颅直流电刺激）

附　录

（扫描下方二维码查看彩色插图）

参考文献

AARP Foundation. (2003). *Off the Hook*: *Reducing Participation in Telemarketing Fraud*. Retrieved from https:// assets.aarp.org/rgcenter/consume/d17812_fraud.pdf

Abbott, A., & Dolgin, E. (2016). Failed Alzheimer's trial does not kill leading theory of disease. *Nature*, *540*(7631), 15–16. doi:10.1038/nature.2016.21045

Abutalebi, J., Canini, M., Della Rosa, P. A., Green, D. W., & Weekes, B. S. (2015). The neuroprotective effects of bilingualism upon the inferior parietal lobule: a structural neuroimaging study in aging Chinese bilinguals. *Journal of Neurolinguistics*, *33*, 3–13.

Abutalebi, J., Canini, M., Della Rosa, P. A., Sheung, L. P., Green, D. W., & Weekes, B. S. (2014). Bilingualism protects anterior temporal lobe integrity in aging. *Neurobiology of Aging*, *35*(9), 2126–2133.

Acosta-Cabronero, J., & Nestor, P. J. (2014). Diffusion tensor imaging in Alzheimer's disease: insights into the limbic-diencephalic network and methodological considerations. *Frontiers in Aging Neuroscience*, 6.

Addis, D. R., Giovanello, K. S., Vu, M.-A., & Schacter, D. L. (2014). Age-related changes in prefrontal and hippocampal contributions to relational encoding. *NeuroImage*, *84*, 19–26.

Addis, D. R., Leclerc, C. M., Muscatell, K. A., & Kensinger, E. A. (2010). There are age-related changes in neural connectivity during the encoding of positive, but not negative, information. *Cortex*, *46*(4), 425–433. doi:10.1016/j.cortex.2009.04.011

Addis, D. R., Roberts, R. P., & Schacter, D. L. (2011). Age-related neural changes in autobiographical remembering and imagining. *Neuropsychologia*, *49*(13), 3656–3669. doi:10.1016/j. neuropsychologia.2011.09.021

Adenzato, M., Cavallo, M., & Enrici, I. (2010). Theory of mind ability in the behavioural variant of frontotemporal dementia: an analysis of the neural, cognitive, and social levels. *Neuropsychologia*, *48*(1), 2–12.

Ahmed, M. A., Darwish, E. S., Khedr, E. M., El Serogy, Y. M., & Ali, A. M. (2012). Effects of low versus high frequencies of repetitive transcranial magnetic stimulation on cognitive function and cortical excitability in Alzheimer's dementia. *Journal of Neurology*, *259*(1), 83–92. doi:10.1007/s00415-011-6128-4

Aizenstein, H. J., Butters, M. A., Clark, K. A., Figurski, J. L., Stenger, V. A., Nebes, R. D., ... Carter, C. S. (2006). Prefrontal and striatal activation in elderly subjects during concurrent implicit and explicit sequence learning. *Neurobiology of Aging*, *27*(5), 741–751.

Aizenstein, H. J., Butters, M. A., Figurski, J. L., Stenger, V. A., Reynolds, C. F., & Carter, C. S. (2005). Prefrontal and striatal activation during sequence learning in geriatric depression. *Biological Psychiatry*, *58*(4), 290–296.

Aizenstein, H. J., Butters, M. A., Wu, M., Mazurkewicz, L. M., Stenger, V. A., Gianaros, P. J., ... Carter, C. S. (2009). Altered functioning of the executive control circuit in late-life depression: episodic and persistent phenomena. *American Journal of Geriatric Psychiatry*, *17*(1), 30–42.

Albert, K., Hiscox, J., Boyd, B., Dumas, J., Taylor, W., & Newhouse, P. (2017). Estrogen enhances hippocampal gray-matter volume in young and older postmenopausal women: a prospective dose-response study. *Neurobiology of Aging*, *56*, 1–6. doi:10.1016/j. neurobiolaging.2017.03.033

Albert, M. S., DeKosky, S. T., Dickson, D., Dubois, B., Feldman, H. H., Fox, N. C., ... Petersen, R. C. (2011). The diagnosis of mild cognitive impairment due to Alzheimer's disease: recommendations from the National Institute on Aging–Alzheimer's Association workgroups on diagnostic guidelines for Alzheimer's disease.

Alzheimer's & Dementia, 7(3), 270–279.

Alexander, A. L., Lee, J. E., Lazar, M., & Field, A. S. (2007). Diffusion tensor imaging of the brain. *Neurothera-peutics, 4*(3), 316–329. doi:10.1016/j.nurt.2007.05.011

Allard, E. S., & Kensinger, E. A. (2014a). Age-related differences in functional connectivity during cognitive emotion regulation. *Journals of Gerontology. Series B, Psychological Sciences and Social Sciences, 69*(6), 852–860. doi:10.1093/geronb/gbu108

(2014b). Age-related differences in neural recruitment during the use of cognitive reappraisal and selective attention as emotion regulation strategies. *Frontiers in Psychology, 5*, Article 296. doi:10.3389/ fpsyg.2014.00296

Ally, B. A., Waring, J. D., Beth, E. H., McKeever, J. D., Milberg, W. P., & Budson, A. E. (2008). Aging memory for pictures: using high-density event-related potentials to understand the effect of aging on the picture superiority effect. *Neuropsychologia, 46*(2), 679–689.

Almela, M., Hidalgo, V., van der Meij, L., Pulopulos, M. M., Villada, C., & Salvador, A. (2014). A low cortisol response to acute stress is related to worse basal memory performance in older people. *Frontiers in Aging Neuroscience, 6*, Article 157. doi:10.3389/fnagi.2014.00157

Alzheimer's Association. (2017). *2017 Alzheimer's Disease Facts and Figures*. Retrieved from www.alz.org/documents_custom/2017-facts-and-figures.pdf

Alzheimer's Disease International. (2015). *World Alzheimer Report*. Retrieved from www.worldalzreport2015.org

Andrews-Hanna, J. R., Snyder, A. Z., Vincent, J. L., Lustig, C., Head, D., Raichle, M. E., & Buckner, R. L. (2007). Disruption of large-scale brain systems in advanced aging. *Neuron, 56*(5), 924–935.

Angel, L., Bastin, C., Genon, S., Balteau, E., Phillips, C., Luxen, A., ... Collette, F. (2013). Differential effects of aging on the neural correlates of recollection and familiarity. *Cortex, 49*(6), 1585–1597.

Anguera, J. A., Boccanfuso, J., Rintoul, J. L., Al-Hashimi, O., Faraji, F., Janowich, J., ... Johnston, E. (2013). Video game training enhances cognitive control in older adults. *Nature, 501*(7465), 97–101.

Antonenko, D., Brauer, J., Meinzer, M., Fengler, A., Kerti, L., Friederici, A. D., & Flöel, A. (2013). Functional and structural syntax networks in aging. *NeuroImage, 83*, 513–523.

Association for Frontotemporal Degeneration. (2017). *Disease Overview*. Retrieved from www.theaftd.org/what-is-ftd/disease-overview/

Backman, L., Karlsson, S., Fischer, H., Karlsson, P., Brehmer, Y., Rieckmann, A., ... Nyberg, L. (2011). Dopamine D(1) receptors and age differences in brain activation during working memory. *Neurobiology of Aging, 32*(10), 1849–1856. doi:10.1016/j. neurobiolaging.2009.10.018

Backman, L., Lindenberger, U., Li, S. C., & Nyberg, L. (2010). Linking cognitive aging to alterations in dopamine neurotransmitter functioning: recent data and future avenues. *Neuroscience and Biobehavioral Reviews, 34*(5), 670–677. doi:10.1016/j. neubiorev.2009.12.008

Backman, L., Nyberg, L., Lindenberger, U., Li, S. C., & Farde, L. (2006). The correlative triad among aging, dopamine, and cognition: current status and future prospects. *Neuroscience and Biobehavioral Reviews, 30*(6), 791–807. doi:10.1016/j.neubiorev.2006.06.005

Baddeley, A. D. (2000). The episodic buffer: a new component of working memory? *Trends in Cognitive Science, 4*(11), 417–423.

(2003). Working memory: looking back and looking forward. *Nature Reviews Neuroscience, 4*(10), 829–839.

Baddeley, A. D., & Hitch, G. J. (1974). Working memory. In G. A. Bower (Ed.), *Recent Advances in Learning and Motivation* (vol. VIII, pp. 47–89). New York: Academic Press. http://dx.doi.org/10.1016/s0079-7421(08)60452-1

Bailey, H. R., Zacks, J. M., Hambrick, D. Z., Zacks, R. T., Head, D., Kurby, C. A., & Sargent, J. Q. (2013). Medial temporal lobe volume predicts elders' everyday memory. *Psychological Science, 24*(7), 1113–1122.

Bailey, P. E., & Henry, J. D. (2008). Growing less empathic with age: disinhibition of the self-perspective. *Journals of Gerontology. Series B, Psychological Sciences and Social Sciences, 63*(4), 219-226.

Bailey, P. E., Ruffman, T., & Rendell, P. G. (2013). Age-related differences in social economic decision making: the ultimatum game. *Journals of Gerontology. Series B, Psychological Sciences and Social Sciences, 68*(3), 356–363. doi:10.1093/geronb/gbs073

Balota, D. A., Tse, C. S., Hutchison, K. A., Spieler, D. H., Duchek, J. M., & Morris, J. C. (2010). Predicting conversion to dementia of the Alzheimer's type in a healthy control sample: the power of errors in Stroop color naming. *Psychology and Aging, 25*(1), 208–218.

Baltes,P.B.(1993).The aging mind: potential and limits. *Gerontologist, 33* (5), 580–594.

(1997). On the incomplete architecture of human ontogeny: selection, optimization, and compensation as foundation of developmental theory. *American Psychologist, 52*(4), 366–380.

Baltes, P. B., & Baltes, M. M. (1990). Psychological perspectives on successful aging: the mode of selective optimization with compensation. In P. B. Baltes & M. M. Baltes (Eds.), *Successful Aging: Perspectives from the Behavioral Sciences* (pp. 1–34). New York: Cambridge University Press.

Baltes, P. B., & Lindenberger, U. (1997). Emergence of a powerful connection between sensory and cognitive functions across the adult life span: a new window to the study of cognitive aging? *Psychology and Aging, 12*(1), 12–21.

Barber, S. J. (2017). An examination of age-based stereotype threat about cognitive decline. *Perspectives on Psychological Science, 12*(1), 62–90. doi:10.1177/1745691616656345

Baron, S. G., Gobbini, M. I., Engell, A. D., & Todorov, A. (2011). Amygdala and dorsomedial prefrontal cortex responses to appearance-based and behavior-based person impressions. *Social Cognitive and Affective Neuroscience, 6*(5), 572–581. doi:10.1093/scan/nsq086

Baron-Cohen, S., Jolliffe, T., Mortimore, C., & Robertson, M. (1997). Another advanced test of theory of mind: evidence from very high functioning adults with autism or Asperger syndrome. *Journal of Child Psychology and Psychiatry and Allied Disciplines, 38*(7), 813–822. doi:10.1111/j.1469-7610.1997.tb01599.x

Baron-Cohen, S., Wheelwright, S., Hill, J., Raste, Y., & Plumb, I. (2001). The "Reading the Mind in the Eyes" test revised version: a study with normal adults, and adults with Asperger syndrome or high-functioning autism. *Journal of Child Psychology and Psychiatry and Allied Disciplines, 42*(2), 241–251. doi:10.1017/s0021963001006643

Basak, C., Voss, M. W., Erickson, K. I., Boot, W. R., & Kramer, A. F. (2011). Regional differences in brain volume predict the acquisition of skill in a complex real-time strategy videogame. *Brain and Cognition, 76*(3), 407–414.

Beadle, J. N., Sheehan, A. H., Dahlben, B., & Gutchess, A. H. (2015). Aging, empathy, and prosociality. *Journals of Gerontology. Series B, Psychological Sciences and Social Sciences, 70*(2), 213–222. doi:10.1093/geronb/gbt091

Beadle, J. N., Yoon, C., & Gutchess, A. H. (2012). Age-related neural differences in affiliation and isolation. *Cognitive, Affective, and Behavioral Neuroscience, 12*, 269–279.

Bechara, A., Damasio, A. R., Damasio, H., & Anderson, S. W. (1994). Insensitivity to future consequences following damage to human prefrontal cortex. *Cognition, 50*(1–3), 7–15.

Beckes, L., Coan, J. A., & Hasselmo, K. (2013). Familiarity promotes the blurring of self and other in the neural representation of threat. *Social Cognitive and Affective Neuroscience, 8*(6), 670–677. doi:10.1093/scan/nss046

Bejanin, A., Schonhaut, D. R., La Joie, R., Kramer, J. H., Baker, S. L., Sosa, N., ... Rabinovici, G. D. (2017). Tau pathology and neurodegeneration contribute to cognitive impairment in Alzheimer's disease. *Brain, 140*(12), 3286–3300. doi:10.1093/brain/awx243

Benedict, C., Brooks, S. J., Kullberg, J., Nordenskjöld, R., Burgos, J., Le Grevès, M., ... Ahlström, H. (2013). Association between physical activity and brain health in older adults. *Neurobiology of Aging, 34*(1), 83–90.

Bennett, D. A., Wilson, R. S., Schneider, J. A., Evans, D. A., Mendes de Leon, C. F., Arnold, S. E., ... Bienias, J. L. (2003). Education modifies the relation of AD pathology to level of cognitive function in older persons. *Neu-*

rology, *60*(12), 1909–1915.

Bennett, I. J., & Rypma, B. (2013). Advances in functional neuroanatomy: a review of combined DTI and fMRI studies in healthy younger and older adults. *Neuroscience and Biobehavioral Reviews*, *37*(7), 1201–1210. doi:10.1016/j.neubiorev.2013.04.008

Bergerbest, D., Gabrieli, J., Whitfield-Gabrieli, S., Kim, H., Stebbins, G., Bennett, D., & Fleischman, D. (2009). Age-associated reduction of asymmetry in prefrontal function and preservation of conceptual repetition priming. *NeuroImage*, *45*(1), 237–246.

Berry, A. S., Shah, V. D., Baker, S. L., Vogel, J. W., O'Neil, J. P., Janabi, M., ... Jagust, W. J. (2016). Aging affects dopaminergic neural mechanisms of cognitive flexibility. *Journal of Neuroscience*, *36*(50), 12559–12569. doi:10.1523/jneurosci.0626-16.2016

Berryhill, M. E., & Jones, K. T. (2012). tDCS selectively improves working memory in older adults with more education. *Neuroscience Letters*, *521*(2), 148–151. doi:10.1016/j.neulet.2012.05.074

Bialystok, E., Craik, F. I. M., & Luk, G. (2012). Bilingualism: consequences for mind and brain. *Trends in Cognitive Sciences*, *16*(4), 240–250.

Boduroglu, A., Yoon, C., Luo, T., & Park, D. C. (2006). Age-related stereotypes: a comparison of American and Chinese cultures. *Gerontology*, *52*(5), 324–333. doi:10.1159/000094614

Boggio, P. S., Campanha, C., Valasek, C. A., Fecteau, S., Pascual-Leone, A., & Fregni, F. (2010). Modulation of decision-making in a gambling task in older adults with transcranial direct current stimulation. *European Journal of Neuroscience*, *31*(3), 593–597. doi:10.1111/j.1460-9568.2010.07080.x

Boggio, P. S., Ferrucci, R., Mameli, F., Martins, D., Martins, O., Vergari, M., ... Priori, A. (2012). Prolonged visual memory enhancement after direct current stimulation in Alzheimer's disease. *Brain Stimulation*, *5*(3), 223–230. doi:10.1016/j.brs.2011.06.006

Bollinger, J., Rubens, M. T., Masangkay, E., Kalkstein, J., & Gazzaley, A. (2011). An expectation-based memory deficit in aging. *Neuropsychologia*, *49*(6), 1466–1475.

Bookheimer, S., & Burggren, A. (2009). *APOE*-4 genotype and neurophysiological vulnerability to Alzheimer's and cognitive aging. *Annual Review of Clinical Psychology*, *5*, 343–362. doi:10.1146/annurev.clinpsy.032408.153625

Boshyan, J., Zebrowitz, L. A., Franklin, R. G., McCormick, C. M., & Carre, J. M. (2014). Age similarities in recognizing threat from faces and diagnostic cues. *Journals of Gerontology. Series B*, *Psychological Sciences and Social Sciences*, *69*(5), 710–718. doi:10.1093/geronb/gbt054

Bowen, H. J., Kark, S. M., & Kensinger, E. A. (2017). NEVER forget: negative emotional valence enhances recapitulation. *Psychonomic Bulletin and Review*. doi:10.3758/s13423-017-1313-9

Braak, H., & Braak, E. (1991). Neuropathological stageing of Alzheimer-related changes. *Acta Neuropathologica*, *82*(4), 239–259.

Brassen, S., Gamer, M., Peters, J., Gluth, S., & Buchel, C. (2012). Don't look back in anger! Responsiveness to missed chances in successful andnonsuccessful aging. *Science*, *336*(6081), 612–614. doi:10.1126/science.1217516

Braver, T. S., Krug, M. K., Chiew, K. S., Kool, W., Westbrook, J. A., Clement, N. J., ... MOMCIA Group. (2014). Mechanisms ofmotivation–cognition interaction: challenges and opportunities. *Cognitive, Affective, and Behavioral Neuroscience*, *14*(2), 443–472. doi:10.3758/s13415-014-0300-0

Braver, T. S., Paxton, J. L., Locke, H. S., & Barch, D. M. (2009). Flexible neural mechanisms of cognitive control within human prefrontal cortex. *Proceedings of the National Academy of Sciences of the United States of America*, *106*(18), 7351–7356. doi:10.1073/pnas.0808187106

Brehmer, Y., Rieckmann, A., Bellander, M., Westerberg, H., Fischer, H., & Bäckman, L. (2011). Neural correlates of training-related working-memory gains in old age. *NeuroImage*, *58*(4), 1110–1120.

Brookmeyer, R., Evans, D. A., Hebert, L., Langa, K. M., Heeringa, S. G., Plassman, B. L., & Kukull, W. A. (2011).

National estimates of the prevalence of Alzheimer's disease in the United States. *Alzheimer's Disease and Dementia*, *7*(1), 61–73.

Buckner, R. L. (2004). Memory and executive function in aging and AD: multiple factors that cause decline and reserve factors that compensate. *Neuron*, *44*(1), 195–208.

Buckner, R. L., Andrews-Hanna, J. R., & Schacter, D. L. (2008). The brain's default network: anatomy, function, and relevance to disease. *Annals of the New York Academy of Sciences*, *1124*, 1–38.

Buckner, R. L., Sepulcre, J., Talukdar, T., Krienen, F. M., Liu, H., Hedden, T., ... Johnson, K. A. (2009). Cortical hubs revealed by intrinsic functional connectivity: mapping, assessment of stability, and relation to Alzheimer's disease. *Journal of Neuroscience*, *29*(6), 1860–1873. doi:10.1523/jneurosci.5062-08.2009

Buckner, R. L., Snyder, A. Z., Shannon, B. J., LaRossa, G., Sachs, R., Fotenos, A. F., ... Mintun, M. A. (2005). Molecular, structural, and functional characterization of Alzheimer's disease: evidence for a relationship between default activity, amyloid, and memory. *Journal of Neuroscience*, *25*(34), 7709–7717. doi:10.1523/jneurosci.2177-05.2005

Bucur, B., Madden, D. J., Spaniol, J., Provenzale, J. M., Cabeza, R., White, L. E., & Huettel, S. A. (2008). Age-related slowing of memory retrieval: contributions of perceptual speed and cerebral white matter integrity. *Neurobiology of Aging*, *29*(7), 1070–1079.

Budson, A. E., & O'Connor, M. K. (2017). *Seven Steps to Managing Your Memory*. New York: Oxford University Press.

Burzynska, A. Z., Wong, C. N., Voss, M. W., Cooke, G. E., Gothe, N. P., Fanning, J., ... Kramer, A. F. (2015). Physical activity is linked to greater moment-to-moment variability in spontaneous brain activity in older adults. *PLoS One*, *10*(8), e0134819.

Cabeza, R. (2002). Hemispheric asymmetry reduction in older adults: the HAROLD model. *Psychology and Aging*, *17*(1), 85–100.

Cabeza, R., Anderson, N. D., Locantore, J. K., & McIntosh, A. R. (2002). Aging gracefully: compensatory brain activity in high-performing older adults. *NeuroImage*, *17*(3), 1394–1402. doi:10.1006/nimg.2002.1280

Cabeza, R., & Dennis, N. A. (2013). Frontal lobes and aging: deterioration and compensation. In D. T. Stuss & R. T. Knight (Eds.), *Principles of Frontal Lobe Function* (2nd edn, pp. 628–652). New York: Oxford University Press.

Cabeza, R., Grady, C. L., Nyberg, L., McIntosh, A. R., Tulving, E., Kapur, S., ... Craik, F. I. M. (1997). Age-related differences in neural activity during memory encoding and retrieval: a positron emission tomography study. *Journal of Neuroscience*, *17*(1), 391–400.

Cacioppo, J. T., Berntson, G. G., Bechara, A., Tranel, D., & Hawkley, L. C. (2011). Could an aging brain contribute to subjective well-being? The value added by a social neuroscience perspective. In A. Todorov, S. T. Fiske, & D. A. Prentice (Eds.), *Social Neuroscience: Toward Understanding the Underpinnings of the Social Mind* (pp. 249–262). Oxford Series in Social Cognition and Social Neuroscience. Oxford University Press.

Cacioppo, J. T., Hawkley, L. C., Kalil, A., Hughes, M. E., Waite, L., & Thisted, R. A. (2008). Happiness and the invisible threads of social connection: the Chicago Health, Aging, and Social Relations Study. In M. Eid & R. J. Larsen (Eds.), *The Science of Subjective Well-Being* (pp. 195–219). New York: Guilford Press.

Cacioppo, J. T., Hawkley, L. C., & Thisted, R. A. (2010). Perceived social isolation makes me sad: 5-year cross-lagged analyses of loneliness and depressive symptomatology in the Chicago Health, Aging, and Social Relations Study. *Psychology and Aging*, *25*(2), 453–463.

Cacioppo, J. T., Hughes, M. E., Waite, L. J., Hawkley, L. C., & Thisted, R. A. (2006). Loneliness as a specific risk factor for depressive symptoms: cross-sectional and longitudinal analyses. *Psychology and Aging*, *21*(1), 140–151.

Campbell, K. L., Grady, C. L., Ng, C., & Hasher, L. (2012). Age differences in the frontoparietal cognitive control network: implications for distractibility. *Neuropsychologia*, *50*(9), 2212–2223.

Campbell, K. L., Grigg, O., Saverino, C., Churchill, N., & Grady, C. L. (2013). Age differences in the intrinsic functional connectivity of default network subsystems. *Frontiers in Aging Neuroscience*, *5*, Article 73. doi:10.3389/fnagi.2013.00073

Cappell, K. A., Gmeindl, L., & Reuter-Lorenz, P. A. (2010). Age differences in prefrontal recruitment during verbal working memory maintenance depend on memory load. *Cortex*, *46*(4), 462–473. doi:10.1016/j.cortex.2009.11.009

Carmichael, O., Schwarz, C., Drucker, D., Fletcher, E., Harvey, D., Beckett, L., ... DeCarli, C. (2010). Longitudinal changes in white matter disease and cognition in the first year of the Alzheimer disease neuroimaging initiative. *Archives of Neurology*, *67*(11), 1370–1378. doi:10.1001/archneurol.2010.284

Carne, R. P., Vogrin, S., Litewka, L., & Cook, M. J. (2006). Cerebral cortex: an MRI-based study of volume and variance with age and sex. *Journal of Clinical Neuroscience*, *13*(1), 60–72.

Carp, J., Gmeindl, L., & Reuter-Lorenz, P. A. (2010). Age differences in the neural representation of working memory revealed by multi-voxel pattern analysis. *Frontiers in Human Neuroscience*, *4*.

Carp, J., Park, J., Hebrank, A., Park, D. C., & Polk, T. A. (2011). Age-related neural dedifferentiation in the motor system. *PLoS One*, *6*(12), e29411. doi:10.1371/journal.pone.0029411

Carp, J., Park, J., Polk, T. A., & Park, D. C. (2011). Age differences in neural distinctiveness revealed by multi-voxel pattern analysis. *NeuroImage*, *56*(2), 736–743.

Carstensen, L. L., Isaacowitz, D. M., & Charles, S. T. (1999). Taking time seriously – a theory of socioemotional selectivity. *American Psychologist*, *54*(3), 165–181.

Cassidy, B. S., & Gutchess, A. H. (2012a). Social relevance enhances memory for impressions in older adults. *Memory*, *20*(4), 332–345.

(2012b). Structural variation within the amygdala and ventromedial prefrontal cortex predicts memory for impressions in older adults. *Frontiers in Psychology*, *3*, Article 319. doi:10.3389/fpsyg.2012.00319

(2015). Influences of appearance-behavior congruity on memory and social judgments. *Memory*, *23*, 1039–1055.

Cassidy, B. S., Hedden, T., Yoon, C., & Gutchess, A. H. (2014). Age differences in medial prefrontal activity for subsequent memory of truth value. *Frontiers in Psychology*, *5*, Article 87. doi:10.3389/fpsyg.2014.00087

Cassidy, B. S., Leshikar, E. D., Shih, J. Y., Aizenman, A., & Gutchess, A. H. (2013). Valence-based age differences in medial prefrontal activity during impression formation. *Social Neuroscience*, *8*(5), 462–473. doi:10.1080/17470919.2013.832373

Cassidy, B. S., Shih, J. Y., & Gutchess, A. H. (2012). Age-related changes to the neural correlates of social evaluation. *Social Neuroscience*, *7*(6), 552–564. doi:10.1080/17470919.2012.674057

Castelli, I., Baglio, F., Blasi, V., Alberoni, M., Falini, A., Liverta-Sempio, O., ... Marchetti, A. (2010). Effects of aging on mindreading ability through the eyes: an fMRI study. *Neuropsychologia*, *48*(9), 2586–2594.

Castle, E., Eisenberger, N. I., Seeman, T. E., Moons, W. G., Boggero, I. A., Grinblatt, M. S., & Taylor, S. E. (2012). Neural and behavioral bases of age differences in perceptions of trust. *Proceedings of the National Academy of Sciences of the United States of America*, *109*(51), 20848–20852. doi:10.1073/pnas.1218518109

Celone, K. A., Calhoun, V. D., Dickerson, B. C., Atri, A., Chua, E. F., Miller, S. L., ... Sperling, R. A. (2006). Alterations in memory networks in mild cognitive impairment and Alzheimer's disease: an independent component analysis. *Journal of Neuroscience*, *26*(40), 10222–10231. doi:10.1523/jneurosci.2250-06.2006

Chalfonte, B. L., & Johnson, M. K. (1996). Feature memory and binding in young and older adults. *Memory & Cognition*, *24*(4), 403–416.

Chan, M. Y., Alhazmi, F. H., Park, D. C., Savalia, N. K., & Wig, G. S. (2017). Resting-state network topology differentiates task signals across the adult life span. *Journal of Neuroscience*, *37*(10), 2734–2745. doi:10.1523/jneurosci.2406-16.2017

Chan, M. Y., Park, D. C., Savalia, N. K., Petersen, S. E., & Wig, G. S. (2014). Decreased segregation of brain systems across the healthy adult life span. *Proceedings of the National Academy of Sciences of the United States of America*, *111*(46), E4997–E5006.

Chapman, S. B., Aslan, S., Spence, J. S., Hart, J. J., Bartz, E. K., Didehbani, N., ... DeFina, L. F. (2015). Neural mechanisms of brain plasticity with complex cognitive training in healthy seniors. *Cerebral Cortex*, *25*(2), 396–405.

Charles, S. T., Mather, M., & Carstensen, L. L. (2003). Aging and emotional memory: the forgettable nature of negative images for older adults. *Journal of Experimental Psychology: General*, *132*(2), 310–324. doi:10.1037/0096-3445.132.2.310

Charlton, R. A., Barrick, T. R., Markus, H. S., & Morris, R. G. (2009). Theory of mind associations with other cognitive functions and brain imaging in normal aging. *Psychology and Aging*, *24*(2), 338–348. doi:10.1037/a0015225

Chee, M. W., Chen, K. H., Zheng, H., Chan, K. P., Isaac, V., Sim, S. K., ... Ng, T. P. (2009). Cognitive function and brain structure correlations in healthy elderly East Asians. *NeuroImage*, *46*(1), 257–269.

Chee, M. W., Goh, J. O., Venkatraman, V., Tan, J. C., Gutchess, A. H., Sutton, B., ... Park, D. C. (2006). Age-related changes in object processing and contextual binding revealed using fMR adaptation. *Journal of Cognitive Neuroscience*, *18*(4), 495–507. doi:10.1162/jocn.2006.18.4.495

Chee, M. W., Zheng, H., Goh, J. O., Park, D. C., & Sutton, B. P. (2011). Brain structure in young and old East Asians and Westerners: comparisons of structural volume and cortical thickness. *Journal of Cognitive Neuroscience*, *23*, 1065–1079.

Chen, Y. C., Chen, C. C., Decety, J., & Cheng, Y. W. (2014). Aging is associated with changes in the neural circuits underlying empathy. *Neurobiology of Aging*, *35*(4), 827–836. doi:10.1016/j.neurobiolaging.2013.10.080

Chhatwal, J. P., & Sperling, R. A. (2012). Functional MRI of mnemonic networks across the spectrum of normal aging, mild cognitive impairment, and Alzheimer's disease. *Journal of Alzheimer's Disease*, *31*(s3), S155–S167.

Chowdhury, R., Guitart-Masip, M., Bunzeck, N., Dolan, R. J., & Düzel, E. (2012). Dopamine modulates episodic memory persistence in old age. *Journal of Neuroscience*, *32*(41), 14193–14204.

Chowdhury, R., Guitart-Masip, M., Lambert, C., Dayan, P., Huys, Q., Düzel, E., & Dolan, R. J. (2013). Dopamine restores reward prediction errors in old age. *Nature Neuroscience*, *16*(5), 648–653.

Chung, H. K., Tymula, A., & Glimcher, P. (2017). The reduction of ventrolateral prefrontal cortex gray matter volume correlates with loss of economic rationality in aging. *Journal of Neuroscience*, *37*(49), 12068–12077. doi:10.1523/jneurosci.1171-17.2017

Clewett, D., Bachman, S., & Mather, M. (2014). Age-related reduced prefrontal-amygdala structural connectivity is associated with lower trait anxiety. *Neuropsychology*, *28*(4), 631–642.

Colcombe, S. J., Erickson, K. I., Scalf, P. E., Kim, J. S., Prakash, R., McAuley, E., ... Kramer, A. F. (2006). Aerobic exercise training increases brain volume in aging humans. *Journals of Gerontology. Series A, Biological Sciences and Medical Sciences*, *61*(11), 1166–1170.

Colcombe, S. J., Kramer, A. F., Erickson, K. I., & Scalf, P. (2005). The implications of cortical recruitment and brain morphology for individual differences in inhibitory function in aging humans. *Psychology and Aging*, *20*(3), 363–375.

Colcombe, S. J., Kramer, A. F., Erickson, K. I., Scalf, P., McAuley, E., Cohen, N. J., ... Elavsky, S. (2004). Cardiovascular fitness, cortical plasticity, and aging. *Proceedings of the National Academy of Sciences of the United States of America*, *101*(9), 3316–3321.

Colton, G., Leshikar, E. D., & Gutchess, A. H. (2013). Age differences in neural response to stereotype threat and resiliency for self-referenced information. *Frontiers in Human Neuroscience*, *7*, 537. doi:10.3389/fnhum.2013.00537

Combs, H. L., Folley, B. S., Berry, D. T., Segerstrom, S. C., Han, D. Y., Anderson-Mooney, A. J., ... van Horne, C. (2015). Cognition and depression following deep brain stimulation of the subthalamic nucleus and globus pallidus pars internus in Parkinson's disease: a meta-analysis. *Neuropsychology Review, 25*(4), 439–454. doi:10.1007/s11065-015-9302-0

Costa, P. T., & McCrae, R. R. (1987). Neuroticism, somatic complaints, and disease: is the bark worse than the bite? *Journal of Personality, 55*(2), 299–316.

Cotelli, M., Manenti, R., Brambilla, M., Petesi, M., Rosini, S., Ferrari, C., ... Miniussi, C. (2014). Anodal tDCS during face–name associations memory training in Alzheimer's patients. *Frontiers in Aging Neuroscience, 6*, Article 38. doi:10.3389/fnagi.2014.00038

Coupe, P., Catheline, G., Lanuza, E., & Manjon, J. V. (2017). Towards a unified analysis of brain maturation and aging across the entire life span: a MRI analysis. *Human Brain Mapping, 38*(11), 5501–5518. doi:10.1002/hbm.23743

Cox, K. M., Aizenstein, H. J., & Fiez, J. A. (2008). Striatal outcome processing in healthy aging. *Cognitive, Affective, and Behavioral Neuroscience, 8*(3), 304–317.

Craik, F. I. M., & Byrd, M. (1982). Aging and cognitive deficits: the role of attentional resources. In F. I. M. Craik & S. E. Trehub (Eds.), *Aging and Cognitive Processes* (pp. 191–211). New York: Plenum Press.

Craik, F. I. M., & Jennings, J. M. (1992). Human memory. In F. I. M. Craik & T. A. Salthouse (Eds.), *The Handbook of Aging and Cognition* (pp. 51–110). Hillsdale, NJ: Lawrence Erlbaum Associates, Inc.

Craik, F. I. M., & Lockhart, R. S. (1972). Levels of processing: a framework for memory research. *Journal of Verbal Learning and Verbal Behavior,* 11(6), 671–684.

Craik, F. I. M., Moroz, T. M., Moscovitch, M., Stuss, D. T., Winocur, G., Tulving, E., & Kapur, S. (1999). In search of the self: a positron emission tomography study. *Psychological Science, 10*(1), 26–34.

Craik, F. I. M., & Rabinowitz, J. C. (1984). Age differences in the acquisition and use of verbal information: a tutorial review. In H. Bouma & D. G. Bouwhuis (Eds.), *Attention and Performance X: Control of Language Processes* (pp. 471–499). Hillsdale, NJ: Erlbaum.

Craik, F. I. M., & Salthouse, T. A. (2007). *The Handbook of Aging and Cognition* (3rd edn). New York: Psychology Press.

Cronin-Golomb, A., Gilmore, G. C., Neargarder, S., Morrison, S. R., & Laudate, T. M. (2007). Enhanced stimulus strength improves visual cognition in aging and Alzheimer's disease. *Cortex, 43*(7), 952–966.

Csernansky, J. G., Hamstra, J., Wang, L., McKeel, D., Price, J. L., Gado, M., & Morris, J. C. (2004). Correlations between antemortem hippocampal volume and postmortem neuropathology in AD subjects. *Alzheimer Disease and Associated Disorders, 18*(4), 190–195.

Cutchin, M. P. (2003). The process of mediated aging-in-place: a theoretically and empirically based model. *Social Science and Medicine, 57*(6), 1077–1090.

Daffner, K. R., Haring, A. E., Alperin, B. R., Zhuravleva, T. Y., Mott, K. K., & Holcomb, P. J. (2013). The impact of visual acuity on age-related differences in neural markers of early visual processing. *NeuroImage, 67*, 127–136.

Dahlin, E., Nyberg, L., Bäckman, L., & Neely, A. S. (2008). Plasticity of executive functioning in young and older adults: immediate training gains, transfer, and long-term maintenance. *Psychology and Aging, 23*(4), 720–730.

Damoiseaux, J. S., Beckmann, C. F., Arigita, E. J., Barkhof, F., Scheltens, P., Stam, C. J., ... Rombouts, S. A. (2008). Reduced resting-state brain activity in the "default network" in normal aging. *Cerebral Cortex, 18*(8), 1856–1864. doi:10.1093/cercor/bhm207

Daselaar, S. M., Fleck, M. S., Dobbins, I. G., Madden, D. J., & Cabeza, R. (2006). Effects of healthy aging on hippocampal and rhinal memory functions: an event-related fMRI study. *Cerebral Cortex, 16*, 1771–1782.

Daselaar, S. M., Veitman, D. J., Rombouts, S. A., Raaijmakers, J. G., & Jonker, C. (2003). Neuroanatomical corelates of episodic encoding and retrieval in young and elderly subjects. *Brain, 126*, 43–56. (2005). Aging affects both perceptual and lexical/semantic components of word stem priming: an event-related fMRI study.

Neurobiology of Learning and Memory, *83*(3), 251–262.

Davis, S. W., Dennis, N. A., Buchler, N. G., White, L. E., Madden, D. J., & Cabeza, R. (2009). Assessing the effects of age on long white matter tracts using diffusion tensor tractography. *NeuroImage*, *46*(2), 530–541.

Davis, S. W., Dennis, N. A., Daselaar, S. M., Fleck, M. S., & Cabeza, R. (2008). Que PASA? The posterior–anterior shift in aging. *Cerebral Cortex*, *18*(5), 1201–1209.

Davis, S. W., Kragel, J. E., Madden, D. J., & Cabeza, R. (2012). The architecture of cross-hemispheric communication in the aging brain: linking behavior to functional and structural connectivity. *Cerebral Cortex*, *22*(1), 232–242.

Davis, T. M., & Jerger, J. (2014). The effect of middle age on the late positive component of the auditory event-related potential. *Journal of the American Academy of Audiology*, *25*(2), 199–209.

Davis, T. M., Jerger, J., & Martin, J. (2013). Electrophysiological evidence of augmented interaural asymmetry in middle-aged listeners. *Journal of the American Academy of Audiology*, *24*(3), 159–173.

Deary, I. J., & Batty, G. D. (2007). Cognitive epidemiology. *Journal of Epidemiology and Community Health*, *61*(5), 378–384. doi:10.1136/ jech.2005.039206

Deary, I. J., Pattie, A., & Starr, J. M. (2013). The stability of intelligence from age 11 to age 90 years: the Lothian Birth Cohort of 1921. *Psychological Science*, *24*(12), 2361–2368. doi:10.1177/0956797613486487

Deary, I. J., Yang, J., Davies, G., Harris, S. E., Tenesa, A., Liewald, D., ... Visscher, P. M. (2012). Genetic contributions to stability and change in intelligence from childhood to old age. *Nature*, *482*(7384), 212–215. Retrieved from www.nature.com/nature/journal/v482/n7384/abs/ nature10781.html – supplementary-information

De Marco, M., Meneghello, F., Duzzi, D., Rigon, J., Pilosio, C., &Venneri, A. (2015). Cognitive stimulation of the default-mode network modulates functional connectivity in healthy aging. *Brain Research Bulletin*, *121*, 26–41. doi:10.1016/j.brainresbull.2015.12.001

Denburg, N. L., Cole, C. A., Hernandez, M., Yamada, T. H., Tranel, D., Bechara, A., & Wallace, R. B. (2007). The orbitofrontal cortex, real- world decision making, and normal aging. *Annals of the New York Academy of Sciences*, *1121*, 480–498. doi:10.1196/annals.1401.031

Dennis, N. A., Bowman, C. R., & Peterson, K. M. (2014). Age-related differences in the neural correlates mediating false recollection. *Neurobiology of Aging*, *35*(2), 395–407.

Dennis, N. A., & Cabeza, R. (2011). Age-related dedifferentiation of learning systems: an fMRI study of implicit and explicit learning. *Neurobiology of Aging*, *32*(12), 2318. e17–2318. e30.

Dennis, N. A., Hayes, S. M., Prince, S. E., Madden, D. J., Huettel, S. A., & Cabeza, R. (2008). Effects of aging on the neural correlates of successful item and source memory encoding. *Journal of Experimental Psychology*: *Learning, Memory, and Cognition*, *34*(4), 791–808.

Dennis, N. A., Kim, H., & Cabeza, R. (2007). Effects of aging on true and false memory formation: an fMRI study. *Neuropsychologia*, *45*(14), 3157–3166. doi:10.1016/j.neuropsychologia.2007.07.003

(2008). Age-related differences in brain activity during true and false memory retrieval. *Journal of Cognitive Neuroscience*, *20*(8), 1390–1402.

Dennis, N. A., & Turney, I. C. (2018). The influence of perceptual similarity and individual differences on false memories in aging. *Neurobiology of Aging*, *62*, 221–230. doi:10.1016/j.neurobiolaging.2017.10.020

Derksen, B. J., Duff, M. C., Weldon, K., Zhang, J., Zamba, K. D., Tranel, D., & Denburg, N. L. (2015). Older adults catch up to younger adults on a learning and memory task that involves collaborative social interaction. *Memory*, *23*(4), 612–624. doi:10.1080/09658211.2014.915974

De Souza, L. C., Chupin, M., Lamari, F., Jardel, C., Leclercq, D., Colliot, O., ... Sarazin, M. (2012). CSF tau markers are correlated with hippocampal volume in Alzheimer's disease. *Neurobiology of Aging*, *33*(7), 1253–1257.

D'Esposito, M., Zarahn, E., Aguirre, G. K., & Rypma, B. (1999). The effect of normal aging on the coupling of neural activity to the BOLD hemodynamic response. *NeuroImage*, *10*(1), 6–14. doi:10.1006/ nimg.1999.0444

Deuschl, G., Schade-Brittinger, C., Krack, P., Volkmann, J., Schafer, H., Botzel, K., ... German Parkinson Study Group, Neurostimulation Section. (2006). A randomized trial of deep-brain stimulation for Parkinson's disease. *New England Journal of Medicine, 355*(9), 896–908. doi:10.1056/NEJMoa060281

Dickerson, B. C., Salat, D. H., Greve, D. N., Chua, E. F., Rand-Giovannetti, E., Rentz, D. M., ... Sperling, R. A. (2005). Increased hippocampal activation in mild cognitive impairment compared to normal aging and AD. *Neurology, 65*(3), 404–411. doi:10.1212/01. wnl.0000171450.97464.49

Dickerson, B. C., & Sperling, R. A. (2008). Functional abnormalities of the medial temporal lobe memory system in mild cognitive impairment and Alzheimer's disease: insights from functional MRI studies. *Neuropsychologia, 46*(6), 1624–1635. doi:10.1016/j. neuropsychologia.2007.11.030

DiGirolamo, G. J., Kramer, A. F., Barad, V., Cepeda, N. J., Weissman, D. H., Milham, M. P., ... Webb, A. (2001). General and task-specific frontal lobe recruitment in older adults during executive processes: a fMRI investigation of task-switching. *NeuroReport, 12*(9), 2065–2071.

Döhnel, K., Sommer, M., Ibach, B., Rothmayr, C., Meinhardt, J., & Hajak, G. (2008). Neural correlates of emotional working memory in patients with mild cognitive impairment. *Neuropsychologia, 46*(1), 37–48.

Dolcos, S., Katsumi, Y., & Dixon, R. A. (2014). The role of arousal in the spontaneous regulation of emotions in healthy aging: a fMRI investigation. *Frontiers in Psychology, 5*, Article 681. doi:10.3389/ fpsyg.2014.00681

Donohue, M. C., Sperling, R. A., Petersen, R., Sun, C. K., Weiner, M. W., & Aisen, P. S. (2017). Association between elevated brain amyloid and subsequent cognitive decline among cognitively normal persons. *Journal of the American Medical Association, 317*(22), 2305–2316. doi:10.1001/jama.2017.6669

Donovan, N. J., Okereke, O. I., Vannini, P., Amariglio, R. E., Rentz, D. M., Marshall, G. A., ... Sperling, R. A. (2016). Association of higher cortical amyloid burden with loneliness in cognitively normal older adults. *JAMA Psychiatry, 73*(12), 1230–1237. doi:10.1001/ jamapsychiatry.2016.2657

Drzezga, A., Becker, J. A., Van Dijk, K. R. A., Sreenivasan, A., Talukdar, T., Sullivan, C., ... Greve, D. (2011). Neuronal dysfunction and disconnection of cortical hubs in non-demented subjects with elevated amyloid burden. *Brain, 134*(6), 1635–1646.

Duarte, A., Graham, K. S., & Henson, R. N. (2010). Age-related changes in neural activity associated with familiarity, recollection and false recognition. *Neurobiology of Aging, 31*(10), 1814–1830.

Duarte, A., Henson, R. N., & Graham, K. S. (2008). The effects of aging on the neural correlates of subjective and objective recollection. *Cerebral Cortex, 18*(9), 2169–2180.

Duarte, A., Ranganath, C., Trujillo, C., & Knight, R. T. (2006). Intact recollection memory in high-performing older adults: ERP and behavioral evidence. *Journal of Cognitive Neuroscience, 18*(1), 33–47.

Dulas, M. R., & Duarte, A. (2012). The effects of aging on material-independent and material-dependent neural correlates of source memory retrieval. *Cerebral Cortex, 22*(1), 37–50.

(2013). The influence of directed attention at encoding on source memory retrieval in the young and old: an ERP study. *Brain Research, 1500*, 55–71.

(2014). Aging affects the interaction between attentional control and source memory: an fMRI study. *Journal of Cognitive Neuroscience, 26*(12), 2653–2669.

Dulas, M. R., Newsome, R. N., & Duarte, A. (2011). The effects of aging on ERP correlates of source memory retrieval for self-referential information. *Brain Research, 1377*, 84–100. doi:10.1016/j.brainres.2010.12.087

Duval, C., Piolino, P., Bejanin, A., Eustache, F., & Desgranges, B. (2011). Age effects on different components of theory of mind. *Consciousness and Cognition, 20*(3), 627–642. doi:10.1016/j.concog.2010.10.025

Earles, J. L., Smith, A. D., & Park, D. C. (1994). Age differences in the effects of facilitating and distracting context on recall. *Aging & Cognition, 1*(2), 141–151.

Ebner, N. C., Chen, H., Porges, E., Lin, T., Fischer, H., Feifel, D., & Cohen, R. A. (2016). Oxytocin's effect on resting-state functional connectivity varies by age and sex. *Psychoneuroendocrinology, 69*, 50–59. doi:10.1016/j.psyneuen.2016.03.013

Ebner, N. C., Gluth, S., Johnson, M. R., Raye, C. L., Mitchell, K. J., & Johnson, M. K. (2011). Medial prefrontal cortex activity when thinking about others depends on their age. *NeuroCase*, *17*(3), 260–269. doi:10.1080/13 554794.2010.536953

Ebner, N. C., Johnson, M. K., & Fischer, H. (2012). Neural mechanisms of reading facial emotions in young and older adults. *Frontiers in Psychology*, *3*, Article 223. doi:10.3389/fpsyg.2012.00223

Ebner, N. C., Johnson, M. R., Rieckmann, A., Durbin, K. A., Johnson, M. K., & Fischer, H. (2013). Processing own-age versus other-age faces: neuro-behavioral correlates and effects of emotion. *NeuroImage*, *78*, 363–371. doi:10.1016/j.neuroimage.2013.04.029

Ebner, N. C., Maura, G. M., Macdonald, K., Westberg, L., & Fischer, H. (2013). Oxytocin and socioemotional aging: current knowledge and future trends. *Frontiers in Human Neuroscience*, *7*, Article 487. doi:10.3389/fnhum.2013.00487

Eich, T. S., Parker, D., Liu, D., Oh, H., Razlighi, Q., Gazes, Y., ... Stern, Y. (2016). Functional brain and age-related changes associated with congruency in task switching. *Neuropsychologia*, *91*, 211–221. doi:10.1016/j.neuropsychologia.2016.08.009

Engell, A. D., Haxby, J. V., & Todorov, A. (2007). Implicit trustworthiness decisions: automatic coding of face properties in the human amygdala. *Journal of Cognitive Neuroscience*, *19*(9), 1508–1519. doi:10.1162/jocn.2007.19.9.1508

Engert, V., Buss, C., Khalili-Mahani, N., Wadiwalla, M., Dedovic, K., & Pruessner, J. C. (2010). Investigating the association between early life parental care and stress responsivity in adulthood. *Developmental Neuropsychology*, *35*(5), 570–581.

Erickson, K. I., Banducci, S. E., Weinstein, A. M., MacDonald, A. W., Ferrell, R. E., Halder, I., ... Manuck, S. B. (2013). The brain-derived neurotrophic factor Val66Met polymorphism moderates an effect of physical activity on working memory performance. *Psychological Science*, *24*(9), 1770–1779. doi:10.1177/0956797613480367

Erickson, K. I., Colcombe, S. J., Elavsky, S., McAuley, E., Korol, D. L., Scalf, P. E., & Kramer, A. F. (2007). Interactive effects of fitness and hormone treatment on brain health in postmenopausal women. *Neurobiology of Aging*, *28*(2), 179–185.

Erickson, K. I., Colcombe, S. J., Wadhwa, R., Bherer, L., Peterson, M. S., Scalf, P. E., ... Kramer, A. F. (2007). Training-induced functional activation changes in dual-task processing: an fMRI study. *Cerebral Cortex*, *17*(1), 192–204.

Erickson, K. I., Gildengers, A. G., & Butters, M. A. (2013). Physical activity and brain plasticity in late adulthood. *Dialogues in Clinical Neuroscience*, *15*(1), 99–108.

Erickson, K. I., Voss, M. W., Prakash, R. S., Basak, C., Szabo, A., Chaddock, L., ... White, S. M. (2011). Exercise training increases size of hippocampus and improves memory. *Proceedings of the National Academy of Sciences of the United States of America*, *108*(7), 3017–3022.

Ethier-Majcher, C., Joubert, S., & Gosselin, F. (2013). Reverse correlating trustworthy faces in young and older adults. *Frontiers in Psychology*, *4*. doi:10.3389/fpsyg.2013.00592

Fairfield, B., Mammarella, N., Di Domenico, A., & Palumbo, R. (2015). Running with emotion: when affective content hampers working memory performance. *International Journal of Psychology*, *50*(2), 161–164.

Feigin, A., Ghilardi, M. F., Huang, C., Ma, Y., Carbon, M., Guttman, M., ... Eidelberg, D. (2006). Preclinical Huntington's disease: compensatory brain responses during learning. *Annals of Neurology*, *59*(1), 53–59.

Felice, D., O'Leary, O. F., Cryan, J. F., Dinan, T. G., Gardier, A. M., Sánchez, C., & David, D. J. (2015). When ageing meets the blues: are current antidepressants effective in depressed aged patients? *Neuroscience and Biobehavioral Reviews*, *55*, 478–497.

Ferreira, L. K., & Busatto, G. F. (2013). Resting-state functional connectivity in normal brain aging. *Neuroscience and Biobehavioral Reviews*, *37*(3), 384–400. doi:10.1016/j.neubiorev.2013.01.017

Fertonani, A., Brambilla, M., Cotelli, M., & Miniussi, C. (2014). The timing of cognitive plasticity in physio-logical aging: a tDCS study of naming. *Frontiers in Aging Neuroscience, 6,* Article 131. doi:10.3389/fnagi.2014.00131

Feyers, D., Collette, F., D'Argembeau, A., Majerus, S., & Salmon, E. (2010). Neural networks involved in self-judgement in young and elderly adults. *NeuroImage, 53,* 341–347.

Filippi, M., van den Heuvel, M. P., Fornito, A., He, Y., Hulshoff Pol, H. E., Agosta, F., ... Rocca, M. A. (2013). Assessment of system dysfunction in the brain through MRI-based connectomics. *Lancet Neurology, 12*(12), 1189–1199. doi:10.1016/S1474-4422(13)70144-3

Fischer, H., Nyberg, L., & Backman, L. (2010). Age-related differences in brain regions supporting successful en-coding of emotional faces. *Cortex, 46*(4), 490–497. doi:10.1016/j.cortex.2009.05.011

Fischer, H., Sandblom, J., Gavazzeni, J., Fransson, P., Wright, C. I., & Backman, L. (2005). Age-differential pat-terns of brain activation during perception of angry faces. *Neuroscience Letters, 386*(2), 99–104. doi:10.1016/j.neulet.2005.06.002

Fiske, S. T. (2017). Prejudices in cultural contexts: shared stereotypes (gender, age) versus variable stereo-types (race, ethnicity, religion). *Perspectives on Psychological Science, 12*(5), 791–799. doi:10.1177/1745691617708204

Fjell, A. M., McEvoy, L., Holland, D., Dale, A. M., Walhovd, K. B.; Alzheimer's Disease Neuroimaging Initiative. (2014). What is normal in normal aging? Effects of aging, amyloid and Alzheimer's disease on the cerebral cortex and the hippocampus. *Progress in Neurobiology, 117,* 20–40.

Fjell, A. M., Westlye, L. T., Grydeland, H., Amlien, I., Espeseth, T., Reinvang, I., ... Alzheimer Disease Neuroim-aging Initiative. (2014). Accelerating cortical thinning: unique to dementia or universal in aging? *Cerebral Cortex, 24*(4), 919–934. doi:10.1093/cercor/bhs379

Floel, A., Suttorp, W., Kohl, O., Kurten, J., Lohmann, H., Breitenstein, C., & Knecht, S. (2012). Non-invasive brain stimulation improves object-location learning in the elderly. *Neurobiology of Aging, 33*(8), 1682–1689. doi:10.1016/j.neurobiolaging.2011.05.007

Ford, J. H., & Kensinger, E. A. (2014). The relation between structural and functional connectivity depends on age and on task goals. *Frontiers in Human Neuroscience, 8,* Article 307. doi:10.3389/fnhum.2014.00307

(2017). Age-related reversals in neural recruitment across memory retrieval phases. *Journal of Neuroscience, 37*(20), 5172–5182. doi:10.1523/jneurosci.0521-17.2017

Ford, J. H., Morris, J. A., & Kensinger, E. A. (2014). Neural recruitment and connectivity during emotional memo-ry retrieval across the adult life span. *Neurobiology of Aging, 35*(12), 2770–2784. doi:10.1016/j. neurobiolag-ing.2014.05.029

Freitas, C., Farzan, F., & Pascual-Leone, A. (2013). Assessing brain plasticity across the lifespan with transcrani-al magnetic stimulation: why, how, and what is the ultimate goal? *Frontiers in Neuroscience, 7,* Article 42. doi:10.3389/fnins.2013.00042

Freund, A. M., & Isaacowitz, D. M. (2014). Aging and social perception: so far, more similarities than differences. *Psychology and Aging, 29*(3), 451–453. doi:10.1037/a0037555

Friedman, D. (2012). Components of aging. In S. J. Luck & E. S. Kappenman (Eds.), *The Oxford Handbook of Event-Related Potential Components* (pp. 513–536). New York: Oxford University Press.

Friedman, D., de Chastelaine, M., Nessler, D., & Malcolm, B. (2010). Changes in familiarity and recollection across the lifespan: an ERP perspective. *Brain Research, 1310,* 124–141.

Friedman, D., Ritter, W., & Snodgrass, J. G. (1996). ERPs during study as a function of subsequent direct and indi-rect memory testing in young and old adults. *Cognitive Brain Research, 4*(1), 1–13.

Friedman, D., & Trott, C. (2000). An event-related potential study of encoding in young and older adults. *Neuro-psychologia, 38*(5), 542–557.

Gabrieli, J. D. E., Vaidya, C. J., Stone, M., Francis, W. S., Thompson-Schill, S. L., Fleischman, D. A., ... Wilson,

R. S. (1999). Convergent behavioral and neuropsychological evidence for a distinction between identification and production forms of repetition priming. *Journal of Experimental Psychology: General, 128*(4), 479–498.

Gard, T., Taquet, M., Dixit, R., Hölzel, B. K., de Montjoye, Y.-A., Brach, N., ... Lazar, S. W. (2014). Fluid intelligence and brain functional organization in aging yoga and meditation practitioners. *Frontiers in Aging Neuroscience, 6*, 76.

Garrett, D. D., Kovacevic, N., McIntosh, A. R., & Grady, C. L. (2011). The importance of being variable. *Journal of Neuroscience, 31*(12), 4496–4503. doi:10.1523/JNEUROSCI.5641-10.2011

(2013). The modulation of BOLD variability between cognitive states varies by age and processing speed. *Cerebral Cortex, 23*(3), 684–693. doi:10.1093/cercor/bhs055

Garrett, D. D., Samanez-Larkin, G. R., MacDonald, S. W., Lindenberger, U., McIntosh, A. R., & Grady, C. L. (2013). Moment-to-moment brain signal variability: a next frontier in human brain mapping? *Neuroscience and Biobehavioral Reviews, 37*(4), 610–624. doi:10.1016/j. neubiorev.2013.02.015

Gazzaley, A., Clapp, W., Kelley, J., McEvoy, K., Knight, R. T., & D'Esposito, M. (2008). Age-related top-down suppression deficit in the early stages of cortical visual memory processing. *Proceedings of the National Academy of Sciences of the United States of America, 105*(35), 13122–13126. doi:10.1073/pnas.0806074105

Gazzaley, A., Cooney, J. W., Rissman, J., & D'Esposito, M. (2005). Top-down suppression deficit underlies working memory impairment in normal aging. *Nature Neuroscience, 8*, 1298–1300.

Ge, R., Fu, Y., Wang, D., Yao, L., & Long, Z. (2014). Age-related alterations of brain network underlying the retrieval of emotional autobiographical memories: an fMRI study using independent component analysis. *Frontiers in Human Neuroscience, 8*, Article 629. doi:10.3389/fnhum.2014.00629

Getzmann, S., Falkenstein, M., & Gajewski, P. D. (2015). Neuro-behavioral correlates of post-deviance distraction in middle-aged and old adults. *Journal of Psychophysiology, 28*(3), 178–186.

Getzmann, S., Gajewski, P. D., & Falkenstein, M. (2013). Does age increase auditory distraction? Electrophysiological correlates of high and low performance in seniors. *Neurobiology of Aging, 34*(8), 1952–1962.

Ghosh, S., & Lippa, C. F. (2015). Clinical subtypes of frontotemporal dementia. *American Journal of Alzheimer's Disease and Other Dementias, 30*(7), 653–661. doi:10.1177/1533317513494442

Gianaros, P. J., Manuck, S. B., Sheu, L. K., Kuan, D. C., Votruba-Drzal, E., Craig, A. E., & Hariri, A. R. (2011). Parental education predicts corticostriatal functionality in adulthood. *Cerebral Cortex, 21*(4), 896–910. doi:10.1093/cercor/bhq160

Gigandet, X., Hagmann, P., Kurant, M., Cammoun, L., Meuli, R., et al. (2008). Estimating the confidence level of white matter connections obtained with MRI tractography. *PLoS One, 3*(12), e4006. doi:10.1371/ journal. pone.0004006.

Giovanello, K. S., Kensinger, E. A., Wong, A. T., & Schacter, D. L. (2010). Age-related neural changes during memory conjunction errors. *Journal of Cognitive Neuroscience, 22*(7), 1348–1361.

Giovanello, K. S., & Schacter, D. L. (2012). Reduced specificity of hippocampal and posterior ventrolateral prefrontal activity during relational retrieval in normal aging. *Journal of Cognitive Neuroscience, 24*(1), 159–170.

Glisky, E. L., & Marquine, M. J. (2009). Semantic and self-referential processing of positive and negative trait adjectives in older adults. *Memory, 17*(2), 144–157. doi:10.1080/09658210802077405

Goh, J. O., Beason-Held, L. L., An, Y., Kraut, M. A., & Resnick, S. M. (2013). Frontal function and executive processing in older adults: process and region specific age-related longitudinal functional changes. *NeuroImage, 69*, 43–50. doi:10.1016/j.neuroimage.2012.12.026

Goh, J. O., Chee, M. W., Tan, J. C., Venkatraman, V., Hebrank, A., Leshikar, E. D., ... Park, D. C. (2007). Age and culture modulate object processing and object-scene binding in the ventral visual area. *Cognitive, Affective, & Behavioral Neuroscience, 7*(1), 44–52.

Goh, J. O., Hebrank, A. C., Sutton, B. P., Chee, M. W., Sim, S. K., & Park, D. C. (2013). Culture-related differences in default network activity during visuo-spatial judgments. *Social Cognitive and Affective Neuroscience*, *8*(2), 134–142. doi:10.1093/scan/nsr077

Goh, J. O., Su, Y. S., Tang, Y. J., McCarrey, A. C., Tereshchenko, A., Elkins, W., & Resnick, S. M. (2016). Frontal, striatal, and medial temporal sensitivity to value distinguishes risk-taking from risk-aversive older adults during decision making. *Journal of Neuroscience*, *36*(49), 12498–12509. doi:10.1523/jneurosci.1386-16.2016

Goh, J. O., Suzuki, A., & Park, D. C. (2010). Reduced neural selectivity increases fMRI adaptation with age during face discrimination. *NeuroImage*, *51*(1), 336–344.

Gold, B. T., Johnson, N. F., & Powell, D. K. (2013). Lifelong bilingualism contributes to cognitive reserve against white matter integrity declines in aging. *Neuropsychologia*, *51*(13), 2841–2846.

Gold, B. T., Kim, C., Johnson, N. F., Kryscio, R. J., & Smith, C. D. (2013). Lifelong bilingualism maintains neural efficiency for cognitive control in aging. *Journal of Neuroscience*, *33*(2), 387–396.

Gold, B. T., Powell, D. K., Xuan, L., Jicha, G. A., & Smith, C. D. (2010). Age-related slowing of task switching is associated with decreased integrity of frontoparietal white matter. *Neurobiology of Aging*, *31*(3), 512–522.

Gorbach, T., Pudas, S., Lundquist, A., Oradd, G., Josefsson, M., Salami, A., ... Nyberg, L. (2017). Longitudinal association between hippocampus atrophy and episodic-memory decline. *Neurobiology of Aging*, *51*, 167–176. doi:10.1016/j.neurobiolaging.2016.12.002

Gordon, B. A., Zacks, J. M., Blazey, T., Benzinger, T. L. S., Morris, J. C., Fagan, A. M., ... Balota, D. A. (2015). Task-evoked fMRI changes in attention networks are associated with preclinical Alzheimer's disease biomarkers. *Neurobiology of Aging*, *36*(5), 1771–1779.

Gow, A. J., Johnson, W., Pattie, A., Brett, C. E., Roberts, B., Starr, J. M., & Deary, I. J. (2011). Stability and change in intelligence from age 11 to ages 70, 79, and 87: the Lothian Birth Cohorts of 1921 and 1936. *Psychology and Aging*, *26*(1), 232–240.

Grady, C. L., Bernstein, L. J., Beig, S., & Siegenthaler, A. L. (2002). The effects of encoding task on age-related differences in the functional neuroanatomy of face memory. *Psychology and Aging*, *17*(1), 7–23.

Grady, C. L., & Garrett, D. D. (2017). Brain signal variability is modulated as a function of internal and external demand in younger and older adults. *NeuroImage*, *169*, 510–523. doi:10.1016/j.neuroimage.2017.12.031

Grady, C. L., Grigg, O., & Ng, C. (2012). Age differences in default and reward networks during processing of personally relevant information. *Neuropsychologia*, *50*(7), 1682–1697. doi:10.1016/j.neuropsychologia.2012.03.024

Grady, C. L., Luk, G., Craik, F. I. M., & Bialystok, E. (2015). Brain network activity in monolingual and bilingual older adults. *Neuropsychologia*, *66*, 170–181.

Grady, C. L., McIntosh, A. R., Horwitz, B., Maisog, J. M., Ungerleider, L. G., Mentis, M. J., ... Haxby, J. V. (1995). Age-related reductions in human recognition memory due to impaired encoding. *Science*, *269*(5221), 218–221.

Grady, C. L., McIntosh, A. R., Rajah, M. N., Beig, S., & Craik, F. (1999). The effects of age on the neural correlates of episodic encoding. *Cerebral Cortex*, *9*(8), 805–814.

Grady, C. L., Protzner, A. B., Kovacevic, N., Strother, S. C., Afshin-Pour, B.,Wojtowicz, M., ... McIntosh, A. R. (2010). A multivariate analysis of age-related differences in default mode and task-positive networks across multiple cognitive domains. *Cerebral Cortex*, *20*(6), 1432–1447. doi:10.1093/cercor/bhp207

Grady, C. L., Sarraf, S., Saverino, C., & Campbell, K. (2016). Age differences in the functional interactions among the default, frontoparietal control, and dorsal attention networks. *Neurobiology of Aging*, *41*, 159–172. doi:10.1016/j.neurobiolaging.2016.02.020

Grady, C. L., Springer, M. V., Hongwanishkul, D., McIntosh, A. R., & Winocur, G. (2006). Age-related changes in brain activity across the adult lifespan. *Journal of Cognitive Neuroscience*, *18*(2), 227–241.

Graham, K. S., Barense, M. D., & Lee, A. C. (2010). Going beyond LTM in the MTL: a synthesis of neuropsychological and neuroimaging findings on the role of the medial temporal lobe in memory and perception. *Neuro-*

psychologia, *48*(4), 831–853. doi:10.1016/j.neuropsychologia.2010.01.001

Grant, A., Dennis, N. A., & Li, P. (2014). Cognitive control, cognitive reserve, and memory in the aging bilingual brain. *Frontiers in Psychology*, *5*, Article 1401. doi:10.3389/fpsyg.2014.01401

Greenwood, P. M. (2007). Functional plasticity in cognitive aging: review and hypothesis. *Neuropsychology*, *21*(6), 657–673. doi:10.1037/0894-4105.21.6.657

Grill-Spector, K., Henson, R., & Martin, A. (2006). Repetition and the brain: neural models of stimulus-specific effects. *Trends in Cognitive Sciences*, *10*(1), 14–23. doi:10.1016/j.tics.2005.11.006

Gross, J. J., Carstensen, L. L., Pasupathi, M., Tsai, J., Skorpen, C. G., & Hsu, A. Y. (1997). Emotion and aging: experience, expression, and control. *Psychology of Aging*, *12*(4), 590–599.

Grossman, M., Cooke, A., DeVita, C., Alsop, D., Detre, J., Chen, W., & Gee, J. (2002). Age-related changes in working memory during sentence comprehension: an fMRI study. *NeuroImage*, *15*(2), 302–317.

Grossman, M., Cooke, A., DeVita, C., Chen, W., Moore, P., Detre, J., ... Gee, J. (2002). Sentence processing strategies in healthy seniors with poor comprehension: an fMRI study. *Brain and Language*, *80*(3), 296–313.

Grundy, J. G., Anderson, J. A. E., & Bialystok, E. (2017). Neural correlates of cognitive processing in monolinguals and bilinguals. *Annals of the New York Academy of Sciences*, *1396*(1), 183–201. doi:10.1111/nyas.13333

Gunning-Dixon, F. M., Brickman, A. M., Cheng, J. C., & Alexopoulos, G. S. (2009). Aging of cerebral white matter: a review of MRI findings. *International Journal of Geriatric Psychiatry*, *24*(2), 109–117. doi:10.1002/gps.2087

Gunning-Dixon, F. M., Gur, R. C., Perkins, A. C., Schroeder, L., Turner, T., Turetsky, B. I., ... Gur, R. E. (2003). Age-related differences in brain activation during emotional face processing. *Neurobiology of Aging*, *24*(2), 285–295.

Gur, R. C., Gunning-Dixon, F. M., Turetsky, B. I., Bilker, W. B., & Gur, R. E. (2002). Brain region and sex differences in age association with brain volume: a quantitative MRI study of healthy young adults. *American Journal of Geriatric Psychiatry*, *10*(1), 72–80.

Gutchess, A. H. (2014). Plasticity of the aging brain: new directions in cognitive neuroscience. *Science*, *346*(6209), 579–582. doi:10.1126/ science.1254604

Gutchess, A. H., Hebrank, A., Sutton, B. P., Leshikar, E., Chee, M. W., Tan, J. C., ... Park, D. C. (2007). Contextual interference in recognition memory with age. *NeuroImage*, *35*(3), 1338–1347. doi:S1053-8119(07) 00090-0 [pii] 10.1016/j.neuroimage.2007.01.043

Gutchess, A. H., Ieuji, Y., & Federmeier, K. D. (2007). Event-related potentials reveal age differences in the encoding and recognition of scenes. *Journal of Cognitive Neuroscience*, *19*(7), 1089–1103. doi:10.1162/jocn.2007.19.7.1089

Gutchess, A. H., Kensinger, E. A., & Schacter, D. L. (2007). Aging, self-referencing, and medial prefrontal cortex. *Social Neuroscience*, *2*(2), 117–133.

(2010). Functional neuroimaging of self-referential encoding with age. *Neuropsychologia*, *48*, 211–219.

Gutchess, A. H., Kensinger, E. A., Yoon, C., & Schacter, D. L. (2007). Ageing and the self-reference effect in memory. *Memory*, *15*(8), 822–837. doi:783624081 [pii] 10.1080/09658210701701394

Gutchess, A. H., & Park, D. (2009). Effects of ageing on associative memory for related and unrelated pictures. *European Journal of Cognitive Psychology*, *21*(2/3), 235–254.

Gutchess, A. H., & Park, D. C. (2006). fMRI environment can impair memory performance in young and elderly adults. *Brain Research*, *1099*(1), 133–140. doi:S0006-8993(06)01303-5 [pii] 10.1016/j. brainres.2006.04.102

Gutchess, A. H., & Schacter, D. L. (2012). The neural correlates of gist-based true and false recognition. *NeuroImage*, *59*(4), 3418–3426.

Gutchess, A. H., Sokal, R., Coleman, J. A., Gotthilf, G., Grewal, L., & Rosa, N. (2015). Age differences in self-referencing: evidence for common and distinct encoding strategies. *Brain Research*, *1612*, 118–127.

doi:10.1016/j.brainres.2014.08.033

Gutchess, A. H., Welsh, R. C., Hedden, T., Bangert, A., Minear, M., Liu, L. L., & Park, D. C. (2005). Aging and the neural correlates of successful picture encoding: frontal activations compensate for decreased medial-temporal activity. *Journal of Cognitive Neuroscience*, *17*(1), 84–96.

Hackman, D. A., Farah, M. J., & Meaney, M. J. (2010). Socioeconomic status and the brain: mechanistic insights from human and animal research. *Nature Reviews Neuroscience*, *11*(9), 651–659. doi:10.1038/nrn2897

Hakun, J. G., Zhu, Z., Johnson, N. F., & Gold, B. T. (2015). Evidence for reduced efficiency and successful compensation in older adults during task switching. *Cortex*, *64*, 352–362.

Halberstadt, J., Ruffman, T., Murray, J., Taumoepeau, M., & Ryan, M. (2011). Emotion perception explains age-related differences in the perception of social gaffes. *Psychology and Aging*, *26*(1), 133–136. doi:10.1037/a0021366

Halfmann, K., Hedgcock, W., Bechara, A., & Denburg, N. L. (2014). Functional neuroimaging of the Iowa Gambling Task in older adults. *Neuropsychology*, *28*(6), 870–880. doi:10.1037/neu0000120

Halfmann, K., Hedgcock, W., Kable, J., & Denburg, N. L. (2015). Individual differences in the neural signature of subjective value among older adults. *Social Cognitive and Affective Neuroscience*, *11*(7), 1111–1120. doi:10.1093/scan/nsv078

Hamami, A., Serbun, S. J., & Gutchess, A. H. (2011). Self-referential processing and memory specificity with age. *Psychology and Aging*, *26*, 636–646.

Hardwick, R. M., & Celnik, P. A. (2014). Cerebellar direct current stimulation enhances motor learning in older adults. *Neurobiology of Aging*, *35*(10), 2217–2221. doi:10.1016/j.neurobiolaging.2014.03.030

Harle, K. M., & Sanfey, A. G. (2012). Social economic decision-making across the life span: an fMRI investigation. *Neuropsychologia*, *50*(7), 1416–1424. doi:10.1016/j.neuropsychologia.2012.02.026

Harris, C. B., Keil, P. G., Sutton, J., Barnier, A. J., & McIlwain, D. J. F. (2011). We remember, we forget: collaborative remembering in older couples. *Discourse Processes*, *48*(4), 267–303. doi:10.1080/0163853x.2010.541854

Harty, S., Robertson, I. H., Miniussi, C., Sheehy, O. C., Devine, C. A., McCreery, S., & O'Connell, R. G. (2014). Transcranial direct current stimulation over right dorsolateral prefrontal cortex enhances error awareness in older age. *Journal of Neuroscience*, *34*(10), 3646–3652. doi:10.1523/JNEUROSCI.5308-13.2014

Hasher, L., & Zacks, R. T. (1988). Working memory, comprehension, and aging: a review and a new view. In G. H. Bower (Ed.), *The Psychology of Learning and Motivation: Advances in Research and Theory*, 22 (vol. XXII, pp. 193–225). San Diego, CA: Academic Press.

Hay, J. F., & Jacoby, L. L. (1999). Separating habit and recollection in young and older adults: effects of elaborative processing and distinctiveness. *Psychology and Aging*, *14*(1), 122–134.

He, Y., Ebner, N. C., & Johnson, M. K. (2011). What predicts the own-age bias in face recognition memory? *Social Cognition*, *29*(1), 97–109.

Head, D., Buckner, R. L., Shimony, J. S., Williams, L. E., Akbudak, E., Conturo, T. E., ... Snyder, A. Z. (2004). Differential vulnerability of anterior white matter in nondemented aging with minimal acceleration in dementia of the Alzheimer type: evidence from diffusion tensor imaging. *Cerebral Cortex*, *14*(4), 410–423.

Heatherton, T. F., Krendl, A. C., Macrae, C. N., & Kelley, W. M. (2007). A social brain sciences approach to understanding self. In C. Sedikides & S. Spencer (Eds.), *The Self* (pp. 3–20). New York: Psychology Press.

Heatherton, T. F., Wyland, C. L., Macrae, C. N., Demos, K. E., Denny, B. T., & Kelley, W. M. (2006). Medial prefrontal activity differentiates self from close others. *Social Cognitive and Affective Neuroscience*, *1*(1), 18–25.

Hedden, T., & Gabrieli, J. D. E. (2004). Insights into the ageing mind: a view from cognitive neuroscience. *Nature Reviews Neuroscience*, *5*(2), 87–96. doi:10.1038/nrn1323

Hedden, T., Mormino, E. C., Amariglio, R. E., Younger, A. P., Schultz, A. P., Becker, J. A., ... Rentz, D. M. (2012). Cognitive profile of amyloid burden and white matter hyperintensities in cognitively normal older adults.

Journal of Neuroscience, 32(46), 16233–16242.

Hedden, T., Schultz, A. P., Rieckmann, A., Mormino, E. C., Johnson, K. A., Sperling, R. A., & Buckner, R. L. (2014). Multiple brain markers are linked to age-related variation in cognition. *Cerebral Cortex, 26*(4), 1388–1400.

Hedden, T., Van Dijk, K. R. A., Becker, J. A., Mehta, A., Sperling, R. A., Johnson, K. A., & Buckner, R. L. (2009). Disruption of functional connectivity in clinically normal older adults harboring amyloid burden. *Journal of Neuroscience, 29*(40), 12686–12694.

Hedden, T., & Yoon, C. (2006). Individual differences in executive processing predict susceptibility to interference in verbal working memory. *Neuropsychology, 20*(5), 511.

Heneka, M. T., Carson, M. J., El Khoury, J., Landreth, G. E., Brosseron, F., Feinstein, D. L., ... Ransohoff, R. M. (2015). Neuroinflammation in Alzheimer's disease. *Lancet Neurology, 14*(4), 388–405.

Henkel, L. A., & Rajaram, S. (2011). Collaborative remembering in older adults: age-invariant outcomes in the context of episodic recall deficits. *Psychology and Aging, 26*(3), 532–545. doi:10.1037/a0023106

Henry, J. D., Phillips, L. H., Ruffman, T., & Bailey, P. E. (2013). A meta-analytic review of age differences in theory of mind. *Psychology and Aging, 28*(3), 826–839. doi:10.1037/a0030677

Henry, J. D., Phillips, L. H., & Von Hippel, C. (2014). A meta-analytic review of theory of mind difficulties in behavioural-variant frontotemporal dementia. *Neuropsychologia, 56*, 53–62.

Herrera, A. Y., & Mather, M. (2015). Actions and interactions of estradiol and glucocorticoids in cognition and the brain: implications for aging women. *Neuroscience & Biobehavioral Reviews, 55*, 36–52.

Herrmann, L. L., Le Masurier, M., & Ebmeier, K. P. (2008). White matter hyperintensities in late life depression: a systematic review. *Journal of Neurology, Neurosurgery, and Psychiatry, 79*(6), 619–624. doi:10.1136/jnnp.2007.124651

Herrup, K., Carrillo, M. C., Schenk, D., Cacace, A., Desanti, S., Fremeau, R., ... Budd, S. (2013). Beyond amyloid: getting real about nonamyloid targets in Alzheimer's disease. *Alzheimers & Dementia, 9*(4), 452–458.e1. doi:10.1016/j.jalz.2013.01.017

Hertzog, C., Kramer, A. F., Wilson, R. S., & Lindenberger, U. (2008). Enrichment effects on adult cognitive development: can the functional capacity of older adults be preserved and enhanced? *Psychological Science in the Public Interest, 9*(1), 1–65.

Herz, D. M., Eickhoff, S. B., Løkkegaard, A., & Siebner, H. R. (2014). Functional neuroimaging of motor control in Parkinson's disease: a meta-analysis. *Human Brain Mapping, 35*(7), 3227–3237.

Hess, T. M. (2014). Selective engagement of cognitive resources: motivational influences on older adults' cognitive functioning. *Perspectives on Psychological Science, 9*(4), 388–407. doi:10.1177/1745691614527465

Hess, T. M., Auman, C., Colcombe, S. J., & Rahhal, T. (2003). The impact of stereotype threat on age differences in memory performance. *Journals of Gerontology. Series B, Psychological Sciences and Social Sciences, 58*(1), 3–11.

Hess, T. M., Bolstad, C. A., Woodburn, S. M., & Auman, C. (1999). Trait diagnosticity versus behavioral consistency as determinants of impression change in adulthood. *Psychology and Aging, 14*(1), 77–89.

Hess, T. M., & Pullen, S. M. (1994). Adult age-differences in impression change processes. *Psychology and Aging, 9*(2), 237–250.

Hess, T. M., & Tate, C. S. (1991). Adult age-differences in explanations and memory for behavioral information. *Psychology and Aging, 6*(1), 86–92.

Heuninckx, S., Wenderoth, N., & Swinnen, S. P. (2008). Systems neuroplasticity in the aging brain: recruiting additional neural resources for successful motor performance in elderly persons. *Journal of Neuroscience, 28*(1), 91–99.

Hidalgo, V., Almela, M., Villada, C., & Salvador, A. (2014). Acute stress impairs recall after interference in older people, but not in young people. *Hormones and Behavior, 65*(3), 264–272.

Hsu, W. Y., Ku, Y., Zanto, T. P., & Gazzaley, A. (2015). Effects of noninvasive brain stimulation on cognitive function in healthy aging and Alzheimer's disease: a systematic review and meta-analysis. *Neurobiology of Aging*, *36*(8), 2348–2359. doi:10.1016/j. neurobiolaging.2015.04.016

Huettel, S. A., Singerman, J. D., & McCarthy, G. (2001). The effects of aging upon the hemodynamic response measured by functional MRI. *NeuroImage*, *13*(1), 161–175. doi:10.1006/nimg.2000.0675

Huijbers, W., Mormino, E. C., Wigman, S. E., Ward, A. M., Vannini, P., McLaren, D. G., ... Johnson, K. A. (2014). Amyloid deposition is linked to aberrant entorhinal activity among cognitively normal older adults. *Journal of Neuroscience*, *34*(15), 5200–5210.

Iidaka, T., Okada, T., Murata, T., Omori, M., Kosaka, H., Sadato, N., & Yonekura, Y. (2002). Age-related differences in the medial temporal lobe responses to emotional faces as revealed by fMRI. *Hippocampus*, *12*(3), 352–362.

Isaacowitz, D. M., Wadlinger, H. A., Goren, D., & Wilson, H. R. (2006a). Is there an age-related positivity effect in visual attention? A comparison of two methodologies. *Emotion*, *6*(3), 511–516. doi:10.1037/1528-3542.6.3.511

(2006b). Selective preference in visual fixation away from negative images in old age? An eye-tracking study. *Psychology and Aging*, *21*(2), 221.

Jackson, J., Balota, D. A., & Head, D. (2011). Exploring the relationship between personality and regional brain volume in healthy aging. *Neurobiology of Aging*, *32*(12), 2162–2171. doi:10.1016/j. neurobiolaging.2009.12.009

Jagust, W. (2009). Amyloid + activation = Alzheimer's? *Neuron*, *63*(2), 141–143.

Jimura, K., & Braver, T. S. (2010). Age-related shifts in brain activity dynamics during task switching. *Cerebral Cortex*, *20*(6), 1420–1431.

Johnson, K. A., Fox, N. C., Sperling, R. A., & Klunk, W. E. (2012). Brain imaging in Alzheimer disease. *Cold Spring Harbor Perspectives in Medicine*, *2*(4), a006213.

Johnson, M. K., Kim, J. K., & Risse, G. (1985). Do alcoholic Korsakoff's syndrome patients acquire affective reactions? *Journal of Experimental Psychology: Learning, Memory, and Cognition*, *11*(1), 22–36.

Johnson, M. K., Mitchell, K. J., Raye, C. L., & Greene, E. J. (2004). An age-related deficit in prefrontal cortical function associated with refreshing information. *Psychological Science*, *15*(2), 127–132.

Karama, S., Bastin, M., Murray, C., Royle, N., Penke, L., Munoz Maniega, S., ... Lewis, J. (2014). Childhood cognitive ability accounts for associations between cognitive ability and brain cortical thickness in old age. *Molecular Psychiatry*, *19*(5), 555–559.

Karlsson, S., Nyberg, L., Karlsson, P., Fischer, H., Thilers, P., Macdonald, S., ... Backman, L. (2009). Modulation of striatal dopamine D1 binding by cognitive processing. *NeuroImage*, *48*(2), 398–404. doi:10.1016/j.neuroimage.2009.06.030

Kehoe, E. G., Toomey, J. M., Balsters, J. H., & Bokde, A. L. (2013). Healthy aging is associated with increased neural processing of positive valence but attenuated processing of emotional arousal: an fMRI study. *Neurobiology of Aging*, *34*(3), 809–821. doi:10.1016/j. neurobiolaging.2012.07.006

Keightley, M. L., Chiew, K. S., Winocur, G., & Grady, C. L. (2007). Age-related differences in brain activity underlying identification of emotional expressions in faces. *Social Cognitive and Affective Neuroscience*, *2*(4), 292–302. doi:10.1093/scan/nsm024

Kelley, W. M., Macrae, C. N., Wyland, C. L., Caglar, S., Inati, S., & Heatherton, T. F. (2002). Finding the self? An event-related fMRI study. *Journal of Cognitive Neuroscience*, *14*(5), 785–794.

Kemp, J., Després, O., Sellal, F., & Dufour, A. (2012). Theory of mind in normal ageing and neurodegenerative pathologies. *Ageing Research Reviews*, *11*(2), 199–219.

Kennedy, K. M., & Raz, N. (2005). Age, sex and regional brain volumes predict perceptual-motor skill acquisition. *Cortex*, *41*(4), 560–569.

(2009). Aging white matter and cognition: differential effects of regional variations in diffusion properties on memory, executive functions, and speed. *Neuropsychologia, 47*(3), 916–927.

Kennedy, K. M., Reese, E. D., Horn, M. M., Sizemore, A. N., Unni, A. K., Meerbrey, M. E., ... Rodrigue, K. M. (2015). *BDNF* val66met polymorphism affects aging of multiple types of memory. *Brain Research, 1612*, 104–117.

Kennedy, K. M., Rodrigue, K. M., Bischof, G. N., Hebrank, A. C., Reuter-Lorenz, P. A., & Park, D. C. (2015). Age trajectories of functional activation under conditions of low and high processing demands: an adult lifespan fMRI study of the aging brain. *NeuroImage, 104*, 21–34.

Kennedy, K. M., Rodrigue, K. M., Devous, M. D., Sr., Hebrank, A. C., Bischof, G. N., & Park, D. C. (2012). Effects of beta-amyloid accumulation on neural function during encoding across the adult lifespan. *NeuroImage, 62*(1), 1–8. doi:10.1016/j. neuroimage.2012.03.077

Kennedy, Q., Mather, M., & Carstensen, L. L. (2004). The role of motivation in the age-related positivity effect in autobiographical memory. *Psychological Science, 15*(3), 208–214.

Kensinger, E. A., & Gutchess, A. H. (2017). Cognitive aging in a social and affective context: advances over the past 50 years. *Journals of Gerontology. Series B, Psychological Sciences and Social Sciences, 72*(1), 61–70. doi:10.1093/geronb/gbw056

Kensinger, E. A., & Leclerc, C. M. (2009). Age-related changes in the neural mechanisms supporting emotion processing and emotional memory. *European Journal of Cognitive Psychology, 21*(2–3), 192–215. doi:10.1080/09541440801937116

Kensinger, E. A., & Schacter, D. L. (2008). Neural processes supporting young and older adults' emotional memories. *Journal of Cognitive Neuroscience, 20*(7), 1161–1173.

Kirchhoff, B. A., Anderson, B. A., Barch, D. M., & Jacoby, L. L. (2012). Cognitive and neural effects of semantic encoding strategy training in older adults. *Cerebral Cortex, 22*(4), 788–799.

Kirchhoff, B. A., Anderson, B. A., Smith, S. E., Barch, D. M., & Jacoby, L. L. (2012). Cognitive training-related changes in hippocampal activity associated with recollection in older adults. *NeuroImage, 62*(3), 1956–1964.

Kirchhoff, B. A., Gordon, B. A., & Head, D. (2014). Prefrontal gray matter volume mediates age effects on memory strategies. *NeuroImage, 90*, 326–334.

Kisley, M. A., Wood, S., & Burrows, C. L. (2007). Looking at the sunny side of life: age-related change in an event-related potential measure of the negativity bias. *Psychological Science, 18*(9), 838–843. doi:10.1111/j.1467-9280.2007.01988.x

Knowlton, B. J., Mangels, J. A., & Squire, L. R. (1996). A neostriatal habit learning system in humans. *Science, 273*(5280), 1399–1402.

Koutstaal, W., & Schacter, D. L. (1997). Gist-based false recognition of pictures in older and younger adults. *Journal of Memory and Language, 37*(4), 555–583.

Krendl, A. C. (in press). Reduced cognitive capacity impairs the malleability of older adults' negative attitudes to stigmatized individuals. *Experimental Aging Research*.

Krendl, A. C., Heatherton, T. F., & Kensinger, E. A. (2009). Aging minds and twisting attitudes: an fMRI investigation of age differences in inhibiting prejudice. *Psychology and Aging, 24*(3), 530–541.

Krendl, A. C., Richeson, J. A., Kelley, W. M., & Heatherton, T. F. (2008). The negative consequences of threat – a functional magnetic resonance imaging investigation of the neural mechanisms underlying women's underperformance in math. *Psychological Science, 19*(2), 168–175. doi:10.1111/j.1467-9280.2008.02063.x

Krendl, A. C., Rule, N. O., & Ambady, N. (2014). Does aging impair first impression accuracy? Differentiating emotion recognition from complex social inferences. *Psychology and Aging, 29*(3), 482–490. doi:10.1037/a0037146

Kubarych, T. S., Prom-Wormley, E. C., Franz, C. E., Panizzon, M. S., Dale, A. M., Fischl, B., ... Hauger, R. L. (2012). A multivariate twin study of hippocampal volume, self-esteem and well-being in middle-aged men. *Genes, Brain, and Behavior, 11*(5), 539–544.

Kurkela, K. A., & Dennis, N. A. (2016). Event-related fMRI studies of false memory: an activation likelihood estimation meta-analysis. *Neuropsychologia*, *81*, 149–167. doi:10.1016/j.neuropsychologia.2015. 12.006

Kurth, F., Luders, E., Wu, B., & Black, D. S. (2014). Brain gray matter changes associated with mindfulness meditation in older adults: an exploratory pilot study using voxel-based morphometry. *Neuro–Open Journal*, *1*(1), 23–26.

Kwon, D., Maillet, D., Pasvanis, S., Ankudowich, E., Grady, C. L., & Rajah, M. N. (2015). Context memory decline in middle-aged adults is related to changes in prefrontal cortex function. *Cerebral Cortex*, *26*(6), 2440–2460.

La Joie, R., Bejanin, A., Fagan, A. M., Ayakta, N., Baker, S. L., Bourakova, V., ... Rabinovici, G. D. (2017). Associations between [(18)F]AV1451 tau PET and CSF measures of tau pathology in a clinical sample. *Neurology*, *90*(4), e282–e290. doi:10.1212/wnl.0000000000004860

Lamar, M., Charlton, R. A., Ajilore, O., Zhang, A., Yang, S., Barrick, T. R., ... Kumar, A. (2013). Prefrontal vulnerabilities and whole brain connectivity in aging and depression. *Neuropsychologia*, *51*(8), 1463–1470.

Lan, C.-C., Tsai, S.-J., Huang, C.-C., Wang, Y.-H., Chen, T.-R., Yeh, H.-L., ... Yang, A. C. (2015). Functional connectivity density mapping of depressive symptoms and loneliness in non-demented elderly male. *Frontiers in Aging Neuroscience*, *7*.

Lang, P. J., Bradley, M. M., & Cuthbert, B. N. (1997). *International Affective Picture System (IAPS): Technical Manual and Affective Ratings*. NIMH Center for the Study of Emotion and Attention, Gainsville, pp. 39–58.

Langenecker, S. A., Nielson, K. A., & Rao, S. M. (2004). fMRI of healthy older adults during Stroop interference. *NeuroImage*, *21*(1), 192–200.

Langenecker, S. A., Zubieta, J.-K., Young, E. A., Akil, H., & Nielson, K. A. (2007). A task to manipulate attentional load, set-shifting, and inhibitory control: convergent validity and test–retest reliability of the Parametric Go/No-Go Test. *Journal of Clinical and Experimental Neuropsychology*, *29*(8), 842–853.

Langeslag, S. J., & Van Strien, J. W. (2008). Age differences in the emotional modulation of ERP old/new effects. *International Journal of Psychophysiology*, *70*(2), 105–114.

(2009). Aging and emotional memory: the co-occurrence of neurophysiological and behavioral positivity effects. *Emotion*, *9*(3), 369–377. doi:10.1037/a0015356

Lantrip, C., & Huang, J. H. (2017). Cognitive control of emotion in older adults: a review. *Clinical Psychiatry (Wilmington)*, *3*(1). doi:10.21767/2471-9854.100040

Lazar, S. W., Kerr, C. E., Wasserman, R. H., Gray, J. R., Greve, D. N., Treadway, M. T., ... Benson, H. (2005). Meditation experience is associated with increased cortical thickness. *NeuroReport*, *16*(17), 1893–1897.

Lebowitz, B. D., Pearson, J. L., Schneider, L. S., Reynolds, C. F., Alexopoulos, G. S., Bruce, M. L., ... Morrison, M. F. (1997). Diagnosis and treatment of depression in late life: consensus statement update. *Journal of the American Medical Association*, *278*(14), 1186–1190.

Leclerc, C. M., & Kensinger, E. A. (2008). Age-related differences in medial prefrontal activation in response to emotional images. *Cognitive, Affective, and Behavioral Neuroscience*, *8*(2), 153–164.

(2010). Age-related valence-based reversal in recruitment of medial prefrontal cortex on a visual search task. *Social Neuroscience*, *5*(5–6), 560–576. doi:10.1080/17470910903512296

(2011). Neural processing of emotional pictures and words: a comparison of young and older adults. *Developmental Neuropsychology*, *36*(4), 519–538. doi:10.1080/87565641.2010.549864

Le Couteur, D. G., Hunter, S., & Brayne, C. (2016). Solanezumab and the amyloid hypothesis for Alzheimer's disease. *British Medical Journal*, *355*, i6771. doi:10.1136/bmj.i6771

Lee, A. C., Buckley, M. J., Gaffan, D., Emery, T., Hodges, J. R., & Graham, K. S. (2006). Differentiating the roles of the hippocampus and perirhinal cortex in processes beyond long-term declarative memory: a double dissociation in dementia. *Journal of Neuroscience*, *26*(19), 5198–5203. doi:10.1523/jneurosci.3157-05.2006

Lee, T. M., Leung, A. W., Fox, P. T., Gao, J. H., & Chan, C. C. (2008). Age-related differences in neural activities during risk taking as revealed by functional MRI. *Social Cognitive and Affective Neuroscience, 3*(1), 7–15. doi:10.1093/scan/nsm033

Lemaire, P. (2016). *Cognitive Aging: The Role of Strategies.* New York: Routledge/Taylor & Francis Group.

Leshikar, E. D., Cassidy, B. S., & Gutchess, A. H. (2015). Similarity to the self influences cortical recruitment during impression formation. *Cognitive, Affective, and Behavioral Neuroscience, 16*(2), 302–314. doi:10.3758/s13415-015-0390-3

Leshikar, E. D., & Duarte, A. (2014). Medial prefrontal cortex supports source memory for self-referenced materials in young and older adults. *Cognitive, Affective, and Behavioral Neuroscience, 14*(1), 236–252. doi:10.3758/s13415-013-0198-y

Leshikar, E. D., & Gutchess, A. H. (2015). Similarity to the self affects memory for impressions of others. *Journal of Applied Research in Memory and Cognition, 4*(1), 20–28. doi:10.1016/j.jarmac.2014.10.002

Leshikar, E. D., Gutchess, A. H., Hebrank, A. C., Sutton, B. P., & Park, D. C. (2010). The impact of increased relational encoding demands on frontal and hippocampal function in older adults. *Cortex, 46*(4), 507–521. doi:10.1016/j.cortex.2009.07.011

Leshikar, E. D., Park, J. M., & Gutchess, A. H. (2015). Similarity to the self affects memory for impressions of others in younger and older adults. *Journals of Gerontololgy. Series B, Psychological Sciences and Social Sciences, 70*(5), 737–742. doi:10.1093/geronb/gbt132

Levine, B., Svoboda, E., Hay, J. F., Winocur, G., & Moscovitch, M. (2002). Aging and autobiographical memory: dissociating episodic from semantic retrieval. *Psychology and Aging, 17*(4), 677–689.

Levy, B. R. (2003). Mind matters: cognitive and physical effects of aging self-stereotypes. *Journals of Gerontology. Series B, Psychological Sciences and Social Sciences, 58*(4), 203-211.

Li, J., Morcom, A. M., & Rugg, M. D. (2004). The effects of age on the neural correlates of successful episodic retrieval: an ERP study. *Cognitive, Affective, and Behavioral Neuroscience, 4*(3), 279–293.

Li, R., Ma, Z., Yu, J., He, Y., & Li, J. (2014). Altered local activity and functional connectivity of the anterior cingulate cortex in elderly individuals with subthreshold depression. *Psychiatry Research: Neuroimaging, 222*(1), 29–36.

Li, S. C., Lindenberger, U., & Sikstrom, S. (2001). Aging cognition: from neuromodulation to representation. *Trends in Cognitive Sciences, 5*(11), 479–486.

Li, S. C., Papenberg, G., Nagel, I. E., Preuschhof, C., Schroder, J., Nietfeld, W., ... Backman, L. (2013). Aging magnifies the effects of dopamine transporter and D_2 receptor genes on backward serial memory. *Neurobiology of Aging, 34*(1), 358.e1–358.e10. doi:10.1016/j. neurobiolaging.2012.08.001

Lieberman, M. D. (2007). Social cognitive neuroscience: a review of core processes. *Annual Review of Psychology, 58*, 259–289. doi:10.1146/annurev.psych.58.110405.085654

Light, L. L. (1992). The organization of memory in old age. In F. I. M. Craik & T. A. Salthouse (Eds.), *The Handbook of Aging and Cognition* (pp. 111–165). Hillsdale, NJ: Lawrence Erlbaum Associates, Inc.

Light, L. L., & Singh, A. (1987). Implicit and explicit memory in young and older adults. *Journal of Experimental Psychology: Learning, Memory, and Cognition, 13*(4), 531–541.

Lim, Y. Y., Villemagne, V. L., Pietrzak, R. H., Ames, D., Ellis, K. A., Harrington, K., ... Rowe, C. C. (2015). *APOE* ε4 moderates amyloid-related memory decline in preclinical Alzheimer's disease. *Neurobiology of Aging, 36*(3), 1239–1244.

Limbert, M. J., Coleman, J. A., & Gutchess, A. H. (2018). Effects of aging on general and specific memory for impressions. *Collabra: Psychology, 4*(1), 17. doi: http://doi.org/10.1525/collabra.109.

Lin, F. R., Ferrucci, L., An, Y., Goh, J. O., Doshi, J., Metter, E. J., ... Resnick, S. M. (2014). Association of hearing impairment with brain volume changes in older adults. *NeuroImage, 90*, 84–92.

Lindenberger, U., & Baltes, P. B. (1994). Sensory functioning and intelligence in old age: a strong connection. *Psychology and Aging, 9*(3), 339–355.

Lisman, J., Grace, A. A., & Duzel, E. (2011). A neoHebbian framework for episodic memory: role of dopamine-de-pendent late LTP. *Trends in Neurosciences*, *34*(10), 536–547.

Logan, J. M., Sanders, A. L., Snyder, A. Z., Morris, J. C., & Buckner, R. L. (2002). Under-recruitment and nonse-lective recruitment: dissociable neural mechanisms associated with aging. *Neuron*, *33*(5), 827–840.

Luck, S. J. (2014). *An Introduction to the Event-Related Potential Technique* (2nd edn). Cambridge, MA: MIT Press.

Luck, S. J., & Kappenman, E. S. (2012). *Oxford Handbook of Event-Related Potential Components*. Oxford University Press.

Luders, E., & Cherbuin, N. (2016). Searching for the philosopher's stone: promising links between meditation and brain preservation. *Annals of the New York Academy of Sciences*, *1373*(1), 38–44. doi:10.1111/ nyas.13082

Luk, G., Bialystok, E., Craik, F. I. M., & Grady, C. L. (2011). Lifelong bilingualism maintains white matter integ-rity in older adults. *Journal of Neuroscience*, *31*(46), 16808–16813.

Lustig, C., & Buckner, R. L. (2004). Preserved neural correlates of priming in old age and dementia. *Neuron*, *42*(5), 865–875.

Lustig, C., Snyder, A. Z., Bhakta, M., O'Brien, K. C., McAvoy, M., Raichle, M. E., ... Buckner, R. L. (2003). Functional deactivations: change with age and dementia of the Alzheimer type. *Proceedings of the National Academy of Sciences of the United States of America*, *100*(24), 14504–14509. doi:10.1073/pnas.2235925100

Maass, A., Lockhart, S. N., Harrison, T. M., Bell, R. K., Mellinger, T., Swinnerton, K., ... Jagust, W. J. (2018). Entorhinal tau pathology, episodic memory decline and neurodegeneration in aging. *Journal of Neuroscience*, *38*(3), 530–543. doi:10.1523/jneurosci.2028-17.2017

Machulda, M. M., Jones, D. T., Vemuri, P., McDade, E., Avula, R., Przybelski, S. A., ... Jack, C. R. (2011). Effect of *APOE* ε4 status on intrinsic network connectivity in cognitively normal elderly subjects. *Archives of Neu-rology*, *68*(9), 1131–1136.

Macrae, C. N., Moran, J. M., Heatherton, T. F., Banfield, J. F., & Kelley, W. M. (2004). Medial prefrontal activity predicts memory for self. *Cerebral Cortex*, *14*(6), 647–654. doi:10.1093/cercor/bhh025

Madan, C. R. (2015). Creating 3D visualizations of MRI data: a brief guide. *F1000Res*, *4*, 466. doi:10.12688/ f1000research.6838.1

Madden, D. J., Costello, M. C., Dennis, N. A., Davis, S. W., Shepler, A. M., Spaniol, J., ... Cabeza, R. (2010). Adult age differences in functional connectivity during executive control. *NeuroImage*, *52*(2), 643–657.

Madden, D. J., Parks, E. L., Davis, S. W., Diaz, M. T., Potter, G. G., Chou, Y., ... Cabeza, R. (2014). Age mediation of frontoparietal activation during visual feature search. *NeuroImage*, *102*, 262–274.

Madden, D. J., Spaniol, J., Whiting, W. L., Bucur, B., Provenzale, J. M., Cabeza, R., ... Huettel, S. A. (2007). Adult age differences in the functional neuroanatomy of visual attention: a combined fMRI and DTI study. *Neurobi-ology of Aging*, *28*(3), 459–476.

Madden, D. J., Turkington, T. G., Provenzale, J. M., Hawk, T. C., Hoffman, J. M., & Coleman, R. E. (1997). Selec-tive and divided visual attention: age-related changes in regional cerebral blood flow measured by H2 (15)O PET. *Human Brain Mapping*, *5*(6), 389–409. doi:10.1002/(SICI)1097-0193(1997)5:6<389::AID-HBM1>3.0. CO;2-#

Madden, D. J., Whiting, W. L., Cabeza, R., & Huettel, S. A. (2004). Age-related preservation of top-down atten-tional guidance during visual search. *Psychology and Aging*, *19*(2), 304–309.

Madden, D. J., Whiting, W. L., Huettel, S. A., White, L. E., MacFall, J. R., & Provenzale, J. M. (2004). Diffusion tensor imaging of adult age differences in cerebral white matter: relation to response time. *NeuroImage*, *21*(3), 1174–1181. doi:10.1016/j.neuroimage.2003.11.004

Maguire, E. A., & Frith, C. D. (2003). Aging affects the engagement of the hippocampus during autobiographical memory retrieval. *Brain*, *126*(7), 1511–1523.

Maillet, D., & Rajah, M. N. (2013). Association between prefrontal activity and volume change in prefrontal and medial temporal lobes in aging and dementia: a review. *Ageing Research Reviews*, *12*(2), 479–489. doi:10.1016/j.arr.2012.11.001

(2014). Age-related differences in brain activity in the subsequent memory paradigm: a meta-analysis. *Neuroscience & Biobehavioral Reviews*, *45*, 246–257.

Manan, H. A., Franz, E. A., Yusoff, A. N., & Mukari, S. Z.-M. S. (2015). The effects of aging on the brain activation pattern during a speech perception task: an fMRI study. *Aging Clinical and Experimental Research*, *27*(1), 27–36.

Manenti, R., Brambilla, M., Petesi, M., Ferrari, C., & Cotelli, M. (2013). Enhancing verbal episodic memory in older and young subjects after non-invasive brain stimulation. *Frontiers in Aging Neuroscience*, *5*, Article 49. doi:10.3389/fnagi.2013.00049

Manenti, R., Cotelli, M., & Miniussi, C. (2011). Successful physiological aging and episodic memory: a brain stimulation study. *Behavioural Brain Research*, *216*(1), 153–158. doi:10.1016/j.bbr.2010.07.027

Manenti, R., Sandrini, M., Gobbi, E., Cobelli, C., Brambilla, M., Binetti, G., & Cotelli, M. (2017). Strengthening of existing episodic memories through non-invasive stimulation of prefrontal cortex in older adults with subjective memory complaints. *Frontiers in Aging Neuroscience*, *9*, Article 401. doi:10.3389/fnagi.2017.00401

Manza, P., Zhang, S., Li, C. S. R., & Leung, H. C. (2015). Resting-state functional connectivity of the striatum in early-stage Parkinson's disease: cognitive decline and motor symptomatology. *Human Brain Mapping*, *37*(2), 648–662.

Mark, R. E., & Rugg, M. D. (1998). Age effects on brain activity associated with episodic memory retrieval. *Brain*, *121*, 861–873.

Marsolais, Y., Perlbarg, V., Benali, H., & Joanette, Y. (2014). Age-related changes in functional network connectivity associated with high levels of verbal fluency performance. *Cortex*, *58*, 123–138.

Martin, S., Al Khleifat, A., & Al-Chalabi, A. (2017). What causes amyotrophic lateral sclerosis? *F1000Res*, *6*, 371. doi:10.12688/f1000research.10476.1

Martinelli, P., Sperduti, M., Devauchelle, A.-D., Kalenzaga, S., Gallarda, T., Lion, S., ... Meder, J. F. (2013). Age-related changes in the functional network underlying specific and general autobiographical memory retrieval: a pivotal role for the anterior cingulate cortex. *PLoS One*,*8*(12), e82385.

Martins, B., Ponzio, A., Velasco, R., Kaplan, J., & Mather, M. (2015). Dedifferentiation of emotion regulation strategies in the aging brain. *Social Cognitive and Affective Neuroscience*, *10*(6), 840–847. doi:10.1093/scan/nsu129

Mata, R., Josef, A. K., Samanez-Larkin, G. R., & Hertwig, R. (2011). Age differences in risky choice: a meta-analysis. *Annals of the New York Academy of Sciences*, *1235*, 18–29. doi:10.1111/j.1749-6632.2011.06200.x

Mather, M. (2012). The emotion paradox in the aging brain. *Annals of the New York Academy of Sciences*, *1251*, 33–49. doi:10.1111/j.1749-6632.2012.06471.x

(2016). The affective neuroscience of aging. *Annual Review of Psychology*, *67*, 213–238. doi:10.1146/annurev-psych-122414-033540

Mather, M., Canli, T., English, T., Whitfield, S., Wais, P., Ochsner, K., ... Carstensen, L. L. (2004). Amygdala responses to emotionally valenced stimuli in older and younger adults. *Psychological Science*, *15* (4), 259–263.

Mather, M., & Carstensen, L. L. (2003). Aging and attentional biases for emotional faces. *Psychological Science*, *14*(5), 409–415.

(2005). Aging and motivated cognition: the positivity effect in attention and memory. *Trends in Cognitive Sciences*, *9*(10), 496–502. doi:10.1016/j.tics.2005.08.005

Mather, M., Gorlick, M. A., & Lighthall, N. R. (2009). To brake or accelerate when the light turns yellow? Stress reduces older adults' risk taking in a driving game. *Psychological Science*, *20*(2), 174–176.

Mather, M., & Knight, M. (2005). Goal-directed memory: the role of cognitive control in older adults' emotional memory. *Psychology and Aging*, *20*(4), 554–570.

Mather, M., Mazar, N., Gorlick, M. A., Lighthall, N. R., Burgeno, J., Schoeke, A., & Ariely, D. (2012). Risk preferences and aging: the "certainty effect" in older adults' decision making. *Psychology and Aging*, 27(4), 801–816. doi:10.1037/a0030174

Mattay, V. S., Fera, F., Tessitore, A., Hariri, A. R., Das, S., Callicott, J. H., & Weinberger, D. R. (2002). Neuro-physiological correlates of age-related changes in human motor function. *Neurology*, 58(4), 630–635.

Matzen, L. E., & Benjamin, A. S. (2013). Older and wiser: older adults' episodic word memory benefits from sentence study contexts. *Psychology and Aging*, 28(3), 754–767. doi:10.1037/a0032945

Maylor, E. A., Moulson, J. M., Muncer, A. M., & Taylor, L. A. (2002). Does performance on theory of mind tasks decline in old age? *British Journal of Psychology*, 93, 465–485. doi:10.1348/000712602761381358

McCarrey, A. C., Henry, J. D., von Hippel, W., Weidemann, G., Sachdev, P. S., Wohl, M. J., & Williams, M. (2012). Age differences in neural activity during slot machine gambling: an fMRI study. *PLoS One*, 7(11), e49787. doi:10.1371/journal.pone.0049787

McDonough, I. M. (2017). Beta-amyloid and cortical thickness reveal racial disparities in preclinical Alzheimer's disease. *NeuroImage: Clinical*, 16, 659–667. doi:10.1016/j.nicl.2017.09.014

McDonough, I. M., Cervantes, S. N., Gray, S. J., & Gallo, D. A. (2014). Memory's aging echo: age-related decline in neural reactivation of perceptual details during recollection. *NeuroImage*, 98, 346–358.

McDonough, I. M., Wong, J. T., & Gallo, D. A. (2013). Age-related differences in prefrontal cortex activity during retrieval monitoring: testing the compensation and dysfunction accounts. *Cerebral Cortex*, 23(5), 1049–1060.

McEwen, B. S. (2006). Protective and damaging effects of stress mediators: central role of the brain. *Dialogues in Clinical Neuroscience*, 8(4), 367–381.

Meinzer, M., Lindenberg, R., Antonenko, D., Flaisch, T., & Floel, A. (2013). Anodal transcranial direct current stimulation temporarily reverses age-associated cognitive decline and functional brain activity changes. *Journal of Neuroscience*, 33(30), 12470–12478. doi:10.1523/JNEUROSCI.5743-12.2013

Mikels, J. A., Larkin, G. R., Reuter-Lorenz, P. A., & Carstensen, L. L. (2005). Divergent trajectories in the aging mind: changes in working memory for affective versus visual information with age. *Psychology and Aging*, 20, 542–553.

Milham, M. P., Erickson, K. I., Banich, M. T., Kramer, A. F., Webb, A., Wszalek, T., & Cohen, N. J. (2002). Attentional control in the aging brain: insights from an fMRI study of the Stroop Task. *Brain and Cognition*, 49(3), 277–296. doi:10.1006/brcg.2001.1501

Mishra, J., de Villers-Sidani, E., Merzenich, M., & Gazzaley, A. (2014). Adaptive training diminishes distractibility in aging across species. *Neuron*, 84(5), 1091–1103.

Mishra, J., Rolle, C., & Gazzaley, A. (2015). Neural plasticity underlying visual perceptual learning in aging. *Brain Research*, 1612, 140–151.

Mitchell, J. P. (2008). Contributions of functional neuroimaging to the study of social cognition. *Current Directions in Psychological Science*, 17(2), 142–146. doi:10.1111/j.1467-8721.2008.00564.x

Mitchell, J. P., Macrae, C. N., & Banaji, M. R. (2004). Encoding-specific effects of social cognition on the neural correlates of subsequent memory. *Journal of Neuroscience*, 24(21), 4912–4917.

Mitchell, K. J., Ankudowich, E., Durbin, K. A., Greene, E. J., & Johnson, M.K. (2013). Age-related differences in agenda-driven monitoring of format and task information. *Neuropsychologia*, 51(12), 2427–2441.

Mitchell, K. J., & Johnson, M. K. (2009). Source monitoring 15 years later: what have we learned from fMRI about the neural mechanisms of source memory? *Psychological Bulletin*, 135(4), 638–677.

Mitchell, K. J., Johnson, M. K., Raye, C. L., & D'Esposito, M. (2000). fMRI evidence of age-related hippocampal dysfunction in feature binding in working memory. *Cognitive Brain Research*, 10, 197–206.

Mitchell, K. J., Raye, C. L., Ebner, N. C., Tubridy, S. M., Frankel, H., & Johnson, M. K. (2009). Age-group differences in medial cortex activity associated with thinking about self-relevant agendas. *Psychology and Aging*, 24(2), 438–449.

Miyake, A., Friedman, N., Emerson, M., Witzki, A., & Howerter, A. (2000). The unity and diversity of executive functions and their contributions to complex "frontal lobe" tasks: a latent variable analysis. *Cognitive Psychology*, *41*, 49–100.

Montague, P. R., Berns, G. S., Cohen, J. D., McClure, S. M., Pagnoni, G., Dhamala, M., ... Fisher, R. E. (2002). Hyperscanning: simultaneous fMRI during linked social interactions. *NeuroImage*, *16*(4), 1159–1164.

Moran, J. M. (2013). Lifespan development: the effects of typical aging on theory of mind. *Behavioural Brain Research*, *237*, 32–40. doi:10.1016/j.bbr.2012.09.020

Moran, J. M., Jolly, E., & Mitchell, J. P. (2012). Social-cognitive deficits in normal aging. *Journal of Neuroscience*, *32*(16), 5553–5561.

Morcom, A. M., Li, J., & Rugg, M. D. (2007). Age effects on the neural correlates of episodic retrieval: increased cortical recruitment with matched performance. *Cerebral Cortex*, *17*(11), 2491–2506.

Moriguchi, Y., Negreira, A., Weierich, M., Dautoff, R., Dickerson, B. C., Wright, C. I., & Barrett, L. F. (2011). Differential hemodynamic response in affective circuitry with aging: an fMRI study of novelty, valence, and arousal. *Journal of Cognitive Neuroscience*, *23*(5), 1027–1041. doi:10.1162/jocn.2010.21527

Mormino, E. C., Betensky, R. A., Hedden, T., Schultz, A. P., Ward, A., Huijbers, W., ... Alzheimer's Disease Neuroimaging Initiative. (2014). Amyloid and *APOE* ε4 interact to influence short-term decline in preclinical Alzheimer disease. *Neurology*, *82*(20), 1760–1767.

Mowszowski, L., Hermens, D. F., Diamond, K., Norrie, L., Hickie, I. B., Lewis, S. J. G., & Naismith, S. L. (2012). Reduced mismatch negativity in mild cognitive impairment: associations with neuropsychological performance. *Journal of Alzheimer's Disease*, *30*(1), 209–219.

Mueller, J. H., Wonderlich, S., & Dugan, K. (1986). Self-referent processing of age-specific material. *Psychology and Aging*, *1*(4), 293–299. doi:10.1037/0882-7974.1.4.293

Mufson, E. J., Mahady, L., Waters, D., Counts, S. E., Perez, S. E., DeKosky, S. T., ... Binder, L. I. (2015). Hippocampal plasticity during the progression of Alzheimer's disease. *Neuroscience*, *309*, 51–67.

Murphy, K., & Garavan, H. (2004). Artifactual fMRI group and condition differences driven by performance confounds. *NeuroImage*, *21*(1), 219–228.

Murphy, N. A., & Isaacowitz, D. M. (2008). Preferences for emotional information in older and younger adults: a meta-analysis of memory and attention tasks. *Psychology and Aging*, *23*, 263–286.

Murty, V. P., Ritchey, M., Adcock, R. A., & LaBar, K. S. (2010). fMRI studies of successful emotional memory encoding: a quantitative meta-analysis. *Neuropsychologia*, *48*(12), 3459–3469. doi:10.1016/j.neuropsychologia.2010.07.030

Nakamura, T., Ghilardi, M., Mentis, M., Dhawan, V., Fukuda, M., Hacking, A., ... Eidelberg, D. (2001). Functional networks in motor sequence learning: abnormal topographies in Parkinson's disease. *Human Brain Mapping*, *12*(1), 42–60.

Nashiro, K., Sakaki, M., Braskie, M. N., & Mather, M. (2017). Resting-state networks associated with cognitive processing show more age-related decline than those associated with emotional processing. *Neurobiology of Aging*, *54*, 152–162. doi:10.1016/j.neurobiolaging.2017.03.003

Nashiro, K., Sakaki, M., & Mather, M. (2012). Age differences in brain activity during emotion processing: reflections of age-related decline or increased emotion regulation? *Gerontology*, *58*(2), 156–163. doi:10.1159/000328465

Naveh-Benjamin, M. (2000). Adult age differences in memory performance: tests of an associative deficit hypothesis. *Journal of Experimental Psychology: Learning, Memory, and Cognition*, *26*(5), 1170–1187. https://doi.org/10.1037//0278-7393.26.5.1170

Nessler, D., Friedman, D., Johnson, R., Jr., & Bersick, M. (2007). Does repetition engender the same retrieval processes in young and older adults? *NeuroReport*, *18*(17), 1837–1840.

Nevalainen, T., Kananen, L., Marttila, S., Jylhä, M., Hervonen, A., Hurme, M., & Jylhävä, J. (2015). Transcriptomic and epigenetic analyses reveal a gender difference in aging-associated inflammation: the Vitality 90+ Study. *Age, 37*(4), 1–13.

Newsome, R. N., Duarte, A., & Barense, M. D. (2012). Reducing perceptual interference improves visual discrimination in mild cognitive impairment: implications for a model of perirhinal cortex function. *Hippocampus, 22*(10), 1990–1999.

Newsome, R. N., Dulas, M. R., & Duarte, A. (2012). The effects of aging on emotion-induced modulations of source retrieval ERPs: evidence for valence biases. *Neuropsychologia, 50*(14), 3370–3384. doi:10.1016/j.neuropsychologia.2012.09.024

Ng, K. K., Lo, J. C., Lim, J. K. W., Chee, M. W. L., & Zhou, J. (2016). Reduced functional segregation between the default mode network and the executive control network in healthy older adults: a longitudinal study. *NeuroImage, 133*, 321–330. doi:10.1016/j.neuroimage.2016.03.029

Nielsen, L., & Mather, M. (2011). Emerging perspectives in social neuroscience and neuroeconomics of aging. *Social Cognitive and Affective Neuroscience, 6*(2), 149–164. doi:10.1093/scan/nsr019

Nielson, K. A., Langenecker, S. A., & Garavan, H. (2002). Differences in the functional neuroanatomy of inhibitory control across the adult life span. *Psychology and Aging, 17*(1), 56–71.

Norman, K. A., Polyn, S. M., Detre, G. J., & Haxby, J. V. (2006). Beyond mind-reading: multi-voxel pattern analysis of fMRI data. *Trends in Cognitive Science, 10*(9), 424–430. doi:10.1016/j.tics.2006.07.005

North, M. S., & Fiske, S. T. (2012). An inconvenienced youth? Ageism and its potential intergenerational roots. *Psychological Bulletin, 138*(5), 982–997. doi:10.1037/a0027843

Northoff, G., Heinzel, A., de Greck, M., Bermpohl, F., Dobrowolny, H., & Panksepp, J. (2006). Self-referential processing in our brain – a meta-analysis of imaging studies of the self. *NeuroImage, 31*(1), 440–457.

Nosheny, R. L., Insel, P. S., Truran, D., Schuff, N., Jack, C. R., Aisen, P. S., ... Alzheimer's Disease Neuroimaging Initiative. (2015). Variables associated with hippocampal atrophy rate in normal aging and mild cognitive impairment. *Neurobiology of Aging, 36*(1), 273–282.

Novak, M. J. U., Seunarine, K. K., Gibbard, C. R., McColgan, P., Draganski, B., Friston, K., ... Tabrizi, S. J. (2015). Basal ganglia-cortical structural connectivity in Huntington's disease. *Human Brain Mapping, 36*(5), 1728–1740.

Nyberg, L., Sandblom, J., Jones, S., Neely, A. S., Petersson, K. M., Ingvar, M., & Backman, L. (2003). Neural correlates of training-related memory improvement in adulthood and aging. *Proceedings of the National Academy of Sciences of the United States of America, 100*(23), 13728–13733. doi:10.1073/pnas.1735487100

Oberlin, L. E., Verstynen, T. D., Burzynska, A. Z., Voss, M. W., Prakash, R. S., Chaddock-Heyman, L., ... Erickson, K. I. (2016). White matter microstructure mediates the relationship between cardiorespiratory fitness and spatial working memory in older adults. *NeuroImage, 131*, 91–101. doi:10.1016/j.neuroimage.2015.09.053

O'Brien, J. L., O'Keefe, K. M., LaViolette, P. S., DeLuca, A. N., Blacker, D., Dickerson, B. C., & Sperling, R. A. (2010). Longitudinal fMRI in elderly reveals loss of hippocampal activation with clinical decline. *Neurology, 74*(24), 1969–1976. doi:10.1212/WNL.0b013e3181e3966e

Ochsner, K. N., & Gross, J. J. (2005). The cognitive control of emotion. *Trends in Cognitive Science, 9*(5), 242–249. doi:10.1016/j.tics.2005.03.010

Oh, H., & Jagust, W. J. (2013). Frontotemporal network connectivity during memory encoding is increased with aging and disrupted by beta-amyloid. *Journal of Neuroscience, 33*(47), 18425–18437.

Oishi, K., & Lyketsos, C. G. (2014). Alzheimer's disease and the fornix. *Frontiers in Aging Neuroscience, 6*.

Olsen, R. K., Pangelinan, M. M., Bogulski, C., Chakravarty, M. M., Luk, G., Grady, C. L., & Bialystok, E. (2015). The effect of lifelong bilingualism on regional grey and white matter volume. *Brain Research, 1612*, 128–139.

Opitz, P. C., Lee, I. A., Gross, J. J., & Urry, H. L. (2014). Fluid cognitive ability is a resource for successful emotion regulation in older and younger adults. *Frontiers in Psychology, 5*, Article 609. doi:10.3389/fpsyg.2014.00609

Opitz, P. C., Rauch, L. C., Terry, D. P., & Urry, H. L. (2012). Prefrontal mediation of age differences in cognitive reappraisal. *Neurobiology of Aging*, *33*(4), 645–655. doi:10.1016/j.neurobiolaging.2010.06.004

Pagnoni, G., & Cekic, M. (2007). Age effects on gray matter volume and attentional performance in Zen meditation. *Neurobiology of Aging*, *28*(10), 1623–1627.

Paige, L. E., Cassidy, B. S., Schacter, D. L., & Gutchess, A. H. (2016). Age differences in hippocampal activation during gist-based false recognition. *Neurobiology of Aging*, *46*, 76–83. doi:10.1016/j. neurobiolaging.2016.06.014

Park, D. C., Lautenschlager, G., Hedden, T., Davidson, N. S., Smith, A. D., & Smith, P. K. (2002). Models of visuospatial and verbal memory across the adult life span. *Psychology and Aging*, *17*(2), 299–320.

Park, D. C., Polk, T. A., Park, R., Minear, M., Savage, A., & Smith, M. R. (2004). Aging reduces neural specialization in ventral visual cortex. *Proceedings of the National Academy of Sciences of the United States of America*, *101*(35), 13091–13095.

Park, D. C., & Reuter-Lorenz, P. A. (2009). The adaptive brain: aging and neurocognitive scaffolding. *Annual Review of Psychology*, *60*, 173–196.

Park, D. C., & Schwarz, N. (2000). *Cognitive Aging: A Primer*. Philadelphia: Psychology Press.

Park, D. C., Smith, A. D., Lautenschlager, G., Earles, J. L., Frieske, D., Zwahr, M., & Gaines, C. L. (1996). Mediators of long-term memory performance across the life span. *Psychology and Aging*, *11*(4), 621–637.

Park, J., Carp, J., Kennedy, K. M., Rodrigue, K. M., Bischof, G. N., Huang, C.- M., ... Park, D. C. (2012). Neural broadening or neural attenuation? Investigating age-related dedifferentiation in the face network in a large lifespan sample. *Journal of Neuroscience*, *32*(6), 2154–2158.

Park, J. M., Cassidy, B. S., & Gutchess, A. H. (2017). Memory for trait inferences with age. Unpublished manuscript.

Park, S., Han, Y., Kim, B., & Dunkle, R. E. (2015). Aging in place of vulnerable older adults: person–environment fit perspective. *Journal of Applied Gerontology*, *36*(11), 1327–1350. doi:10.1177/0733464815617286

Paxton, J. L., Barch, D. M., Racine, C. A., & Braver, T. S. (2008). Cognitive control, goal maintenance, and prefrontal function in healthy aging. *Cerebral Cortex*, *18*(5), 1010–1028.

Peelle, J. E., Troiani, V., Grossman, M., & Wingfield, A. (2011). Hearing loss in older adults affects neural systems supporting speech comprehension. *Journal of Neuroscience*, *31*(35), 12638–12643.

Penner, M. R., Roth, T. L., Barnes, C., & Sweatt, D. (2010). An epigenetic hypothesis of aging-related cognitive dysfunction. *Frontiers in Aging Neuroscience*, *2*, Article 9.

Perani, D., & Abutalebi, J. (2015). Bilingualism, dementia, cognitive and neural reserve. *Current Opinion in Neurology*, *28*(6), 618–625.

Pereira, A. C., Huddleston, D. E., Brickman, A. M., Sosunov, A. A., Hen, R., McKhann, G. M., ... Small, S. A. (2007). An *in vivo* correlate of exercise-induced neurogenesis in the adult dentate gyrus. *Proceedings of the National Academy of Sciences of the United States of America*, *104*(13), 5638–5643.

Perfect, T. J., & Maylor, E. A. (2000). *Models of Cognitive Aging*. New York: Oxford University Press.

Perrotin, A., Mormino, E. C., Madison, C. M., Hayenga, A. O., & Jagust, W. J. (2012). Subjective cognition and amyloid deposition imaging: a Pittsburgh compound B positron emission tomography study in normal elderly individuals. *Archives of Neurology*, *69*(2), 223–229.

Persson, J., Lustig, C., Nelson, J. K., & Reuter-Lorenz, P. A. (2007). Age differences in deactivation: a link to cognitive control? *Journal of Cognitive Neuroscience*, *19*(6), 1021–1032.

Persson, J., Pudas, S., Lind, J., Kauppi, K., Nilsson, L.-G., & Nyberg, L. (2011). Longitudinal structure–function correlates in elderly reveal MTL dysfunction with cognitive decline. *Cerebral Cortex*, *22*(10), 2297–2304.

Phillips, L. H., Bull, R., Allen, R., Insch, P., Burr, K., & Ogg, W. (2011). Lifespan aging and belief reasoning: influences of executive function and social cue decoding. *Cognition*, *120*(2), 236–247. doi:10.1016/j.cognition.2011.05.003

Phillips, L. H., Henry, J. D., Hosie, J. A., & Milne, A. B. (2006). Age, anger regulation and well-being. *Aging and Mental Health*, *10*(3), 250–256.

Phillips, L. H., MacLean, R. D. J., & Allen, R. (2002). Age and the understanding of emotions: neuropsychological and sociocognitive perspectives. *Journals of Gerontology. Series B, Psychological Sciences and Social Sciences*, *57*(6), 526–530.

Poldrack, R. A. (2006). Can cognitive processes be inferred from neuroimaging data? *Trends in Cognitive Sciences*, *10*(2), 59–63. doi:10.1016/j.tics.2005.12.004

Poletti, M., Enrici, I., & Adenzato, M. (2012). Cognitive and affective theory of mind in neurodegenerative diseases: neuropsychological, neuroanatomical and neurochemical levels. *Neuroscience & Biobehavioral Reviews*, *36*(9), 2147–2164.

Poletti, M., Enrici, I., Bonuccelli, U., & Adenzato, M. (2011). Theory of mind in Parkinson's disease. *Behavioural Brain Research*, *219*(2), 342–350.

Power, J. D., Barnes, K. A., Snyder, A. Z., Schlaggar, B. L., & Petersen, S. E. (2012). Spurious but systematic correlations in functional connectivity MRI networks arise from subject motion. *NeuroImage*, *59*(3), 2142–2154. doi:10.1016/j.neuroimage.2011.10.018

Prakash, R. S., De Leon, A. A., Patterson, B., Schirda, B. L., & Janssen, A. L. (2014). Mindfulness and the aging brain: a proposed paradigm shift. *Frontiers in Aging Neuroscience, 6.*

Prenderville, J. A., Kennedy, P. J., Dinan, T. G., & Cryan, J. F. (2015). Adding fuel to the fire: the impact of stress on the ageing brain. *Trends in Neurosciences*, *38*(1), 13–25.

Pruessner, J. C., Baldwin, M. W., Dedovic, K., Renwick, R., Mahani, N. K., Lord, C., ... Lupien, S. (2005). Self-esteem, locus of control, hippocampal volume, and cortisol regulation in young and old adulthood. *NeuroImage*, *28*(4), 815–826.

Pruessner, M., Pruessner, J. C., Hellhammer, D. H., Pike, G. B., & Lupien, S. J. (2007). The associations among hippocampal volume, cortisol reactivity, and memory performance in healthy young men. *Psychiatry Research: Neuroimaging*, *155*(1), 1–10.

Pudas, S., Persson, J., Nilsson, L. G., & Nyberg, L. (2014). Midlife memory ability accounts for brain activity differences in healthy aging. *Neurobiology of Aging*, *35*(11), 2495–2503. doi:10.1016/j.neurobiolaging.2014.05.022

Pulopulos, M. M., Almela, M., Hidalgo, V., Villada, C., Puig-Perez, S., & Salvador, A. (2013). Acute stress does not impair long-term memory retrieval in older people. *Neurobiology of Learning and Memory*, *104*, 16–24.

Qin, P., & Northoff, G. (2011). How is our self related to midline regions and the default-mode network? *NeuroImage*, *57*(3), 1221–1233. doi:10.1016/j.neuroimage.2011.05.028

Rankin, K. P., Salazar, A., Gorno-Tempini, M. L., Sollberger, M., Wilson, S. M., Pavlic, D., ... Miller, B. L. (2009). Detecting sarcasm from paralinguistic cues: anatomic and cognitive correlates in neurodegenerative disease. *NeuroImage*, *47*(4), 2005–2015.

Raye, C. L., Mitchell, K. J., Reeder, J. A., Greene, E. J., & Johnson, M. K. (2008). Refreshing one of several active representations: behavioral and functional magnetic resonance imaging differences between young and older adults. *Journal of Cognitive Neuroscience*, *20*(5), 852–862.

Raz, N. (2000). Aging of the brain and its impact on cognitive performance: integration of structural and functional findings. In F. I. M. Craik & T. A. Salthouse (Eds.), *The Handbook of Aging and Cognition*, (2nd edn, pp. 1–90). Mahwah, NJ: Lawrence Erlbaum Associates, Inc.

Raz, N., Ghisletta, P., Rodrigue, K. M., Kennedy, K. M., & Lindenberger, U. (2010). Trajectories of brain aging in middle-aged and older adults: regional and individual differences. *NeuroImage*, *51*(2), 501–511. doi:10.1016/j.neuroimage.2010.03.020

Raz, N., Lindenberger, U., Rodrigue, K. M., Kennedy, K. M., Head, D., Williamson, A., ... Acker, J. D. (2005). Regional brain changes in aging healthy adults: general trends, individual differences and modifiers. *Cerebral*

Cortex, 15(11), 1676–1689.

Reed, A. E., Chan, L., & Mikels, J. A. (2014). Meta-analysis of the age-related positivity effect: age differences in preferences for positive over negative information. *Psychology and Aging, 29*(1), 1–15. doi:10.1037/a0035194

Reuter-Lorenz, P. A., & Cappell, K. A. (2008). Neurocognitive aging and the compensation hypothesis. *Current Directions in Psychological Science, 17*(3), 177–182. doi:10.1111/j.1467-8721.2008.00570.x

Reuter-Lorenz, P. A., Jonides, J., Smith, E. E., Hartley, A., Miller, A., Marshuetz, C., & Koeppe, R. A. (2000). Age differences in the frontal lateralization of verbal and spatial working memory revealed by PET. *Journal of Cognitive Neuroscience, 12*(1), 174–187.

Reuter-Lorenz, P. A., Marshuetz, C., Jonides, J., Smith, E. E., Hartley, A., & Koeppe, R. (2001). Neurocognitive ageing of storage and executive processes. *European Journal of Cognitive Psychology, 13*(1–2), 257–278.

Reuter-Lorenz, P. A., & Park, D. C. (2014). How does it STAC up? Revisiting the scaffolding theory of aging and cognition. *Neuropsychology Review, 24*(3), 355–370. doi:10.1007/s11065-014-9270-9

Rhodes, M. G., & Anastasi, J. S. (2012). The own-age bias in face recognition: a meta-analytic and theoretical review. *Psychological Bulletin, 138*(1), 146–174. doi:10.1037/a0025750

Riecker, A., Gröschel, K., Ackermann, H., Steinbrink, C., Witte, O., & Kastrup, A. (2006). Functional significance of age-related differences in motor activation patterns. *NeuroImage, 32*(3), 1345–1354.

Rieckmann, A., Fischer, H., & Bäckman, L. (2010). Activation in striatum and medial temporal lobe during sequence learning in younger and older adults: relations to performance. *NeuroImage, 50*(3), 1303–1312.

Ritchey, M., Bessette-Symons, B., Hayes, S. M., & Cabeza, R. (2011). Emotion processing in the aging brain is modulated by semantic elaboration. *Neuropsychologia, 49*(4), 640–650. doi:10.1016/j.neuropsychologia.2010.09.009

Ritchey, M., LaBar, K. S., & Cabeza, R. (2011). Level of processing modulates the neural correlates of emotional memory formation. *Journal of Cognitive Neuroscience, 23*(4), 757–771. doi:10.1162/jocn.2010.21487

Ritchie, S. J., Dickie, D. A., Cox, S. R., Valdes Hernandez, M. D. C., Sibbett, R., Pattie, A., ... Deary, I. J. (2017). Brain structural differences between 73- and 92-year-olds matched for childhood intelligence, social background, and intracranial volume. *Neurobiology of Aging, 62*, 146–158. doi:10.1016/j.neurobiolaging.2017.10.005

Roalf, D. R., Pruis, T. A., Stevens, A. A., & Janowsky, J. S. (2011). More is less: emotion induced prefrontal cortex activity habituates in aging. *Neurobiology of Aging, 32*(9), 1634–1650. doi:10.1016/j.neurobiolaging.2009.10.007

Rodrigue, K. M., & Raz, N. (2004). Shrinkage of the entorhinal cortex over five years predicts memory performance in healthy adults. *Journal of Neuroscience, 24*(4), 956–963. doi:10.1523/JNEUROSCI.4166-03.2004

Rogers, T. B., Kuiper, N. A., & Kirker, W. S. (1977). Self-reference and the encoding of personal information. *Journal of Personality and Social Psychology, 35*(9), 677–688.

Rosa, N. M., & Gutchess, A. H. (2011). Source memory for actions in young and older adults: self vs. close or unknown others. *Psychology and Aging, 26*, 625–630. doi:10.1037/a0022827

(2013). False memory in aging resulting from self-referential processing. *Journals of Gerontology. Series B, Psychological Sciences and Social Sciences, 68B*(6), 882–892. doi:10.1093/geronb/gbt018

Rosano, C., Venkatraman, V. K., Guralnik, J., Newman, A. B., Glynn, N. W., Launer, L., ... Pahor, M. (2010). Psychomotor speed and functional brain MRI 2 years after completing a physical activity treatment. *Journals of Gerontology. Series A, Biological Sciences and Medical Sciences, 65*(6), 639–647.

Rosenbaum, R. S., Furey, M. L., Horwitz, B., & Grady, C. L. (2010). Altered connectivity among emotion-related brain regions during short-term memory in Alzheimer's disease. *Neurobiology of Aging, 31*(5), 780–786.

Ross, L. A., McCoy, D., Coslett, H. B., Olson, I. R., & Wolk, D. A. (2011). Improved proper name recall in aging after electrical stimulation of the anterior temporal lobes. *Frontiers in Aging Neuroscience, 3*, Article 16.

doi:10.3389/fnagi.2011.00016

Ross, M., Grossmann, I., & Schryer, E. (2014). Contrary to psychological and popular opinion, there is no compelling evidence that older adults are disproportionately victimized by consumer fraud. *Perspectives on Psychological Science*, 9(4), 427–442. doi:10.1177/1745691614535935

Rossi, S., Miniussi, C., Pasqualetti, P., Babiloni, C., Rossini, P. M., & Cappa, S. F. (2004). Age-related functional changes of prefrontal cortex in long-term memory: a repetitive transcranial magnetic stimulation study. *Journal of Neuroscience*, 24(36), 7939–7944. doi:10.1523/jneurosci.0703-04.2004

Ruby, P., Fabienne, C., D'Argembeau, A., Peters, F., Degueldre, C., Balteau, E., & Salmon, E. (2009). Perspective taking to assess self-personality: what's modified in Alzheimer's disease. *Neurobiology of Aging*, 30, 1637–1651. doi:10.1016.2007.12.014

Ruffman, T., Henry, J. D., Livingstone, V., & Phillips, L. H. (2008). A meta-analytic review of emotion recognition and aging: implications for neuropsychological models of aging. *Neuroscience and Biobehavioral Reviews*, 32(4), 863–881. doi:10.1016/j.neubiorev.2008.01.001

Ruffman, T., Murray, J., Halberstadt, J., & Vater, T. (2012). Age-related differences in deception. *Psychology and Aging*, 27(3), 543–549. doi:10.1037/a0023380

Russell, J. A. (1980). A circumplex model of affect. *Journal of Personality and Social Psychology*, 39(6), 1161–1178. doi:10.1037/h0077714

Rypma, B., & D'Esposito, M. (2001). Age-related changes in brain–behaviour relationships: evidence from event-related functional MRI studies. *European Journal of Cognitive Psychology*, 13(1–2), 235–256.

Sakaki, M., Nga, L., & Mather, M. (2013). Amygdala functional connectivity with medial prefrontal cortex at rest predicts the positivity effect in older adults' memory. *Journal of Cognitive Neuroscience*, 25(8), 1206–1224. doi:10.1162/jocn_a_00392

Sala-Llonch, R., Bartrés-Faz, D., & Junqué, C. (2015). Reorganization of brain networks in aging: a review of functional connectivity studies. *Frontiers in Psychology*, 6.

Salami, A., Rieckmann, A., Fischer, H., & Bäckman, L. (2014). A multivariate analysis of age-related differences in functional networks supporting conflict resolution. *NeuroImage*, 86, 150–163.

Salat, D. H., Buckner, R. L., Snyder, A. Z., Greve, D. N., Desikan, R. S. R., Busa, E., ... Fischl, B. (2004). Thinning of the cerebral cortex in aging. *Cerebral Cortex*, 14(7), 721–730.

Salat, D. H., Tuch, D. S., Hevelone, N. D., Fischl, B., Corkin, S., Rosas, H. D., & Dale, A. M. (2005). Age-related changes in prefrontal white matter measured by diffusion tensor imaging. *Annals of the New York Academy of Science*, 1064, 37–49. doi:10.1196/annals.1340.009

Salthouse, T. A. (1996). The processing-speed theory of adult age differences in cognition. *Psychological Review*, 103(3), 403–428.

(2017). Shared and unique influences on age-related cognitive change. *Neuropsychology*, 31(1), 11–19. doi:10.1037/neu0000330

Salthouse, T. A., & Babcock, R. L. (1991). Decomposing adult age-differences in working memory. *Developmental Psychology*, 27(5), 763–776.

Samanez-Larkin, G. R., Gibbs, S. E. B., Khanna, K., Nielsen, L., Carstensen, L. L., & Knutson, B. (2007). Anticipation of monetary gain but not loss in healthy older adults. *Nature Neuroscience*, 10(6), 787–791. doi:10.1038/nn1894

Samanez-Larkin, G. R., & Knutson, B. (2015). Decision making in the ageing brain: changes in affective and motivational circuits. *Nature Reviews Neuroscience*, 16(5), 278–289. doi:10.1038/nrn3917

Samanez-Larkin, G. R., Kuhnen, C. M., Yoo, D. J., & Knutson, B. (2010). Variability in nucleus accumbens activity mediates age-related suboptimal financial risk taking. *Journal of Neuroscience*, 30(4), 1426–1434. doi:10.1523/JNEUROSCI.4902-09.2010

Samanez-Larkin, G. R., Levens, S. M., Perry, L. M., Dougherty, R. F., & Knutson, B. (2012). Frontostriatal white matter integrity mediates adult age differences in probabilistic reward learning. *Journal of Neuroscience*, *32*(15), 5333–5337. doi:10.1523/JNEUROSCI.5756-11.2012

Samanez-Larkin, G. R., Mata, R., Radu, P. T., Ballard, I. C., Carstensen, L. L., & McClure, S. M. (2011). Age differences in striatal delay sensitivity during intertemporal choice in healthy adults. *Frontiers in Neuroscience, 5*, Article 126. doi:10.3389/fnins.2011.00126

Samanez-Larkin, G. R., Worthy, D. A., Mata, R., McClure, S. M., & Knutson, B. (2014). Adult age differences in frontostriatal representation of prediction error but not reward outcome. *Cognitive, Affective, and Behavioral Neuroscience, 14*(2), 672–682. doi:10.3758/s13415-014-0297-4

Sander, M. C., Werkle-Bergner, M., & Lindenberger, U. (2012). Amplitude modulations and inter-trial phase stability of alpha-oscillations differentially reflect working memory constraints across the lifespan. *NeuroImage, 59*(1), 646–654.

Schacter, D. L., Addis, D. R., & Buckner, R. L. (2007). Remembering the past to imagine the future: the prospective brain. *Nature Reviews Neuroscience, 8*(9), 657–661. doi:10.1038/nrn2213

Schacter, D. L., Guerin, S. A., & St. Jacques, P. L. (2011). Memory distortion: an adaptive perspective. *Trends in Cognitive Sciences, 15*, 467–474.

Schacter, D. L., & Slotnick, S. D. (2004). The cognitive neuroscience of memory distortion. *Neuron, 44*(1), 149–160.

Schaefer, J. D., Caspi, A., Belsky, D. W., Harrington, H., Houts, R., Israel, S., ... Moffitt, T. E. (2016). Early-Life intelligence predicts midlife biological age. *Journals of Gerontology. Series B, Psychological Sciences and Social Sciences, 12*(6), 968–977. doi:10.1093/geronb/gbv035

Schiller, D., Freeman, J. B., Mitchell, J. P., Uleman, J. S., & Phelps, E. A. (2009). A neural mechanism of first impressions. *Nature Neuroscience, 12*, 508–514.

Schmitz, T. W., Cheng, F. H., & De Rosa, E. (2010). Failing to ignore: paradoxical neural effects of perceptual load on early attentional selection in normal aging. *Journal of Neuroscience, 30*(44), 14750–14758.

Schneider-Garces, N. J., Gordon, B. A., Brumback-Peltz, C. R., Shin, E., Lee, Y., Sutton, B. P., ... Fabiani, M. (2010). Span, CRUNCH, and beyond: working memory capacity and the aging brain. *Journal of Cognitive Neuroscience, 22*(4), 655–669.

Schröder, J., & Pantel, J. (2016). Neuroimaging of hippocampal atrophy in early recognition of Alzheimer's disease – a critical appraisal after two decades of research. *Psychiatry Research: Neuroimaging, 247*, 71–78.

Seaman, K. L., Leong, J. K., Wu, C. C., Knutson, B., & Samanez-Larkin, G. R. (2017). Individual differences in skewed financial risk-taking across the adult life span. *Cognitive, Affective, and Behavioral Neuroscience, 17*(6), 1232–1241. doi:10.3758/s13415-017-0545-5

Sebastian, A., Baldermann, C., Feige, B., Katzev, M., Scheller, E., Hellwig, B., ... Klöppel, S. (2013). Differential effects of age on subcomponents of response inhibition. *Neurobiology of Aging, 34*(9), 2183–2193.

Seidler, R. D., Bernard, J. A., Burutolu, T. B., Fling, B. W., Gordon, M. T., Gwin, J. T., ... Lipps, D. B. (2010). Motor control and aging: links to age-related brain structural, functional, and biochemical effects. *Neuroscience & Biobehavioral Reviews, 34*(5), 721–733.

Sexton, C. E., Mackay, C. E., & Ebmeier, K. P. (2013). A systematic review and meta-analysis of magnetic resonance imaging studies in late-life depression. *American Journal of Geriatric Psychiatry, 21*(2), 184–195.

Shafto, M. A., & Tyler, L. K. (2014). Language in the aging brain: the network dynamics of cognitive decline and preservation. *Science, 346*(6209), 583–587.

Shammi, P., & Stuss, D. T. (1999). Humour appreciation: a role of the right frontal lobe. *Brain, 122*, 657–666. doi:10.1093/brain/122.4.657

(2003). The effects of normal aging on humor appreciation. *Journal of the International Neuropsychological Society, 9*(6), 855–863. doi:10.1017/s135561770396005x

Shany-Ur, T., Lin, N., Rosen, H. J., Sollberger, M., Miller, B. L., & Rankin, K. P. (2014). Self-awareness in neurodegenerative disease relies on neural structures mediating reward-driven attention. *Brain, 137*(8), 2368–2381.

Shany-Ur, T., Poorzand, P., Grossman, S. N., Growdon, M. E., Jang, J. Y., Ketelle, R. S., ... Rankin, K. P. (2012). Comprehension of insincere communication in neurodegenerative disease: lies, sarcasm, and theory of mind. *Cortex, 48*(10), 1329–1341.

Shany-Ur, T., & Rankin, K. P. (2011). Personality and social cognition in neurodegenerative disease. *Current Opinionin Neurology, 24*(6),550–555.

Smart, C. M., Segalowitz, S. J., Mulligan, B. P., & MacDonald, S. W. (2014). Attention capacity and self-report of subjective cognitive decline: a P3 ERP study. *Biological Psychology, 103*, 144–151.

Smith, A. D., Park, D. C., Cherry, K., & Berkovsky, K. (1990). Age differences in memory for concrete and abstract pictures. *Journal of Gerontology, 45*(5), 205–209.

Smith, E. E., & Jonides, J. (1998). Neuroimaging analyses of human working memory. *Proceedings of the National Academy of Sciences of the United States of America, 95*(20), 12061–12068.

Spaniol, J., Bowen, H. J., Wegier, P., & Grady, C. (2015). Neural responses to monetary incentives in younger and older adults. *Brain Research, 1612*, 70–82. doi:10.1016/j.brainres.2014.09.063

Spencer, W. D., & Raz, N. (1995). Differential effects of aging on memory for content and context: a meta-analysis. *Psychology and Aging, 10*(4), 527–539. https://doi.org/10.1037//0882–7974.10.4.527

Sperling, R. A., Aisen, P. S., Beckett, L. A., Bennett, D. A., Craft, S., Fagan, A. M., ... Phelps, C. H. (2011). Toward defining the preclinical stages of Alzheimer's disease: recommendations from the National Institute on Aging–Alzheimer's Association workgroups on diagnostic guidelines for Alzheimer's disease. *Alzheimers & Dementia, 7*(3), 280–292. doi:10.1016/j.jalz.2011.03.003

Sperling, R. A., Bates, J. F., Chua, E. F., Cocchiarella, A. J., Rentz, D. M., Rosen, B. R., ... Albert, M. S. (2003). fMRI studies of associative encoding in young and elderly controls and mild Alzheimer's disease. *Journal of Neurology, Neurosurgery, and Psychiatry, 74*(1), 44–50.

Sperling, R. A., LaViolette, P. S., O'Keefe, K., O'Brien, J., Rentz, D. M., Pihlajamaki, M., ... Hedden, T. (2009). Amyloid deposition is associated with impaired default network function in older persons without dementia. *Neuron, 63*(2), 178–188.

Spiegel, A. M., Sewal, A. S., & Rapp, P. R. (2014). Epigenetic contributions to cognitive aging: disentangling mindspan and lifespan. *Learning & Memory, 21*(10), 569–574.

Spreng, R. N., Cassidy, B. N., Darboh, B. S., DuPre, E., Lockrow, A. W., Setton, R., & Turner, G. R. (2017). Financial exploitation is associated with structural and functional brain differences in healthy older adults. *Journals of Gerontology. Series A, Biological Sciences and Medical Sciences, 72*(10), 1365–1368. doi:10.1093/gerona/glx051

Spreng, R. N., & Schacter, D. L. (2012). Default network modulation and large-scale network interactivity in healthy young and old adults. *Cerebral Cortex, 22*(11), 2610–2621. doi:10.1093/cercor/bhr339

Spreng, R. N., Stevens, W. D., Viviano, J. D., & Schacter, D. L. (2016). Attenuated anticorrelation between the default and dorsal attention networks with aging: evidence from task and rest. *Neurobiology of Aging, 45*, 149–160. doi:10.1016/j.neurobiolaging.2016.05.020

Spreng, R. N., Wojtowicz, M., & Grady, C. L. (2010). Reliable differences in brain activity between young and old adults: a quantitative meta-analysis across multiple cognitive domains. *Neuroscience & Biobehavioral Reviews, 34*(8), 1178–1194.

Stanley, J. T., & Blanchard-Fields, F. (2008). Challenges older adults face in detecting deceit: the role of emotion recognition. *Psychology and Aging, 23*(1), 24–32. doi:10.1037/0882-7974.23.1.24

Stanley, J. T., Lohani, M., & Isaacowitz, D. M. (2014). Age-related differences in judgments of inappropriate behavior are related to humor style preferences. *Psychology and Aging, 29*(3), 528–541. doi:10.1037/a0036666

Stark, S. M., Yassa, M. A., Lacy, J. W., & Stark, C. E. L. (2013). A task to assess behavioral pattern separation (BPS) in humans: data from healthy aging and mild cognitive impairment. *Neuropsychologia, 51*(12), 2442–2449.

Stark, S. M., Yassa, M. A., & Stark, C. E. L. (2010). Individual differences in spatial pattern separation performance associated with healthy aging in humans. *Learning & Memory, 17*(6), 284–288.

Stebbins, G. T., Carrillo, M. C., Dorfman, J., Dirksen, C., Desmond, J. E., Turner, D. A., ... Gabrieli, J. D. (2002). Aging effects on memory encoding in the frontal lobes. *Psychology and Aging, 17*(1), 44–55.

Steele, C. M., & Aronson, J. (1995). Stereotype threat and the intellectual test performance of African Americans. *Journal of Personality and Social Psychology, 69*(5), 797–811.

Stephens, J. A., & Berryhill, M. E. (2016). Older adults improve on everyday tasks after working memory training and neurostimulation. *Brain Stimulation, 9*(4), 553–559. doi:10.1016/j.brs.2016.04.001

Stern, Y. (2002). What is cognitive reserve? Theory and research application of the reserve concept. *Journal of the International Neuropsychological Society, 8*(3), 448–460.

(2009). Cognitive reserve. *Neuropsychologia, 47*(10), 2015–2028. doi:10.1016/j.neuropsychologia.2009.03.004

Stevens, W. D., Hasher, L., Chiew, K. S., & Grady, C. L. (2008). A neural mechanism underlying memory failure in older adults. *Journal of Neuroscience, 28*(48), 12820–12824.

St Jacques, P. L., Bessette-Symons, B., & Cabeza, R. (2009). Functional neuroimaging studies of aging and emotion: fronto-amygdalar differences during emotional perception and episodic memory. *Journal of the International Neuropsychology Society, 15*(6), 819–825. doi:10.1017/S1355617709990439

St Jacques, P. L., Dolcos, F., & Cabeza, R. (2009). Effects of aging on functional connectivity of the amygdala for subsequent memory of negative pictures: a network analysis of functional magnetic resonance imaging data. *Psychological Science, 20*(1), 74–84. doi:10.1111/j.1467-9280.2008.02258.x

(2010). Effects of aging on functional connectivity of the amygdala during negative evaluation: a network analysis of fMRI data. *Neurobiology of Aging, 31*(2), 315–327. doi:10.1016/j.neurobiolaging.2008.03.012

(2012). Age-related effects on the neural correlates of autobiographical memory retrieval. *Neurobiology of Aging, 33*(7), 1298–1310.

St-Laurent, M., Abdi, H., Bondad, A., & Buchsbaum, B. R. (2014). Memory reactivation in healthy aging: evidence of stimulus-specific dedifferentiation. *Journal of Neuroscience, 34*(12), 4175–4186. doi:10.1523/JNEUROSCI.3054-13.2014

St-Laurent, M., Abdi, H., Burianová, H., & Grady, C. L. (2011). Influence of aging on the neural correlates of autobiographical, episodic, and semantic memory retrieval. *Journal of Cognitive Neuroscience, 23*(12), 4150–4163.

Sturm, V. E., Yokoyama, J. S., Seeley, W. W., Kramer, J. H., Miller, B. L., & Rankin, K. P. (2013). Heightened emotional contagion in mild cognitive impairment and Alzheimer's disease is associated with temporal lobe degeneration. *Proceedings of the National Academy of Sciences of the United States of America, 110*(24), 9944–9949.

Sullivan, S., & Ruffman, T. (2004). Social understanding: how does it fare with advancing years? *British Journal of Psychology, 95*, 1–18. doi:10.1348/000712604322779424

Sutin, A. R., Beason-Held, L. L., Resnick, S. M., & Costa, P. T. (2009). Sex differences in resting-state neural correlates of openness to experience among older adults. *Cerebral Cortex, 19*(12), 2797–2802.

Suzuki, H., Gao, H., Bai, W., Evangelou, E., Glocker, B., O'Regan, D. P., ... Matthews, P. M. (2017). Abnormal brain white matter microstructure is associated with both pre-hypertension and hypertension. *PLoS One, 12*(11), e0187600. doi:10.1371/journal.pone.0187600

Symons, C. S., & Johnson, B. T. (1997). The self-reference effect in memory: a meta-analysis. *Psychological Bulletin, 121*(3), 371–394. doi:10.1037/0033-2909.121.3.371

Tessitore, A., Hariri, A. R., Fera, F., Smith, W. G., Das, S., Weinberger, D. R., & Mattay, V. S. (2005). Functional changes in the activity of brain regions underlying emotion processing in the elderly. *Psychiatry Research, 139*(1), 9–18.

Todorov, A., & Engell, A. D. (2008). The role of the amygdala in implicit evaluation of emotionally neutral faces. *Social Cognitive and Affective Neuroscience, 3*(4), 303–312. doi:10.1093/scan/nsn033

Todorov, A., & Olson, I. R. (2008). Robust learning of affective trait associations with faces when the hippocampus is damaged, but not when the amygdala and temporal pole are damaged. *Social Cognitive and Affective*

Neuroscience, 3, 195–203.

Tomasi, D., & Volkow, N. D. (2012). Aging and functional brain networks. *Molecular Psychiatry, 17*(5), 471, 549–558. doi:10.1038/mp.2011.81

Trachtenberg, A. J., Filippini, N., & Mackay, C. E. (2012). The effects of *APOE*-ε4 on the BOLD response. *Neurobiology of Aging, 33*(2), 323–334.

Trebbastoni, A., Pichiorri, F., D'Antonio, F., Campanelli, A., Onesti, E., Ceccanti, M., ... Inghilleri, M. (2015). Altered cortical synaptic plasticity in response to 5-Hz repetitive transcranial magnetic stimulation as a new electrophysiological finding in amnestic mild cognitive impairment converting to Alzheimer's disease: results from a 4-year prospective cohort study. *Frontiers in Aging Neuroscience, 7*, Article 253. doi:10.3389/fnagi.2015.00253

Trott, C. T., Friedman, D., Ritter, W., Fabiani, M., & Snodgrass, J. G. (1999). Episodic priming and memory for temporal source: event-related potentials reveal age-related differences in prefrontal functioning. *Psychology and Aging, 14*(3), 390–413.

Tucker-Drob, E. M. (2011). Global and domain-specific changes in cognition throughout adulthood. *Developmental Psychology, 47*(2), 331–343. doi:10.1037/a0021361

Tucker-Drob, E. M., Briley, D. A., Starr, J. M., & Deary, I. J. (2014). Structure and correlates of cognitive aging in a narrow age cohort. *Psychology and Aging, 29*(2), 236–249. doi:10.1037/a0036187

Tulving, E. (2002). Episodic memory: from mind to brain. *Annual Review of Psychology, 53*, 1–25.

Tulving, E., & Thomson, D. M. (1973). Encoding specificity and retrieval processes in episodic memory. *Psychological Review, 80*(5), 352–373.

Tun, P. A., Wingfield, A., Rosen, M. J., & Blanchard, L. (1998). Response latencies for false memories: gist-based processes in normal aging. *Psychology and Aging, 13*(2), 230–241.

Turner, G. R., & Spreng, R. N. (2012). Executive functions and neurocognitive aging: dissociable patterns of brain activity. *Neurobiology of Aging, 33*(4), 826.e1–826.e13.

(2015). Prefrontal engagement and reduced default network suppression co-occur and are dynamically coupled in older adults: the default–executive coupling hypothesis of aging. *Journal of Cognitive Neuroscience, 27*(12), 2462–2476.

Uekermann, J., Channon, S., & Daum, I. (2006). Humor processing, mentalizing, and executive function in normal aging. *Journal of the International Neuropsychological Society, 12*(2), 184–191. doi:10.1017/s1355617706060280

Underwood, E. (2014). Starting young. *Science, 346*(6209), 568–571.

Urry, H. L., & Gross, J. J. (2010). Emotion regulation in older age. *Current Directions in Psychological Science, 19*(6), 352–357. doi:10.1177/0963721410388395

Vannini, P., Hedden, T., Becker, J. A., Sullivan, C., Putcha, D., Rentz, D., ... Sperling, R. A. (2012). Age and amyloid-related alterations in default network habituation to stimulus repetition. *Neurobiology of Aging, 33*(7), 1237–1252. doi:10.1016/j.neurobiolaging.2011.01.003

Velanova, K., Lustig, C., Jacoby, L. L., & Buckner, R. L. (2007). Evidence for frontally mediated controlled processing differences in older adults. *Cerebral Cortex, 17*(5), 1033–1046. doi:10.1093/cercor/bhl013

Viard, A., Chételat, G., Lebreton, K., Desgranges, B., Landeau, B., de La Sayette, V., ... Piolino, P. (2011). Mental time travel into the past and the future in healthy aged adults: an fMRI study. *Brain and Cognition, 75*(1), 1–9.

Viard, A., Lebreton, K., Chételat, G., Desgranges, B., Landeau, B., Young, A., ... Piolino, P. (2010). Patterns of hippocampal–neocortical interactions in the retrieval of episodic autobiographical memories across the entire life-span of aged adults. *Hippocampus, 20*(1), 153–165.

Viard, A., Piolino, P., Desgranges, B., Chételat, G., Lebreton, K., Landeau, B., ... Eustache, F. (2007). Hippocampal activation for autobiographical memories over the entire lifetime in healthy aged subjects: an fMRI study. *Cerebral Cortex, 17*(10), 2453–2467.

Volkow, N. D., Gur, R. C., Wang, G.-J., Fowler, J. S., Moberg, P. J., Ding, Y.-S., ... Logan, J. (1998). Association between decline in brain dopamine activity with age and cognitive and motor impairment in healthy individuals. *American Journal of Psychiatry*, *155*(3), 344–349.

Voss, M. W., Heo, S., Prakash, R. S., Erickson, K. I., Alves, H., Chaddock, L., ... White, S. M. (2013). The influence of aerobic fitness on cerebral white matter integrity and cognitive function in older adults: results of a one-year exercise intervention. *Human Brain Mapping*, *34*(11), 2972–2985.

Voss, M. W., Weng, T. B., Burzynska, A. Z., Wong, C. N., Cooke, G. E., Clark, R., ... Kramer, A. F. (2016). Fitness, but not physical activity, is related to functional integrity of brain networks associated with aging. *NeuroImage*, *131*, 113–125. doi:10.1016/j.neuroimage.2015.10.044

Voss, M. W., Wong, C. N., Baniqued, P. L., Burdette, J. H., Erickson, K. I., Prakash, R. S., ... Kramer, A. F. (2013). Aging brain from a network science perspective: something to be positive about? *PLoS One*, *8*(11), e78345. doi:10.1371/journal.pone.0078345

Waldinger, R. J., Kensinger, E. A., & Schulz, M. S. (2011). Neural activity, neural connectivity, and the processing of emotionally valenced information in older adults: links with life satisfaction. *Cognitive, Affective, and Behavioral Neuroscience*, *11*(3), 426–436. doi:10.3758/s13415-011-0039-9

Wang, J. X., Rogers, L. M., Gross, E. Z., Ryals, A. J., Dokucu, M. E., Brandstatt, K. L., ... Voss, J. L. (2014). Targeted enhancement of cortical-hippocampal brain networks and associative memory. *Science*, *345*(6200), 1054–1057. doi:10.1126/science.1252900

Wang, L., Li, Y., Metzak, P., He, Y., & Woodward, T. S. (2010). Age-related changes in topological patterns of large-scale brain functional networks during memory encoding and recognition. *NeuroImage*, *50*(3), 862–872.

Wang, T. H., Johnson, J. D., de Chastelaine, M., Donley, B. E., & Rugg, M. D. (2016). The effects of age on the neural correlates of recollection success, recollection-related cortical reinstatement, and post-retrieval monitoring. *Cerebral Cortex*, *26*(4), 1698–1714.

Wang, X., Ren, P., Baran, T. M., Raizada, R. D. S., Mapstone, M., & Lin, F. (2017). Longitudinal functional brain mapping in supernormals.*Cerebral Cortex*, Nov 23, 1–11 [epub ahead of print]. doi:10.1093/cercor/bhx322

Ward, A. M., Mormino, E. C., Huijbers, W., Schultz, A. P., Hedden, T., & Sperling, R. A. (2015). Relationships between default-mode network connectivity, medial temporal lobe structure, and age-related memory deficits. *Neurobiology of Aging*, *36*(1), 265–272.

Waring, J. D., Addis, D. R., & Kensinger, E. A. (2013). Effects of aging on neural connectivity underlying selective memory for emotional scenes. *Neurobiology of Aging*, *34*(2), 451–467. doi:10.1016/j.neurobiolaging.2012.03.011

Wedig, M. M., Rauch, S. L., Albert, M. S., & Wright, C. I. (2005). Differential amygdala habituation to neutral faces in young and elderly adults. *Neuroscience Letters*, *385*(2), 114–119. doi:10.1016/j.neulet.2005.05.039

Wegesin, D. J., Friedman, D., Varughese, N., & Stern, Y. (2002). Age-related changes in source memory retrieval: an ERP replication and extension. *Cognitive Brain Research*, *13*(3), 323–338.

West, R. (1996). An application of prefrontal cortex function theory to cognitive aging. *Psychological Bulletin*, *120*(2), 272–292.

West, R., & Moore, K. (2005). Adjustments of cognitive control in younger and older adults. *Cortex*, *41*(4), 570–581.

West, R., & Travers, S. (2008). Differential effects of aging on processes underlying task switching. *Brain and Cognition*, *68*(1), 67–80.

Westerberg, C., Mayes, A., Florczak, S. M., Chen, Y., Creery, J., Parrish, T., ... Paller, K. A. (2013). Distinct medial temporal contributions to different forms of recognition in amnestic mild cognitive impairment and Alzheimer's disease. *Neuropsychologia*, *51*(12), 2450–2461.

Wheeler, M. E., Petersen, S. E., & Buckner, R. L. (2000). Memory's echo: vivid remembering reactivates sensory-specific cortex. *Proceedings of the National Academy of Sciences of the United States of America*, *97*(20), 11125–11129.

Wiese, H., Schweinberger, S. R., & Hansen, K. (2008). The age of the beholder: ERP evidence of an own-age bias in face memory. *Neuropsychologia, 46*(12), 2973–2985.

Wieser, M. J., Muhlberger, A., Kenntner-Mabiala, R., & Pauli, P. (2006). Is emotion processing affected by advancing age? An event-related brain potential study. *Brain Research, 1096*(1), 138–147. doi:10.1016/j.brainres.2006.04.028

Wild-Wall, N., Falkenstein, M., & Gajewski, P. D. (2012). Neural correlates of changes in a visual search task due to cognitive training in seniors. *Neural Plasticity*, Article ID 529057 (11 pp). doi:10.1155/2012/529057

Williams, L. M., Brown, K. J., Palmer, D., Liddell, B. J., Kemp, A. H., Olivieri, G., ... Gordon, E. (2006). The mellow years?: neural basis of improving emotional stability over age. *Journal of Neuroscience, 26*(24), 6422–6430.

Wilson, R. S., & Bennett, D. A. (2017). How does psychosocial behavior contribute to cognitive health in old age? *Brain Science, 7*(6), 56. doi:10.3390/brainsci7060056

Wilson, R. S., Krueger, K. R., Arnold, S. E., Schneider, J. A., Kelly, J. F., Barnes, L. L., ... Bennett, D. A. (2007). Loneliness and risk of Alzheimer disease. *Archives of General Psychiatry, 64*(2), 234–240. doi:10.1001/archpsyc.64.2.234

Winecoff, A., Labar, K. S., Madden, D. J., Cabeza, R., & Huettel, S. A. (2011). Cognitive and neural contributors to emotion regulation in aging. *Social Cognitive and Affective Neuroscience, 6*(2), 165–176. doi:10.1093/scan/nsq030

Wingfield, A., Amichetti, N. M., & Lash, A. (2015). Cognitive aging and hearing acuity: modeling spoken language comprehension. *Frontiers in Psychology, 6*, Article 684. doi:10.3389/fpsyg.2015.00684

Wingfield, A., & Grossman, M. (2006). Language and the aging brain: patterns of neural compensation revealed by functional brain imaging. *Journal of Neurophysiology, 96*(6), 2830–2839.

Wirth, M., Villeneuve, S., Haase, C. M., Madison, C. M., Oh, H., Landau, S. M., ... Jagust, W. J. (2013). Associations between Alzheimer disease biomarkers, neurodegeneration, and cognition in cognitively normal older people. *JAMA Neurology, 70*(12), 1512–1519.

Wolff, N., Wiese, H., & Schweinberger, S. R. (2012). Face recognition memory across the adult life span: event-related potential evidence from the own-age bias. *Psychology and Aging, 27*(4), 1066–1081. doi:10.1037/a0029112

Wood, S., & Kisley, M. A. (2006). The negativity bias is eliminated in older adults: age-related reduction in event-related brain potentials associated with evaluative categorization. *Psychology and Aging, 21*(4), 815–820. doi:10.1037/0882-7974.21.4.815

Wright, C. I., Dickerson, B. C., Feczko, E., Negeira, A., & Williams, D. (2007). A functional magnetic resonance imaging study of amygdala responses to human faces in aging and mild Alzheimer's disease. *Biological Psychiatry, 62*(12), 1388–1395.

Wright, C. I., Feczko, E., Dickerson, B. C., & Williams, D. (2007). Neuroanatomical correlates of personality in the elderly. *NeuroImage, 35*(1), 263–272.

Wright, C. I., Wedig, M. M., Williams, D., Rauch, S. L., & Albert, M. S. (2006). Novel fearful faces activate the amygdala in healthy young and elderly adults. *Neurobiology of Aging, 27*(2), 361–374. doi:10.1016/j.neurobiolaging.2005.01.014

Wu, T., & Hallett, M. (2005a). A functional MRI study of automatic movements in patients with Parkinson's disease. *Brain, 128*(10), 2250–2259.

(2005b). The influence of normal human ageing on automatic movements. *Journal of Physiology, 562*(2), 605–615.

Yassa, M. A., Lacy, J. W., Stark, S. M., Albert, M. S., Gallagher, M., & Stark, C. E. (2011). Pattern separation deficits associated with increased hippocampal CA3 and dentate gyrus activity in nondemented older adults. *Hippocampus, 21*(9), 968–979. doi:10.1002/hipo.20808

Yassa, M. A., Mattfeld, A. T., Stark, S. M., & Stark, C. E. L. (2011). Age-related memory deficits linked to circuit-specific disruptions in the hippocampus. *Proceedings of the National Academy of Sciences of the United*

States of America, 108(21), 8873–8878.

Yassa, M. A., Muftuler, L. T., & Stark, C. E. L. (2010). Ultrahigh-resolution microstructural diffusion tensor imaging reveals perforant path degradation in aged humans *in vivo. Proceedings of the National Academy of Sciences of the United States of America, 107*(28), 12687–12691.

Yassa, M. A., & Stark, C. E. L. (2011). Pattern separation in the hippocampus. *Trends in Neurosciences, 34*(10), 515–525.

Yuan, P., & Raz, N. (2014). Prefrontal cortex and executive functions in healthy adults: a meta-analysis of structural neuroimaging studies. *Neuroscience & Biobehavioral Reviews, 42*, 180–192.

Zacks, R., & Hasher, L. (1997). Cognitive gerontology and attentional inhibition: a reply to Burke and McDowd. *Journals of Gerontology. Series B,Psychological Sciences and Social Sciences, 52*(6), 274–283.

Zahn, R., Moll, J., Krueger, F., Huey, E. D., Garrido, G., & Grafman, J. (2007). Social concepts are represented in the superior anterior temporal cortex. *Proceedings of the National Academy of Sciences of the United States of America, 104*(15), 6430–6435. doi: 0607061104 [pii] 10.1073/pnas.0607061104 [doi]

Zahodne, L. B., Schofield, P. W., Farrell, M. T., Stern, Y., & Manly, J. J. (2014). Bilingualism does not alter cognitive decline or dementia risk among Spanish-speaking immigrants. *Neuropsychology, 28*(2), 238–246.

Zamboni, G., de Jager, C. A., Drazich, E., Douaud, G., Jenkinson, M., Smith, A. D., ... Wilcock, G. K. (2013). Structural and functional bases of visuospatial associative memory in older adults. *Neurobiology of Aging, 34*(3), 961–972.

Zanto, T. P., Sekuler, R., Dube, C., & Gazzaley, A. (2013). Age-related changes in expectation based modulation of motion detectability. *PLoS One, 8*(8).

Zebrowitz, L. A., & Franklin, R. G. (2014). The attractiveness halo effect and the babyface stereotype in older and younger adults: similarities, own-age accentuation, and older adult positivity effects. *Experimental Aging Research, 40*(3), 375–393. doi:10.1080/0361073x.2014.897151

Zebrowitz, L. A., Franklin, R. G., Boshyan, J., Luevano, V., Agrigoroaei, S., Milosavljevic, B., & Lachman, M. E. (2014). Older and younger adults' accuracy in discerning health and competence in older and younger faces. *Psychology and Aging, 29*(3), 454–468. doi:10.1037/a0036255

Zebrowitz, L. A., Franklin, R. G., Hillman, S., & Boc, H. (2013). Older and younger adults' first impressions from faces: similar in agreement but different in positivity. *Psychology and Aging, 28*(1), 202–212. doi:10.1037/a0030927

Zebrowitz, L. A., Ward, N., Boshyan, J., Gutchess, A., & Hadjikhani, N. (in press). Older adults' neural activation in the reward circuit is sensitive to face trustworthiness. *Cognitive, Affective, and Behavioral Neuroscience, 18*, 21–34. doi: 10.3758/s13415-017-0549-1.

Zhang, B., Lin, Y., Gao, Q., Zawisza, M., Kang, Q., & Chen, X. (2017). Effects of aging stereotype threat on working self-concepts: an event-related potentials approach. *Frontiers in Aging Neuroscience, 9*, Article 223. doi:10.3389/fnagi.2017.00223

Zhu, D. C., Zacks, R. T., & Slade, J. M. (2010). Brain activation during interference resolution in young and older adults: an fMRI study. *NeuroImage, 50*(2), 810–817.

Zhu, L., Walsh, D., & Hsu, M. (2012). Neuroeconomic measures of social decision-making across the lifespan. *Frontiers in Neuroscience, 6*, Article 128. doi:10.3389/fnins.2012.00128

Zimerman, M., Heise, K. F., Gerloff, C., Cohen, L. G., & Hummel, F. C. (2014). Disrupting the ipsilateral motor cortex interferes with training of a complex motor task in older adults. *Cerebral Cortex, 24*(4), 1030–1036. doi:10.1093/cercor/bhs385

Zimerman, M., & Hummel, F. C. (2010). Non-invasive brain stimulation: enhancing motor and cognitive functions in healthy old subjects. *Frontiers in Aging Neuroscience, 2*, Article 149. doi:10.3389/fnagi.2010.00149

Zimerman, M., Nitsch, M., Giraux, P., Gerloff, C., Cohen, L. G., & Hummel, F. C. (2013). Neuroenhancement of the aging brain: restoring skill acquisition in old subjects. *Annals of Neurology, 73*(1), 10–15. doi:10.1002/ana.23761twelve

索 引
（索引所标示数字为本书边码）

后 记

随着医疗技术的进步和生活水平的提高，全球范围内的老龄化趋势不可逆转。关心老化进程、研究老化规律，是提升个体晚年生活质量的重要先行基础。我们如何一步步地老去，就如同我们如何一点点地长大一样，是心理学领域让人着迷的永恒话题。在过去的十几年里，神经科学蓬勃发展，为心理学的研究插上了翅膀。我们不再只是通过反应时和正确率去推测个体的心理结构和过程，而能更直观地观察到思维的主要器官——大脑——它如何实现个体的各项认知功能，又如何随着年龄增长而发生特定的改变。我国在《中华人民共和国国民经济和社会发展第十四个五年规划和 2035 年远景目标纲要》中提出了"实施积极应对人口老龄化国家战略"，期望本书的翻译可以抛砖引玉，为国家战略规划贡献绵薄力量。

纵观全书，作者系统地总结了近年来认知神经科学的发展情况，不仅适合从事老年认知和老年病工作的专业人员及相关领域的研究生阅读，普通的大众读者也同样可以从中有所收获。本书前几个章节对认知老化基本理论和老化大脑机制的总结介绍，可以让初入该领域的读者了解认知和脑老化的基础知识；后几章对记忆、情绪、社会认知和疾病有针对性的深入论述，可以让有一定基础的读者了解领域进展，获得新的思考；最后一章作者对未来研究方向的展望，对成熟研究者的未来研究规划将有一定的指导意义。值得注意的是，认知神经科学的研究日新月异，近几年随着相关仪器设备的普及，更是呈现井喷式的发展，部分研究结论还需要读者结合最新研究证据综合思考。

应华南师范大学李红教授的邀请，结合我们在认知老化和脑老化领域多年的研究经验积累，我们有幸承担了该书的翻译工作。自翻译伊始，我们始终心怀热烈的情感，秉持着审慎的态度，力争将原文思想清晰准确地传达给读者。在考证细节和反复校改的过程中，我们也先大家一步享受到该书带来的知识滋养，从中获益良多。所以，我们同样希望，诸位读者也能从中汲取所需营养。

在本书即将问世之际，要感谢我课题组参与本书翻译工作的深圳大学各位师生，他们是陶伍海、何昊、张浩波、李何慧、张星星老师，陈毅琦、林雯仪、周健锋、马玲、黄蓉、张俊怡、叶培煊、杨静、弋净、张幸雨同学，以及来自昆明理工大学的博士研究生李丽娜同学。最后的统稿工作由关青和陶伍海老师共同完成。此外，感谢浙江教育出版社的江雷、林鸿、严嘉玮编辑的辛勤工作，使得这本书能以更规范的面貌呈现给各位读者。感谢广东省认知科学学会的支持，特此致谢！

尽管译者在本书翻译过程中力争做到精确科学，译稿也由译者和编辑进行了共同把关，但参与翻译的人员较多，水平也参差不齐，不同研究者对于译著中涉及的某些内容的释义和理解也可能有所差异。恳请各位读者对于该书的瑕疵之处提出宝贵意见，不吝赐教。我们热烈期待有更多的青年学者投身到认知老化和脑老化的研究中，感谢广大读者对该书的喜爱。

关 青

2023 年 11 月于深圳荔园